教育公平研究译丛　丛书主编　袁振国

学校与平等机会问题

Ludger Woessmann　Paul E. Peterson ◎主编
杜振东等 ◎译

Schools and the Equal
Opportunity Problem

华东师范大学出版社

图书在版编目(CIP)数据

学校与平等机会问题/(德)乌斯曼等主编;杜振东等译.—上海:华东师范大学出版社,2018
(教育公平研究译丛)
ISBN 978-7-5675-8219-4

Ⅰ.①学… Ⅱ.①乌…②杜… Ⅲ.①教育经济学—文集 Ⅳ.①G40-054

中国版本图书馆 CIP 数据核字(2018)第 192970 号

本书由上海文化发展基金会图书出版专项基金资助出版。

教育公平研究译丛
学校与平等机会问题

主　　编	Ludger Woessmann　Paul E. Peterson
译　　者	杜振东等
策划编辑	彭呈军
审读编辑	罗雯瑶
责任校对	时东明
装帧设计	卢晓红
出版发行	华东师范大学出版社
社　　址	上海市中山北路 3663 号　邮编 200062
网　　址	www.ecnupress.com.cn
电　　话	021-60821666　行政传真 021-62572105
客服电话	021-62865537　门市(邮购)电话 021-62869887
地　　址	上海市中山北路 3663 号华东师范大学校内先锋路口
网　　店	http://hdsdcbs.tmall.com
印刷者	上海景条印刷有限公司
开　　本	787×1092　16 开
印　　张	18.75
字　　数	314 千字
版　　次	2019 年 2 月第 1 版
印　　次	2019 年 2 月第 1 次
书　　号	ISBN 978-7-5675-8219-4/G·11419
定　　价	58.00 元
出版人	王焰

(如发现本版图书有印订质量问题,请寄回本社客服中心调换或电话 021-62865537 联系)

教育公平研究译丛
编委会

主　编：袁振国
副主编：窦卫霖　张春柏
编　委：陈　舒　杜振东　胡　婧　黄忠敬
　　　　李宏鸿　彭呈军　彭正梅　汪幼枫
　　　　吴　波　张　兵　赵　刚　郅庭瑾

Copyright © 2007 by The MIT Press
Simplified Chinese Translation Copyright © 2018 by
East China Normal University Press Ltd.
Published by arrangement with The MIT Press through
Bardon-Chinese Media Agency.
All Rights Reserved. No part of this book may be reproduced or transmitted in any form or by any means, electronic or mechanical, including photocopying, recording or by any information storage and retrieval system, without permission in writing from the Publisher.

上海市版权局著作权合同登记　图字：09-2017-583号

丛书序言

袁振国

教育公平是人类社会的共同追求,也是衡量一个国家文明水平的重要标志;教育公平涉及千家万户,影响个人的终身发展,是人民群众的重要关切;教育公平既与个人的利益、观念、背景有关,所以众说纷纭、莫衷一是,又取决于历史水平、文明程度,所以不断发展、渐成共识。

教育公平是一个需要不断努力无限接近的目标,在历史的进程中也许可以分为梯度推进的四个阶段:机会公平、条件公平、过程公平和结果公平。机会公平的本质是学校向每个人开门——有教无类;条件公平的本质是办好每一所学校——均衡发展;过程公平的本质是平等地对待每个学生——一视同仁;结果公平的本质是为每个学生提供适合的教育——因材施教。这四个阶段相互关联、相互促进、相辅相成。

机会公平:学校向每个人开门——有教无类

有教无类是2500年前孔夫子提出来的教育主张:不管什么人都可以受到教育,不因为贫富、贵贱、智愚、善恶等原因把一些人排除在教育对象之外。[①] 有教无类体现了深厚的人文情怀,颇有超越历史条件的先知先觉气概。有教无类的思想虽然早在2500年前就提出来了,但真正做到人人能上学却不是一件容易的事。30多年前(1986年)我国才以法律的形式提出普及九年制义务教育,经过不懈努力,到2008年才真正实现了全国城乡免费九年制义务教育。

作为现代社会的普遍人权,教育公平体现了《世界人权宣言》(1948)的基本精神。《世界人权宣言》第二十六条第一款明确规定:"人人都有受教育的权利,教育应当免

---

① 也有一种说法,认为有教无类是有教则无类的简化,人原本是"有类"的,比如有的智有的愚,有的孝顺有的不肖,但通过教育可以消除这些差别——即便是按照这种说法,也还是强调教育的公平价值。

费,至少在初级和基本阶段应如此。初级教育应属义务性质。技术和职业教育应普遍设立。高等教育应根据成绩而对一切人平等开放。"《中华人民共和国教育法》规定:"公民不分民族、种族、性别、职业、财产状况、宗教信仰等,依法享有平等的受教育机会。"但要做到这一点,需要艰苦的努力和斗争。

拦在有教无类征途上的第一道门槛是身份歧视。所谓身份歧视,就是将人分为高低贵贱的不同身份,赋予不同权利,剥夺多数人受教育的基本权利。古代印度有种姓制度,根据某种宗教体系,把人分成婆罗门、刹帝利、吠舍、首陀罗四个等级,权利和自由等级森严,在四个等级之外还有不入等的达利特,又称贱民,不能受教育、不可穿鞋,也几乎没有社会地位,只被允许从事非常卑贱的工作,例如清洁秽物或丧葬。根据人口普查数据,印度目前有 1.67 亿达利特人,其文盲率竟高达 60%。

拦在有教无类征途上的第二道门槛是智力歧视。所谓智力歧视,就是主张按"智力"赋予权利和资源,而智力被认为是遗传的结果,能人、名人的大脑里携带着聪明的基因,注定要成为卓越人士。英国遗传决定论者高尔顿认为,伟人或天才出自名门世家,在有些家庭里出名人的概率是很高的。高尔顿汇集的材料"证明",在每一个例证中这些人物不仅继承了天才,像他们一些先辈人物所表现的那样,而且他们还继承了先辈才华的特定形态。这种理论迎合了资产阶级的政治需要,成为能人治国、效率分配资源的根据。根据这种理论,有色人种、穷人、底层人士被认为是因为祖先的遗传基因不好,先天愚笨,所以活该不值得受到好的教育。当然这种理论早已被历史唾弃了。

条件公平:办好每一所学校——均衡发展

能不能上学是前提,是教育公平的起点,进不了学校的大门,什么机会、福利都无从谈起。但有学上与上什么学差别很大,同样是九年义务教育,在不同地方、不同学校可能有着完全不同的办学水平。为了加快工业化的进程,在很长时间里我们采取的是农业支持工业、农村支持城市的发展战略,实行的是"双轨制",维持的是"剪刀差",城市和农村的教育政策也是双轨的,不同的教育经费标准,不同的教师工资标准,不同的师生比标准,等等;与此同时,为了集中资源培养一批优秀人才,形成了重点学校或重点班制度,在同一座城市,在同一个街区,不同的学校可能有很大差别。

2002年中国共产党第十六次全国代表大会首次把公平正义作为政治工作的重大主题,把促进公平正义作为政治工作的出发点和归属,教育公平被列为教育最核心的词汇。2004年十六届四中全会提出了"工业反哺农业、城市支持农村"的时代要求。2007年,时任中共中央总书记胡锦涛在当年庆祝教师节的讲话中第一次提出了"把促进教育公平作为国家基本教育政策"的要求,2010年《国家中长期教育改革和发展规划纲要(2010—2020年)》对此做了具体的政策阐释和工作部署,指出:教育公平的基本要求是保障每个公民依法享有公平接受教育的权利;促进教育公平的关键是机会公平,重点是义务教育的均衡发展和帮扶困难人群,主要措施是合理配置公共教育资源(在区域之间向西部倾斜,在城乡之间向农村倾斜,在学校之间向薄弱学校倾斜,在人群之间向困难人群倾斜)。2012年党的十八大继续把促进教育公平作为教育工作的基本方针。"十二五"期间采取了一揽子的计划和措施,促进中国的教育公平水平迈出了重大步伐。我和很多外国朋友进行过交流,他们都充分认可中国在促进教育公平方面的巨大努力和明显进展。

过程公平:平等地对待每个学生——一视同仁

在不同的学校受到的教育不同,在同一校园内甚至坐在同一个教室里也未必能受到同样的教育。这是更深层次的教育公平问题。从政府责任的角度说,促进教育公平的主要措施是合理配置公共教育资源,缩小城乡、区域、学校之间的差距,创造条件公平的环境。但是,对每个具体的学生来说,学校内、班级内的不公平对个体发展的影响更大、更直接,后果更严重。

关注一部分学生,忽视一部分学生,甚至只关注少部分学生,忽视大部分学生的现象并不在少数。只关注成绩优秀的学生,而忽视成绩后进的学生,有人称为"厚待前10名现象"。同在一个学校里,同在一个课堂上,不同学生的学习机会和发展机会大相径庭。由于升学竞争的压力,由于人性自身的弱点,聪明伶俐的、长得漂亮的、家庭背景好的学生很容易受到更多关注,被寄予更大期望,相反,那些不那么"讨喜"的学生就经常会受到冷遇甚至嘲讽。早在20世纪80年代我就做过关于农村学生辍学的调查,发现辍学的学生80%以上并不是因为经济原因,而是因为在班上经常受到忽视、批评甚至嘲讽。上学对他们来说没有丝毫的乐趣,而是经受煎熬,因此他们宁可逃离学校。针对期望效应的心理学研究表明,被寄予更高期望的学生会得到更多的"雨露阳光",性格会更加活泼可爱,学习成绩也会明显比其他同学提高得更快。优秀的学生、讨喜的学生通常会得到更多的教育资源,比如会得到更多的提问,会得到更多的鼓励,作业会得到更认真的批改,做错了事也会得到更多的原谅。有时候,课堂上的不公平可能比硬件实施上的不公平更严重,对学生成长的影响也更大。怎么把保障每个公民平等接受教育的权利这样一个现代教育的基本理念落到实处,怎样确保平等对待每个学生,保障每个学生得到平等的学习机会和发展机会,是过程公平的问题,需要更细心的维护,需要教育观念和教师素质的更大进步。

结果公平:为每个学生提供适合的教育——因材施教

说到结果公平,首先不得不申明的是,结果公平并不是让所有的人得到同样的成绩,获得同样的结果,这是不可能的,也是不应该的,事实上也从来没有一种公平理论提出过这样的主张,但是这种误解确实有一定的普遍性,所以不得不画蛇添足予以申明。教育公平并不是大家一样,更不是把高水平拉到低水平。所谓教育结果公平是指为每个人提供适合的教育,即因材施教,使每个人尽可能得到最好的发展,使不同家庭背景的学生受到同样的教育,缩小社会差距的影响,阻断贫困的代际传递。正因为如此,教育公平被称为社会公平的平衡器。

"最好"的发展其实也是一个相对的概念,随着社会文明水平和教育能力的提高,"最好"又会变得更好。这里的因材施教也已经不是局限于教育教学层面的概念,而是具有了更为广阔的社会含义。首先,社会发展到较高水平,社会形成了比较健全的人才观和就业观,形成了只有分工不同、没有贵贱之分的社会文化,人人都能有尊严地生活;其次,心理学的研究对人的身心发展规律有了更深刻的认识,对人的身心特点和个性特征可以有更为深刻和准确的认识,人的个性特点成为人的亮点,能够受到充分的尊重;第三,教育制度、教学制度、课程设计更加人性化,教师的教育教学水平得到很大的提高,信息化为个性化教育提供了极大的便利,社会各界都能自觉地围绕以人为本、以学生的发展为中心,给予更好的配合和支持;第四,教育的评价对促进学生的个性发展起到诊断、激励的作用,每个人的不可替代性能得到充分的展现,单一的评价标准,统一的选拔制度,恶性的竞争态势,僵化的课程和教学制度,自不待说大班额等得到根本性的扭转。

因材施教是为相同的人提供相同的教育,为不同的人提供不同的教育,就是在人人平等享有公共资源的前提下,为个性发展提供更好的条件。但区别对待不是等差对待,现在有些学校也在积极探索课程选修制、弹性教学制,试图增强学生的选择性,促进学生有特色地发展,这当然是值得鼓励的,但是有一种潜在的倾向值得注意,就是在分类、分层教学的时候,要防止和反对将优质资源、优秀教师集中在主课和高程度的教学班级,非主课和低程度的班级则安排相对较差的资源和较弱的师资,把分类、分层教学变成了差别教学。

机会公平、条件公平、过程公平、结果公平并不是简单的高低先后的线性关系,而是相互包含、相互影响、相辅相成的。目前机会公平在我国已经得到了相对充分的保障,也可以说有学上的问题已经基本解决,但部分进城务工人员子女、特殊儿童、家庭经济困难学生,地处边远、自然环境恶劣地区的孩子还未能平等地享有义务教育;随着大规模的学校危房和薄弱学校的改造,办学条件的标准化建设,我国的办学条件得到了大跨度的改善,但师资差距在城乡、区域、学校之间并没有得到有效缩小,在某些方面还有拉大的危险;过程公平正在受到越来越多的关注,但远远没有得到应有的重视;结果公平无疑是教育公平向纵深发展的新指向、价值引导的新路标。

在这个时候我们组织翻译《教育公平研究译丛》,就是为了进一步拓展国际视野,借鉴历史成果,也为更好地总结和提炼我们促进教育公平的理论和实践经验,促进世界不断向更高质量、更加公平的教育迈进。译丛一共 10 册,其中既有专注的理论探讨,也有国际案例的比较研究,既有国家政策的大型调查,也有学校层面的微型访谈,在研究方法上也是多种多样,对我们深化教育公平研究无疑会有多方面的启示。这 10 册译著的内容摘要如下。

《教育公平:范例与经验》:本书探讨几个紧迫的问题:各国内部和国家之间差距有多大?是否有有效和负担得起的方式可以缩短这些差距?本书的作者是世界各地重要的教育创新者,他们报告了一系列独特的全球案例研究,重点了解世界各地哪些教育项目在解决不公平问题和改善教育成果方面特别有效。

《教育公平:基于学生视角的国际比较研究》:本书记录了学生在学校内外的正义经历,并将这些经历与他们个人正义感的发展和对公平的判断标准联系起来。本书特别关注的一点是向读者呈现那些潜在弱势学生群体的看法和经历。

这一小学生群体包括有学习困难或行为问题的学生,明显较不适合"学术轨道"的新移民学生,以及母语为非主流语言或是来自社会经济贫困阶层的学生。

《生活的交融:亚洲移民身份认同》:本书阐明了新的理论观点、提供新的实证依据,以了解亚洲一些国家和地区的某些移民群体在生活中如何以及为什么把文化、社会、政治和经济的特征与不同地区和聚居地的根本特点相结合。本书的编著者共同推动了交叉性分析新方法的产生。交叉性分析考察大量的因素,如种族、性别、社会阶层、地理位置、技能、文化、网络位置和年龄是如何相互影响,从而进一步危害或改善人们获得所需资源的途径。

《教育、公正与人之善:教育系统中的教育公平与教育平等》:本书把对教育公正的思考与对人之善和教育目的的思考结合起来,揭示出:仅对某些分配模式作出评估还远远不够;还必须澄清分配物的价值。从这种意义上来说,对教育价值的深入思考也是解释教育公正的一部分。

《幻想公平》:本书作者探讨了平等和教育问题,特别是平等和质量之间的冲突,之后他转而探讨了诸如社会阶层之类的社会因素与教育公平之间的关系。同时,他还讨论了知识社会学的新支持者们的观点,这些人声称不平等的原因在于我们组织知识以及将知识合法化的传统方式。最后,他将注意力转向文化问题以及建立一个共同课程的愿望。在书的最后,作者犹犹豫豫地声明自己是个非平等主义者——并非因为他强烈反对平等,而是因为他热烈地相信质量之于教育的重要性。他无法理解在当前对平等主义政策趋之若鹜的情况下,教育的质量如何能够得到保证。这是一本极具争议的书,它既通俗易懂,又别出心裁,同时也不乏严厉的批评。

《科尔曼报告:教育机会公平》:该报告根据美国《1964年民权法案》的要求,经过广泛调查,以白人多数族群所获得的机会为参照,记录了公立学校向少数族裔的黑人、波多黎各人、墨西哥裔美国人、东亚裔美国人,以及美国印第安人提供公平教育机会的情况。该报告的比较评估建立在区域性及全国性的基础上。具体而言,该报告详细介绍了少数族裔学生和教师在学校里面临的种族隔离程度,以及这和学生成绩之间的关系,衡量因素包括成绩测试,以及他们所在的学校类型。调查结果中值得注意的是,黑人学生和教师在很大程度上被以不公平的方式与白人师生隔离,少数族裔学生的成绩普遍低于白人学生,并且更容易受到所在学校质量的影响。

《日趋加大的差距:世界各地的教育不平等》:经济增长究竟是造就了机会的开放(如社会民主国家),还是导致公众为公立教育机构的少数名额展开激烈竞争(如福利制度较薄弱的发达国家);民办高等教育的惊人增长,一方面弥补了高等教育机会的缺口,但另一方面也给部分家庭带来了严重的债务问题,因为这些家庭必须独自承担这种人力资本积累。在不平等日益扩大的背景下,世界各国展开了对教育优势的竞争。对于理解这个现象,比较研究是一种至关重要的方法。本书对该问题研究的贡献在于:在对不同教育体系进行描述之外,展开详细的国家案例研究。

《教育的社会公平手册》:作者指出教育的社会公平并不是什么新的理念,也不是又一个对现状修修补补的改革倡议,教育的社会公平是民主社会教育和教学的根基,是民主建设的基石。我们将迎来一个文明先进、充满希望的黄金时代,在这个时代,儿童会成为最受瞩目的社会成员,而教学将回归本真,被视为最重要、最高尚的事业。这一点虽然在政策和实践上会有分歧,但却很少被公开质疑。本书将作为教育改革斗争中的一件利器,提醒我们教育不可改变的核心地位。社会公平教育是建立在以下三大基石或原则之上的:1. 公平,即公平性原则;2. 行动主义,即主动性原则;3. 社会文化程度,即相关性原则。

《教育、平等和社会凝聚力:一种基于比较的分析》:本书采用不同的方法,主要关注两个问题:一是社会层面,而非个体、小群体及社区层面的社会凝聚力;二是教育如何影响以及在什么背景下影响这种社会凝聚力。因此,本书所探讨的是最广义上的社会凝聚力结果,作者们不仅从融入劳动力市场的角度,而且从可能与社会凝聚力相关的更广泛的社会属性角度对这个问题进行了探讨,后者包括收入不平等的结构性、社会性和经济性议题:收入低下,社会冲突,以及基于信任、容忍度、政治投入与公民自由的各种文化表现形式。

《学校与平等机会问题》:本书聚焦大众教育中的"平等—效率"困境。如今的很多教育研究将目光投向教育改革,人们期待那些改革能关注平等机会这个问题。西方国家的学校也探索了许多替代方案,诸如去分层化、更灵活的课程、重视子女的自我观感胜过重视他们的学业成绩、通过测试来确保没有子女掉队,以及为低收入家庭提供选择。本书研究者收集到的证据表明,尽管展现了一些进步的可能通道,他们仍然对于很多学校所采取的激进的改变机会结构的政策的有效性提出了质疑。根据目前所知,人们不宜期望短期能出现奇迹。最好的方法就是通过一个高效的教育体系来挑战每位受教育者,让他们都实现自己的潜力。在那个意义上,一个高效的教育体系也有助于实现平等。

2018 年 5 月

目 录

鸣谢   1

第一部分   问题所在

1 引言：学校与平等机会问题
Paul E. Peterson 和 Ludger Woessmann   3

2 英国的教育扩张与代际流动
Stephen Machin   27

3 教育和终生收入：来自瑞典的年龄—收入概况
纵向追踪调查
Sofia Sandgren   49

第二部分   解决方案 A：改变同伴群体？

4 北卡罗来纳州公立学校的同伴效应
Jacob Vigdor 和 Thomas Nechyba   69

5 英国中等学校选拔的非均匀效应
Fernando Galindo-Rueda 和 Anna Vignoles   97

6 学校分层教育的最佳时间：一个以德国为例的一般模型

Giorgio Brunello，Massimo Giannini 和 Kenn Ariga

121

第三部分　解决方案 B：重新聚焦资源？

7 美国如何改变教育成果的分布

Eric A. Hanushek

149

8 荷兰人力资本政策对弱势群体的有效性

Edwin Leuven 和 Hessel Oosterbeek

177

9 通过教育—财政改革为美国的种族和社会经济群体提供平等机会

Julian R. Betts 和 John E. Roemer

191

第四部分　解决问题还是恶化问题？标准与选择

10 美国教育改革与弱势群体学生

John H. Bishop 和 Ferran Mane

219

11 英国中学教育中择校对于学生基于能力与社会经济因素分流影响的研究

Simon Burgess，Brendon McConnell，Carol Propper 和 Deborah Wilson

247

12 意大利公众对公立学校质量印象对私立学校选择
的影响
Daniele Checchi 和 Tullio Jappelli   265

鸣　谢

本书中收集的论文为 2004 年 9 月在慕尼黑经济研究中心(CESifo)会议中心举办的主题为"全球经济中的学校教育和人力资本形成：平等—效率困境之再讨论"的研讨会上宣读的、通过推荐和同行评审的论文。该会议由慕尼黑经济研究中心和哈佛大学肯尼迪政府学院塔伯曼州和地方政府研究中心的"教育政策与治理项目"联合主办。约翰·欧林基金会(the John M. Olin Foundation)对该项目提供了部分资金支持。本卷所收录的论文是原来在该会议上宣读的、后经同行评审的 17 份论文中的一部分。我们希望本卷论文成为一个打造桥梁、聚合大西洋两岸学术视角的富有成果的范例。

我们感谢所有供稿者愿意同国际读者分享他们的研究结果，并希望特别感谢该届会议所有参与讨论的学者，他们的真知灼见为本书初稿的完善提供了切实的帮助：Christopher Berry、Lex Borghans、Torberg Falch、Randall Filer、William Fischel、Roland Fryer、Robert Gary-Bobo、William Howell、Ferran Mane、Pedro Martins、George Psacharopoulos、Margaret Raymond、Richard Romano、Vincent Vandenberghe，以及 Martin West 和 Rudolf Winter-Ebmer。我们也感谢那些匿名评审，他们为本卷所有论文的遴选和完善提供了额外帮助。最后，我们要感谢 CESifo 的工作人员，特别是 Roisin Hearn、Deirdre Hall，以及 Deborah Murgia，他们三位确保了会议的成功举办；感谢 Antonio Wendland 和 Mark Linnen，他们两位代表"教育政策与治理项目"协调了会议的工作。

第一部分

问题所在

1
引言:学校与平等机会问题

Paul E. Peterson 和 Ludger Woessmann

杜振东 译

作为一个教育目标,平等机会是个新鲜事物。自 1763 年从普鲁士开始,到 19 世纪末,基本上所有西欧国家以及美国都实施了由国家出资的大规模初等义务教育[1]。但是直到近几十年,大众教育的主要目的,正如那些代表大众教育而为之奔走呼号的人们所表述的那样,既不是为了促进社会流动性,也不是为了缩小收入分配差距,而是为了挽救灵魂、培养忠诚的公民,以及促进经济生产力(Peterson,1985;Gradstein,Justman 和 Meier,2005)。任何平等主义的后果都只是意外而已。

但是第二次世界大战以后,随着社会主义党派走上欧洲的政治舞台,对于平等教育机会的要求得到了强化,多数国家对几乎所有的年轻人打开了学校之门,至少到 16 岁。中等教育在美国开展得甚至比欧洲还要早,尽管不是冲着同样的平等机会的理念去的。但是这一点随着民权运动的兴起而发生了变化,因为民权运动的领导者坚持教育必须既取消种族隔离,又是平等主义的。随着这些事件的深入,研究的议程也发生了变化,特别是在芝加哥大学社会学家 James Coleman 的先驱性著作发表之后(比如可参见 Coleman 等 1966)。他的著作引领了随后的大部分学术研究议程——包括在本卷发表的这些论文。

如今很多教育研究仍然聚焦于那些改革,人们期待那些改革能关注平等机会这个问题。在这个问题上,倡导者的期望值非常高。延长受教育的年限,即贯穿青春期,乃至成人期的早期,人们预期这样会让下一代更加平等。向下延长受教育年限,让入学年龄变得更小,人们预期这样可以给缺失足够的家庭激励以补偿。人们期望通过将财政资源集中在贫困人口的教育上,也能达到类似的目的。将能力和背景迥异的学生混合在一起教育也大行其道,人们希望这样一来,那些处于较劣势地位的学生可以向其他人学习。人们也实施了问责制度,确保教育能够面向所有学生,甚至那些起点较低的学生。同样,人们通常也认为,通过择校,贫穷家庭有可能获得只有富裕家庭才能享受得到的教育机会。

本卷收录的各篇论文,最初是 2004 年 9 月在德国慕尼黑举办的一次国际会议上宣读的论文。这些论文探讨了在发达工业社会里,上述以及其他旨在实现平等教育机会的学校改革的结果,主要聚集欧洲和北美国家。该次会议由 CESifo 和哈佛大学的"教育政策与治理项目"联合主办。

1.1 为何学校未能建立一个新的社会秩序：平等机会的双重含义

尽管人们对此主题兴趣浓厚,然而对于平等教育机会的含义却莫衷一是。一些人认为,平等的教育机会仅仅意味着在学校建制之内所有人获得相同的待遇,而且每个人得到与其能力相匹配的教育,这样一来,所有人都获得了同样的机会来增强他们入学时所具有的不同能力。另外一些人则认为,平等的教育机会要求学校弥补一些孩子入学时的能力不足,这样下一代的哪些成员可以在未来社会平步青云,就完全是由随机因素来决定的。

对于持第二种观点的人来说,本书收录的这些论文可能会让他们失望。总体来说,这些论文相当令人信服地证明,人们提出的很多学校改革,都很难指望切实改变一个社会的机会结构。读完本论文集,读者难免会得出与 George Counts 曾经得出过的大同小异的结论。此人是一个激进的悲观主义者。在大萧条期间,他写了《学校敢建立一个新的社会秩序吗？》(1932)一书,对书名提出的问题他给出了否定的答案。从 George Counts 的那本书面世到现在,情况似乎没有发生多大的改变。

但是,人们应不应该就此极度悲观,却取决于他们如何去理解平等教育机会。大多数学校官员,或者说实际上人们中的大多数,即使在欧洲的社会主义运动以及美国的民权运动之后,仍然不指望学校可以深刻地改变社会结构。很少有人同意那种中规中矩的言论,即"学校应该让每一代人的机会平等化",事实上是,"人们自然而然地希望给自己的子女某种优势"(Hochschild 和 Scovronick,2003:2)。他们反而希望学校对学生的一切全盘接受,无须去改变学生身上深受家庭影响而形成的各种品质。

的确,大多数人希望是家庭温暖的怀抱,而不是国家提供的冷漠的教育,去承担确保其下一代长期福利的主要责任。大多数家长奉献出大量的时间、精力和财力来增进他们子女的福祉。父母双全对于子女来说比单亲家庭要好。部分原因在于,如果家庭能有更多的财力用于教育,孩子也许会学习得更好。但是,尽管财力也许很重要,父亲也的确扮演重要的角色,然而母亲付出的时间和才华,却证明具有最重要的意义。母亲的才华可以通过她的禀赋和所受的教育来获得最好的测度(White,1982；Meyer,1996；Jencks 和 Phillips,1998；Rothstein,2004)。在绝大多数家庭,母亲的关怀、谈话和教导起了主要作用。

这必然会导致不平等。家庭的质量各不相同,也许如今比过去更加不同,至少在美国是这样。有些父母拥有巨大的个人和职业资源用来奉献给他们子女的福祉。而有些父母则自顾不暇,更谈不上顾及子女了。现代社会的两大变化也许在凸显家庭之间的差异。一方面,婚姻伴侣日益从禀赋类似的人群中选择,特别是当女方成为养家糊口者之后更是如此(Oppenheimer,1988;Mare,1991)。另一方面,占比日益增多的子女是单亲家庭抚养长大的。这些趋势也许将加剧教育的不平等。双收入家庭,相比单亲家庭,更能给他们子女的教育奉献更多的时间、才华和财力资本(Jencks,1979;McLanahan 和 Sandefur,1994;Neal,2006)[2]。

家庭对孩子的教育潜力至关重要,而学校能做的贡献必然是很有限的。各国学生在校的时间不同,孩子在校的时间大约为每日 6 个小时,每周 5 天。在这段时间内,他们处于老师的照看之下,但老师通常负责照看的并非 1 到 3 个孩子,而是大概 10 到 30 个。即使极具敬业精神的专业教师,论及对孩子的付出,相比起父母而言也无法等量齐观。父母天生会深切关注子女的幸福。正如一些最好的教师常常解释的那样,家庭为子女的成长提供方向,教师在改变其轨迹方面能力非常有限。

家庭是所有社会化机构中最强有力者,对此古人也十分了然。希腊哲学家柏拉图(1992)对家庭的影响力就心知肚明。他建议,未来国家的保护者,应该很小的时候就从家庭中脱离出来,被安置在一个高度结构化的教育环境中抚养,以确保他所谓的哲学家国王能够获得所需要的综合素质。现代的柏拉图主义者诸如 Hochschild 和 Scovronick(2003,如上所引),为了实现他们的平等主义梦想,可能会不得不建造一个综合的义务性的大众住读教育体系,在该体系内,不仅国家的未来保护者必须要尽早被带离家庭,而且所有的孩子都要这样,以便脱离高度多样化的家庭的影响。

所以如果认为平等机会意味着义务教育结束之时学生的成绩是同等的,那么可以相当确定的一点是,那种平等主义的理想是永远无法实现的。倘若这种观念付诸实施,大多数人都会加以抵制,在任何情况下都是如此。试想我们告诉那些执着的父母们,那些孜孜以求致力于子女教育的父母们,因为他们这种做法,他们的子女将会被安置到一个不利的学校环境中去。只有这样,其他得不到父母足够支持的孩子们才可以赶上来。很难设想有哪个社会会沿着这样的思路进行组织。

然而,对平等教育机会也许可以更加狭义地进行构想。如果所有走进校门的孩子被给予了相同的机会来增进他们刚入校时的禀赋,那么也可以说是学校机会平等。有了这样一个对平等机会的解释,那么人们就不会再指望什么结果平等,而是会满足于除了学校干预发生以前就存在的之外,不再有额外的不平等。公共提供的机会将是平等主义的,因为学校提供的附加值对于所有孩子都将是相似的。在这样一个世界里,社会不公平仍将存在,但是公共学校体制将不用对这种不公平的加剧和永存负责。

1.2 不同国家家庭在教育方面的影响

正是这第二种更加局限的对于平等机会的理解,似乎在大部分现今教育中大行其道。在大多数发达工业社会里,学校似乎没有做多少工作来试图改变机会结构的发展方向(Anderson,1961)。在教育系统得到巨大扩张的社会里,家庭背景的影响仍然十分强大。比如,近期由第三次"国际数学和科学评测"(TIMSS)从国际测试成绩数据中获取的证据表明,家庭背景对于学生学习成绩的影响十分巨大,所有参加测评的国家概莫能外。而且欧洲家庭的平均影响值与美国的十分接近(Woessmann,2004)。

在表 1.1 中,我们报告了来自一个更加新近的国际测试的相似证据。此测试即 2000 年举办的"国际学生评估项目"(PISA),由经济合作与发展组织(OECD)[3]主办,针对各国具有代表性的 15 岁学生样本群体进行测评。平均而言,在这个测试中,10 年级学生比 9 年级学生的成绩高出了 30 分。测评结果还显示,在欧洲最大的三个国家(法国、德国、英国)和美国,学生的学业成绩都与下列家庭背景特征强相关:父母的职业、就业状况、原住国、家庭状况,以及家中藏书数量。

出于好几个原因,家中藏书的数量可以被理解成学生家庭在教育、社会和经济背景方面的一个强大的、无所不包的代表,在社会学研究中经常被提及和用到(例如 De Graaf,1988;Esping-Andersen,2004)。总的来说,大量藏书意味着一个高度重视教育、推动子女取得学业成就的家庭环境(参见 Mullis 等,2004),代表了父母的社会背景,并且是经济实力的写照,因为书是需要用钱买来的。家中藏书的数量一再成为国际学业成就测试中学生成绩的最重要的预测指标。此外,Schütz, Ursprung 和 Woessmann(2005)通过另一组不同的数据研究表明(至少对数量有限的几个拥有该统计数据的国家而言),家庭收入(PISA 中未收集)和家庭藏书量之间的相关性在这几个国家之间不存在显著差异。

表 1.1 学生家庭背景对其学习成绩的影响

	法国	德国	英国	美国
家中藏书量(剩余范畴：少于 11 本书)：				
11—50 本书	38.00*** (6.02)	33.65*** (8.26)	31.49*** (6.59)	32.75*** (7.78)
51—100 本书	53.22*** (5.95)	50.49*** (8.57)	37.18*** (7.42)	53.14*** (8.37)
101—250 本书	61.89*** (6.03)	66.47*** (9.00)	53.84*** (7.69)	67.49*** (8.29)
251—500 本书	75.77*** (6.66)	89.26*** (9.33)	67.05*** (7.82)	90.39*** (8.76)
超过 500 本书	55.99*** (9.32)	94.96*** (9.91)	77.29*** (8.93)	96.48*** (10.17)
父母的就业状况(剩余范畴：两人均非全职)：				
至少一人全职	18.66*** (6.06)	16.27*** (6.09)	20.99*** (5.97)	36.58*** (9.53)
两人都全职	26.44*** (6.26)	12.53*** (6.60)	17.24*** (5.75)	29.30*** (10.45)
父母的职业(剩余范畴：处于两者之间)：				
蓝领	−23.80*** (6.58)	−30.88*** (7.52)	−21.59*** (8.34)	−23.32*** (8.85)
白领	29.85*** (3.83)	18.03*** (4.49)	34.52*** (4.19)	28.45*** (4.97)
本国出生：				
学生	26.35** (11.67)	5.25 (8.28)	−2.14 (9.55)	9.18 (13.21)
母亲	11.46* (6.29)	−0.18 (8.04)	0.09 (7.58)	−5.82 (12.18)
父亲	6.08 (5.63)	38.62*** (8.30)	11.33 (10.01)	5.71 (10.85)

续　表

	法国	德国	英国	美国
与父亲与母亲居住	7.00 (5.13)	4.69 (5.29)	16.78*** (3.97)	26.04*** (5.22)
女性	−19.43*** (3.46)	−20.10*** (4.41)	−10.70** (4.46)	−11.39** (5.15)
年龄（月）	0.88* (0.50)	0.38 (0.55)	1.53*** (0.52)	−0.22 (0.65)
学生（观测单位）	2 590	2 818	5 165	2 115
学校（聚类单位）	177	219	362	152
R^2	0.218	0.299	0.210	0.263

资料来源：作者基于PISA微型数据库进行的计算。
注意：每个国家数据的最小二乘回归，加权学生样本概率。因变量：PISA数学测试成绩。标准误差稳健性在学校层面，异方差性在括号内。回归包括归因控制。显著性水平（基于标准误差稳健性在学校层面的水平）：＊＊＊1%，＊＊5%，＊10%。

鉴于家庭收入也许是家庭背景"理想的"测度，因此至少从经济的角度，这在相当大的程度上加强了将家庭藏书量作为进行跨国比较分析时全面代表家庭背景量度的有效性。相较而言，其他的家庭背景（比如父母的受教育程度）代表指标的跨国可比性可能有限，比如各国之间特定的教育项目的含义存在着巨大的差异[4]。

如果用家庭藏书量来作为反映父母受教育程度以及其他有助于学生学习的家庭特征的国际可比性指标，那么会发现家庭藏书在500本以上的15岁学生，其PISA测试的成绩相比家中藏书不足10本的学生，要高出2到3个学年的水平（表1.1）。家庭背景的影响不仅在这四个国家中表现很明显，而且其大小在德国和美国十分接近。对英国学生的影响只是略小一些。如果假定高中学习成绩对未来取得经济成功影响很大——正如许多研究表明的那样（比如Bishop，1992；Murnane，Willett和Levy，1995；Neal和Johnson，1996；Currie和Thomas，2001），那么在这三个国家中，学校教育体系似乎并没有带来特别高的社会流动率。必须承认，家庭藏书量对学习成绩的影响在法国似乎要轻一些，但即使在这个国家，家中藏书超过500本的学生相比家中藏书不到10本的孩子，其成绩也要好出两个学年的水平[5]。

在这四个国家中，家庭背景对于学生的成绩都有着重大影响，然而很可能法国教育体制中的某些特征缓和了这种冲击。法国因其"幼儿学校"而著名。该体制为来自一切背景的孩子提供广泛的学前课程。近期 Schütz 等人（2005）提供的国际比较证据表明，学前课程（以及综合教育）的普及的确与各国更高的社会流动性之间具有系统性关联。而很多其他的教育政策则与之关联性不大。这一发现也与本书中（第8章）Edwin Leuven 和 Hessel Oosterbeek 提供的对荷兰的研究成果相一致。他们的研究显示，降低义务教育入学年龄，并在标准年龄以前实现普及教育，的确是五种教育干预当中唯一能够改善劣势学生群体教育成绩的那一种。

同时，其他国家的教育体制可能会强化家庭的影响。比如，德国强调在人生早期就为某个特定的职业做准备，这也许会将学生置于与其父母类似的社会角色。在美国，由于学校政策制定的去中心化，加上广泛的因种族与收入因素导致的居住区隔离，可能会强化现有的社会模式。Stephen Machin 在其关于英国高等教育扩张的论文（第2章）中指出，英国高等教育的扩张强化并增进而不是缓解了社会差别。富裕家庭的子女相比工人阶级家庭的子女，更加倾向于追求更高层次的教育。因为高等教育受到政府的大幅补贴，所以其净效应是一种强化社会差别的有组织的安排，这与平等主义者对教育扩张的期待背道而驰。

1.3 学校教育的最初目的

一旦人们明白所谓平等主义原则在西方大众教育史中仅仅发挥了微乎其微的作用，就不会诧异于教育扩张有时会强化而不是缓和社会不公平。而英语中"学校"（school）这个词本身其实是从希腊语"休闲"（leisure）派生而来的，因为在古雅典，只有那些可以将自己从体力劳动的义务中解脱出来的人，才有能力享受教育（Drucker，1961）。在后来学习仅仅局限于修道院内的几百年里，情况也没有发生改变。对大众而言，在古腾堡发明活字印刷术之前，阅读简直是不可能的。古腾堡的活字印刷术在16世纪早期得到广泛传播，实现了将话语迅速印制成文字，并让王宫、城堡和修道院之外的人们获益。

宗教改革者们，无论是披着路德派还是加尔文派的外衣，都极力利用这个新发明所带来的各种可能性，敦促信众阅读《圣经》，而不是依赖牧师的训诫、教堂的繁文缛节，或者僧侣的想象（Pelikan，2005）。由于个人需要而阅读《圣经》，于是读写能力迅速提高,特别是在欧洲北部大部分地区,以及后来北美大陆的北部大部分地区,因为新教在上述地区扎下了根。即使到今天,上述地区仍是世界上文化程度最高的地区。

如果说教化的初衷是宗教,那么其后果却是经济,因为教化的扩张促进了财富的产生。马克斯·韦伯(2001)将新教国家拥有更快的经济增速归因于这些国家拥有更高的储蓄率,因为这些地方有一个要求信徒延迟满足需求的信仰体系。但是资本主义在新教国家成了气候,更可能的原因是,旨在阅读《圣经》的教育催生了对经济增长至关重要的人力资本[6]。一个类似的观点认为,人力资本驱动取得经济成功起源于宗教,乃是因为自 8 世纪以来,犹太人选择了城市熟练手工业者和商人作为其职业。Botticini 和 Eckstein(2005a,2005b)从人为资本的角度来解读犹太人的历史,指出经商的犹太人取得经济成功,根源在于一个传承数个世纪的犹太人戒律,该戒律要求犹太男子必须能在会堂中阅读《律法书》(《旧约》前五卷的总称,译者注)并教其儿子们阅读《律法书》。

在欧洲,因为宗教狂热的衰退,政治考量异军突起。一旦一个大规模的教育系统对民族国家的增强作用明显不亚于一支公民军队,政治领袖们就会看在眼里。尽管公共学校起源于荷兰,但对公立教育和国家建设之间的关系理解得最透彻的却是俾斯麦,这导致产生了一句警句:"在创造了德意志帝国的 1870 年普法战争中,普鲁士的小学校长打败了法国"(Drucker,1961:21)。尽管德国的铁路也许跟那场战争的结局关系更大,而不是其学校,但那句警句的确是有真理的成分。面对统一那些虽然语言相通,但方言无数的各个政治辖区的重任,俾斯麦利用学校来打造共同语和国家意识(Lamberti,1989;Gradstein,Justman 和 Meier,2005,ch. 2)。他的成功启发欧洲的邻国纷纷效仿。

在大西洋彼岸,政治目标也没有小到哪里去。在美国,所需要的不是合并以前分崩离析的政治区划,而是接纳一波又一波涌入的移民,这些移民语言各异、祷告的方式也不同。对于 Horace Mann 和其他打造了共同学校的人而言,欧洲南部和东部过来的移民,其文化遗产不一样,因此"需要道德提高"以及用英语语言进行教导,而这两者他们都认为可以通过国家开办的、新教控制的公共学校来实现(Kaestle,1983;Glenn,1987)。

然而,关于学校可以成为经济增长引擎的观念在当时仍然没有得到确立。对于很多工商界人士,学校只不过是一项高成本的公共开支罢了,浪费了本来可以用于更有效的用途上的资源。如果公共学校可以略微出类拔萃,那么它们应该致力于为具体行

业或者职业培养学生,他们才是工业经济的中流砥柱。Peter Drucker(1961:15)记录了一个鲜活的例子:

> 一位现在担任美国最大的企业之一的首席执行官的人,在1916年找他的第一份工作的时候,不敢承认自己拥有经济学的高级学位。"我告诉雇我的人,我从14岁起就在铁路上做文员,"他说,"否则我的申请就会被打回,因为对于一个企业界的职位来说,我受教育太高了。"即使到了20世纪20年代晚期,当我自己开始工作时(德鲁克继续说),英格兰或者欧洲大陆的商业公司仍然会在雇用一个读完中学的人做低级文员的时候犹豫不决。

对于劳工团体而言,学校常常被看作一个抬高成年体力劳动者价格,同时保护儿童不受工作场所虐待的方法(Peterson,1985,ch. 3)。有关实施义务教育法和童工法的运动往往并驾齐驱。思想更加深邃的劳工领袖和劳动群体中很多更加有志向的人们认识到,接受教育是一种逃脱农场和工厂辛苦劳作的方式。但即使在那时,学校仍然被看作少数人的逃生舱口,而不是更广泛意义上的改变社会流动模式的一种方式。即使像W. E. B. DuBois这样的激进而才华横溢的黑人领袖,也没有倡导全民平等教育,而是仅仅呼吁"有才华的十分之一"享受平等教育,以便将其人民带到应许之地(DuBois,1953:52,54;Cremin,1988:121-122)。

相形之下,普通公民将中等教育乃至更高教育看作一个获得发展的机会。他们对中等教育的需求,最早在美国得到了表达,也许是因为在美国,地方就可以做决定,特别是学区,而不需要在该问题上达成全国性一致意见(Peterson,1985,ch. 3;Goldin,2001)。某个社区建造一所中学,其相邻社区会注意到。尽管这种做法迅速扩散,但即使到了20世纪20年代,中等教育虽日益广为传播,却远远未能普及。事实上,在美国国内,中等教育增长最快的十年是在大萧条期间。这并非因为富兰克林·罗斯福或者地方学校董事会具有平等机会的愿景,而是因为工作机会太有限,年轻人没有别的事情可以做。学校董事会焦头烂额,因为教室太拥挤,教师收入微薄,有时候他们收到的是白条而不是现金,比如在芝加哥(Peterson,1985,ch. 9)。尽管如此,教育系统仍然无法切断这种自下而上的需求。

所以美国中等教育的扩散是偶然发生的,其驱动力是个人的决定以及外部经济力量,而不是任何广泛的政策性决策。然而,这并不妨碍该美国模式在"二战"末被理想化。胜利者获得的不是战利品就是展示其当仁不让的智慧。欧洲社会主义政党起死回生,他们倡导的"全民中等教育"深孚众望,保守党人无力抵抗。在众人还不明就里之际,一个共识已经达成。从五六岁或者七岁到大概十五六岁,全民享受的公立学校教育很快成为义务制,而且谁想再继续读下去也有机会。人们辩论的不是这件事该不该办,而是由何种机构来办——教堂还是国家。对于后面这部分问题,每个国家给出的答案不同,取决于每个国家的政治和社会力量之间的角力。

芝加哥大学的一群经济学家,其中最知名的有 Theodore Schultz(1961)和 Gary Becker(1964),他们通过提出一套经济增长的人力资本理论帮助巩固了这一共识。增加一个国家的财富,不仅仅取决于这个国家有多少工厂,或者其储蓄率,还取决于其劳动力素质,尽管人们长期以来认为前两条才是关键。这种观点一旦以理论的形式提出来,实验者马上就跟进了,他们证明一个人在校读书的年数越多,他踏入社会后的收入就越高(例如 Becker,1964;Mincer,1974;Card,1999),甚至在整个成年期都如此,Sofia Sandgren 对一组瑞典成年男子的调查研究(第 3 章)明确地证实了这一点。换言之,教育投资如同商业投资,也会产生回报率。令人称奇的是,教育投资回报率往往大大超过传统的资本投资。

在所谓的人力资本理论刚刚问世之时,人们几乎没有注意到平等和效率两者之间潜在的妥协问题。人们指望给全民更多的教育以便为大众带来新机会,同时提升劳动力素质。劳工、企业还有政见各异的各党派,都将学校当成出路。尽管教育者总是在索要比纳税人愿意出让的更多的资源,但国家资助的学校在战后大部分时间仍然是一个活力四射的增长板块。学校的方方面面都在增长:数量、规模、招生、所服务学生的年龄段、资金支持,以及教师和管理者所获得的专业资质。人们不仅将全民中等教育视为当然,高等教育系统(大学、高级研究所,以及继续教育)也接近呈指数级增长。

在过去的几十年中,学者们开始意识到,一切并非都那么简单(一个预警报告请见 Anderson,1961)。的确,人力资本的个人投资回报率至今仍然很强劲,也许如今比任何时期都更加强劲;的确,如果想要社会生产力不断提高,劳动力素质的持续提高是重中之重。但是教育的扩张,其本身不一定是增进人力资本的最有效的途径;并且教育扩张也不能保证社会流动性。如果大家都完成中等教育学业,大家仍将处于自己的禀赋和家庭支持可以让自己到达的境界,除非学校里能发生不同寻常的事情。简而言之,人们可以在人力资本方面获得长足发展是真的,但在机会结构方面无法获得可观的迁移也是真的。

1.4 学校开支和班级规模的削减

1954年美国最高法院对于"布朗起诉学校董事会"(Brown v. Board of Education)一案的判决而激发的民权运动,将注意力集中在平等机会问题上,这比美国任何其他孤立的政治事件给予该问题的关注都要多。1896年的一个法庭裁决认为,在《美国宪法》的平等保护条款之下,根据种族而隔离运作的学校,只要拥有平等的设施,则是可以接受的。通过推翻这一裁决,布朗宣称,实施种族隔离的学校本质上是不平等的,尽管其设施可能平等。借助布朗案裁决的机会,民权运动达到了其最高点,在1964年推动《民权法案》获得通过。该法案加速了美国南部学校的去种族隔离化过程,并将公共生活各个层面的种族歧视定为非法。

而这些事件对学术会话的影响也非同一般。最值得注意的是,《民权法案》要求美国国家教育研究所(U. S. Institute of Education)对美国的学校实施一项全国性调查,以便统计美国黑人和白人所拥有的教育资源之间的任何差异。詹姆斯·科尔曼受命领衔该调查,他收集了大量关于学校和学生特点的信息。最重要的是,他委托开展了首次全国性大规模学生成绩调查。该调查报告发布于1966年,按照现今的标准,其数据分析还很粗糙(Coleman等,1966;为增进可读性,此处仅参考了Coleman的文本)。然而,该研究的很多发现对以后在欧洲和美国实施更加精细的调查极有帮助。

一个结果曾被广泛地预见到,那就是,平均而言,黑人学生的考试成绩远远落后于其白人同学。还有一点大家也毫不意外,那就是学习也深受其他人口统计学特征的影响,包括母亲的受教育程度、父亲的受教育程度、家庭收入,以及很多其他人口统计学特征(上述调查结果的更多细节,请参考Coleman等,1966)。虽然该报告的调查结果精确定义了平等机会这个问题的量级,但它同样也掀起了一场在很大程度上是毫无意义的关于遗传或者环境在多大程度上成为决定性因素的辩论(Herrnstein和Murray,1994;Goldberger和Manski,1995;Heckman,1995;Rothstein,2004;更加深刻的综合分析和阐释,请参考Jencks和Phillips,1998)。

意义重大的是,科尔曼同样发现,学校在改善该问题方面几乎无所作为,无论是在种族群体内部还是跨群体之间。科尔曼的研究实际上显示,剔除区域或者城市—农村差异之后，黑人学生和白人学生平均而言，所在学校拥有近似的生均开支和相似的师生比、教师资质，以及绝大多数反映其他物质特征的指标值也近似。更令人诧异的是，一旦考虑到人口统计学特征，学校方面的特征对于学生成绩的影响就显得微乎其微，这是一个完全出乎意料的发现，而且至今仍影响深远。更高的开支未能带来更高的学生考试成绩。学校的其他物质特征对学生的影响也可忽略不计。平均而言，学生似乎不会因为以下因素而学到更多东西：其教师的资质更好或者工资更高；其所在班级规模更小；教学楼设施更完善、更加现代化；图书馆藏书更多；在很多其他物质方面更加宽裕。这些研究成果如此让人不安，以至于哈佛大学教育学院组织了一个持续多年的研讨会，专门致力于对上述调查的仔细复核。该研讨会由知名的统计学家 Frederick Mosteller 和后来的纽约州参议员 Daniel P. Moynihan 领导。经过数据分析，研讨会成员认定，科尔曼和他的团队的研究不存在问题（Mosteller 和 Moynihan，1972）。

自那时起的很多研究，无论是在美国还是欧洲做的，无论使用的是科尔曼时期的简单方法还是现如今的先进手段，一再证实科尔曼当年的结论（Hanushek，2002；Neal，2006；Woessmann，2005a 以及其中的参考资料）。本书中有三章内容将彼时的文献与现今的平等机会问题研究衔接起来，考察重新关注为弱势群体提供额外物质资源，可以在何种程度上改变教育结果的分布。Julian R. Betts 和 John E. Roemer（第 9 章）发现，如果单纯依赖额外增加开支作为唯一的干预策略来实现种族群体间的平等，那么学校将需要在黑人学生身上花费相当于白人学生 8 倍到 10 倍的金钱。类似地，Eric A. Hanushek（第 7 章）发现，为弱势群体平均化标准师资投入或者削减班级规模对于消除得克萨斯州种族群体间的现有不公平无济于事。对欧洲来说，Leuven 和 Oosterbeek（第 8 章）同样证明，荷兰若干项再次将资源向弱势学生群体倾斜的政策（削减班级规模、额外增加人员资源、额外增加计算机资源，以及延长义务教育时间等）未能改善平等机会问题。

在科尔曼进行的所有与物质资源有关的调查结果中，至今仍然极具争议的一条发现与班级规模有关，班级规模亦即一个学校的学生与教师的人数比例。科尔曼和很多其他学者发现，从各方面看，无论规模大小都没有什么影响（Hanushek，1996；Hoxby，2000）。很多普通教师、家长和学生都认为这个结果难以置信。田纳西州的一项大型实验研究证明，班级规模的缩小对于学生成绩有正面影响，这对这种常识般的观点给予了支持（Mosteller，1995；Krueger，1999）。近年来，一项关于班级规模的国际研究发现，班级规模的影响十分有限，除了两个国家例外，在这两个国家里，教师收入低、教师资质也特别低。这似乎说明,班级规模的缩小可能在教师资质低的情况下是一条提高学生成绩的有用办法(Woessmann 和 West,2005)。这些结果可能与前述的荷兰在班级规模方面的准实验研究相一致,Leuven 和 Oosterbeek(第 8 章)对此做了报告。他们发现,缩小班级规模的影响微乎其微,这个结果在拥有一支收入颇丰的教师队伍的国家里完全可以预见。但可以确定的是,关于这个主题仍将持续开展多年的研究。

1.5 同伴群体与学校分层教育

科尔曼的第二个颇具争议的发现是,学生在学校的同伴群体的素质,是影响其学习成绩最重要的与学校相关的因素之一。黑人学生如果与白人一起上学则学得更好。更笼统地讲,处于社会劣势地位的学生如果能和更加占据社会优势地位的学生一起上学,他们的学习成绩会更好。但反之并不成立。白人学生的学习成绩并没有因为黑人孩子的存在而受到负面影响。

这些研究结果极大地鼓励了那些反学校种族隔离运动的领导者们。此外,这些研究结果也与一个年深日久按学生能力将学生分开的教学实践背道而驰。这种做法是建立在这样一个假设的基础之上的:学生和与其学习成绩相近的同伴在一起可以学到最多。在很多欧洲国家,处于青春期早期的学生过去乃至现在仍然被送往不同的中学读书。能力更强的学生被分配到更加学术性的课程中去,而那些能力欠佳的学生则被送往一个课程内容更加笼统或者职业教育的学校中去。在美国的大部分地区,学生过去和现在都上一样的综合性中学,但是被分配到不同的课程轨道上去——学术、普通,或者职业"轨道"。如今采纳综合学校模式的很多欧洲国家通常都采取了类似的分层做法。

在科尔曼研究结果的指导下,许多学校改革者开始废止双重学校制度或者校内分层教育。如果能力弱的学生可以得到帮助而且不会对学习成绩更好的学生造成负面影响,那么这个政策将既促进平等机会,也可以促进整体人力资本提升。但这仍然是一个仁者见仁、智者见智的问题,在本书中,学者们给予了各种回答。在本书第 4 章,Jacob Vigdor 和 Thomas Nechyba 发现,使用如科尔曼调查和其他调查中所使用的标准方法来评估的同伴群体影响未能反映真正的因果关系。他们使用的是高级计量经济学方法以及来自北卡罗来纳州的广泛的面板数据来区分相关性与因果关系。他们指出，传统方法无法轻易测量能力；那些因为测量不准而显得能力较高的个人被分配到明显能力更强的同伴群体中；此类分层将导致同伴影响失准，除非该分析能将分层过程的因素考虑在内。同样，Hanushek（第 7 章）使用了来自得克萨斯的面板数据，研究显示同伴群体的能力或者社会经济状况对学生的表现几乎没有影响。这些调查表明，曾经被认为已经有了定论的同伴效应问题，现在却又回到了研究日程的顶部。

在第 5 章里，这项研究得到更深入的讨论。为了了解混合班级的效应，Fernando Galindo-Rueda 与 Anna Vignoles 使用了英国一个阶段（20 世纪 70 年代中期）的数据。当时，不同的地方教学机构，分快慢班制度与不分快慢班制度并存。他们的研究结果表明，将不同能力学生混合的做法的唯一影响，大概就是降低了能力最高的学生的表现。因此，尽管学习结果上的不平等得到了消减，但是强迫尖子生降低其水平绝不是人们期望用来解决平等机会问题的办法。需要注意的是，这也许意味着存在非线性同伴效应，因为混班以后，只是尖子生遭受了损失，却没有赢家。然而，他们的研究成果可以普遍适用于其他情景的程度仍不明了。社会和学业能力混合的最直接效应也许与其长期效应十分不同。学校重构的冲击，以及随之而来的学生从一个学校转往另一个学校，可以压抑学生的学业表现，这是 Hanushek 在第 7 章要阐述的内容。

短期与长期结果的区别，也许有助于协调第 5 章 Galindo-Rueda 和 Vignoles 的研究结果。他们借助于 Hanushek 与 Woessmann（2006）的跨国证据表明，从长期来看，混班教学可以消减学业表现上的不平等，同时既不会伤及平均学业表现，也不会伤及尖子生的学业表现。尽管这些研究仍将莫衷一是，Giorgio Brunello、Massimo Giannini 以及 Kenn Ariga 在第 6 章所提出的理论模型却十分难能可贵。该研究考虑到了一些决定实施筛选式教育最佳年龄的关键经济要素。

1.6 以结果为导向及成绩标准

也许与其说科尔曼最伟大的贡献是他取得的具体的研究成果，不如说是他所开拓的思路。至少在一个方面，他将公众的注意力引向了教育的输出（即学生学到了多少），而不仅仅是输入（教育年限、支出、班级大小、教师工资，以及教师资质），而后者一度被视为学校质量的首要指标。

1969年,就在科尔曼报告发布后不久,美国诸州教育委员会(U. S. Education Commission of the States)发起了国家教育进步评估(National Assessment of Educational Progress,简称 NAEP)。这是一个全国性抽查考试,受试对象为 9 岁、13 岁和 17 岁的学生,旨在获取他们在学习表现方面的信息。通过周期性举行该抽考,人们期望 NAEP 可以记录学生表现随时间推移而取得的进步。几乎在同时,国际上一群学者成立了国际教育成就评估协会(International Association for the Evaluation of Educational Achievement)。该协会随即启动了首次对于许多发达工业国家中学生的数学和科学学业成就可比数据的系统化采集。接下来的几十年中,国际化评估得以周期性举办,最终演化成为定期举办的"国际数学与科学学习趋势"(Trends in International Mathematics and Science Study,简称 TIMSS)评估,其最近一次考试发生在 2003 年。TIMSS 评估始于 2000 年,后来的 PISA 调查对其是一个补充。关于 PISA 我们前面有所提及[7]。

NAEP、TIMSS、PISA,以及其他类似调查得到的结果,都要比科尔曼的许多研究成果更加令人眼界大开。其中,NAEP 本来要研究美国教育的"进步",结果却揭示了教育的停滞——2005 年中学毕业生的表现并没有比 1970 年的好多少(美国教育部,2005;Peterson,2006)。同时,TIMSS 和 PISA 的调查发现,日本和其他亚洲学生,而不是欧洲或北美学生在数学和科学方面的成就最大(例如:Mullis 等,2004,以及许多其他早期研究)。工业化世界的后来者是如何如此迅速地达到教育的顶层位置,仍然是一个谜团,分析家对其谜底仍在孜孜以求。对于上述各类国际测试的多个分析,都强调了盛行于亚洲的综合性毕业考试(参照 Bishop,2006 和 Woessmann,2005b)。这些考试往往在中学教育的最后一年举行。其内容充实,学生取得的考试成绩千差万别,大学和用人单位往往极为重视。通过确定清晰的目标并提供不同的完成层次,这类考试往往能够激励学生、教师和家长朝着较高表现水平而努力。本书中由 John H. Bishop 与 Ferran Mane 完成的这一章(第 10 章)对此进行了讨论。该章通过美国的证据表明了毕业考试和较高毕业要求的正面效果。

1.7 学校的选择

最后,永远对新点子保持开放态度,且无论自己的发现有多么惊人都永不满足的科尔曼,通过又一项研究开辟了新的研究空间。这篇论文的题目为《公立和私立学校:中学分析及其他》,也是受美国教育部委托完成的(Coleman, Hoffer 和 Kilgore, 1981, 1982; Coleman 和 Hoffer, 1987)。在这项研究中,他们收集了学生表现及其背景特征,以及公立和私立中学的多种学校特征。当研究结果公布的时候,公众非常震惊。他们了解到,学生在天主教学校能学到更多,而这些学校此前被认为是那些出于宗教而不是教育目的的家庭送子女去的、低成本、下等的学校。然而,与以前一样,他的研究结果在使用更加精细的研究方法就不同的数据组而进行的其他调查面前,仍旧展现了较强的稳健性(例如: Neal, 1997; 最新近的文献综述请见 Neal, 2002; Wolf, 2006)。然而,后续研究却揭示出了一个科尔曼报告中原有的、此前未被关注的观点,即天主教教育的好处,对于少数族裔,特别是对于非洲裔美国人的好处,要大于对白人学生的好处。

科尔曼的这篇论文导致了大量旨在促进学校选择的政策性干预,既包括公立学校之间的学校选择,也包括公立学校和私立学校之间的选择。研究人员才刚刚开始梳理欧洲和美国尝试过的多种择校干预行动的影响[参见 Howell, Peterson(2002)和 Hoxby(2003)对美国的研究; Bradley 和 Taylor(2002), Leva čić(2004), 以及 Sandström 和 Bergström(2005)提供的欧洲的例子]。本书包括了参与此话题讨论的两篇颇有价值的论文。在第 11 章里, Simon Burgess、Brendon McConnell、Carol Propper 以及 Deborah Wilson 使用了广泛的英国学生管理数据。他们的研究表明,只要学生拥有可以住宿的选择,则附近学校的选择组的大小与住校后学生依照能力和社会经济地位所展现的跨校分层正相关。本书中关于学校选择的另外一章由 Daniele Checchi 与 Tullio Jappelli(第 12 章)完成,呈现了意大利的例子。来自意大利的证据表明,将子女送往私立学校的家长,对于他们当地公立学校质量的评价要比那些将子女送往公立学校的家长低一些。这表明,当家长面临低品质公立学校的时候,往往会逃往私立学校。

1.8 结论:教育效率是不是通往教育公平的最佳道路?

许多关于学校对平等教育机会问题影响的话题,都是由科尔曼的研究工作提出的。但也许他的影响最深远的遗产(无论是有意还是无意),却在诱发人们对于教育机会平等的意义感知的变化方面（参见 Coleman，1968）。在科尔曼报告发布以前，平等教育机会在很大程度上是以传统方式阐释的：学校应该为所有学生提供平等服务。但是当科尔曼的报告表明平等的资源——包括平等的开支、平等的设施、资质平等的师资等——未能带来平等的结果，于是平等机会的定义开始发生了巨变，人们提出了超出资源平等化的要求：对于弱势群体应当实施集中额外资源的补偿性教育。通过确认和拓展科尔曼的初期研究结果，本书来自美国和欧洲的研究表明，即使在弱势群体上花费大量区别性开支，也不见得能获得结果的平等。

鉴于平等机会问题可以归因于可度量的、物质性的学校特征的程度如此之小，人们要求学校通过其他方式来解决这个问题。学校也探索了许多替代方案，诸如去分层化、更灵活的课程、重视孩子的自我感受胜过重视他们的学业成绩、通过测试来确保没有孩子掉队，以及为低收入家庭提供选择。去分层化以及很多其他措施的效果严重依赖于同伴效应的准确性质，而这一点至今仍未有较好的理解。在推进我们理解的同时，本书中呈现的美国和欧洲的证据，亦未能对同伴效应提供准确无误的答案，尽管美国和欧洲的研究人员提醒人们，任何随意的同伴效应很有可能存在，哪怕是微乎其微的。有些研究呈现的结果表明，较高的表现标准——如果能恰当实施——则有望降低不平等的情况。精准选择项目也可能帮助被困在低品质学校的弱势群体学生，但是效果如何，很大程度上取决于这些项目的设计，而其长期效果仍然是未知数。有鉴于此，本书中收集到的这些证据，尽管展现了一些取得进步的可能途经，但它们仍然对很多学校所采取的激进的改变机会结构政策的有效性提出了质疑。

根据目前所知，人们不宜期望短期内就能出现奇迹。当人们将平等机会定义为输出平等的时候，学校将难免捉襟见肘，尽管谁也不能指责学校竭尽所能帮助那些弱势群体。学生从别处学得太多，家庭各不相同，孩子千差万别，我们也不能对学校期望过高。但如果人们接受的是一个更陈旧的、更加广泛认同的关于机会平等的定义，那么这个问题就好办多了。学校可以也应该挑战学生潜力的极限。最好的方法就是通过一个高效的教育体系来挑战每个孩子，让他们都实现自己的潜力。在那个意义上，一个高效的教育体系也有助于实现平等。正如 Theodore Schultz（1981：88）在 25 年前说的："在寻求平等的过程中，人们忽视了教育效率和平等的互补性。在我们庞大的学校体系中，如果能实现效率的最大化，这对于公平的贡献很可能将远远大于现在正在实施的许多改革。"[8]

注释

1. Ramirez 和 Boli(1987:3)称"在'漫长的'19 世纪,从普鲁士(1763)到比利时(1914)"几乎每个西欧国家都采纳了大规模国家资助的初等教育;亦可参照 Flora(1983)。对于美国,请见 Tyack(1974)、Cremin(1988),以及 Goldin(1999:8),他们认为"在 19 世纪中叶……完全免费的、国家资助的普通学校已经遍及全国"。关于工业化世界后初等教育历史,请见 Goldin(2001)。
2. 更多研究和文献讨论,请见 Meyer(1996),Mulligan(1997),Phillips、Brooks-Gunn、Duncan、Klebanov 和 Crane(1998),Blau(1999),以及 Fryer 和 Levitt(2004)。
3. 该数据库的详情,请见 Fuchs 和 Woessmann(2004)及该著作内参考文献。表 1.1 有关设定和结果的额外技术性详情,可直接向作者索取。
4. 鉴于我们将家中藏书及父母亲受教育程度看作同一问题的可替代指标,并鉴于已经讨论过的藏书作为指标的优越性,在设定中,父母亲受教育程度并没有包括进来。然而,使用父母亲受教育程度而不是家中藏书作为指标,导致了对这四个国家中家庭背景影响的整体评估非常相似,只是现在在德国这种影响还要甚于美国。
5. 我们更倾向于接受这些关于社会流动性的估计,其基于重要家庭背景测度系数的大小,而不倾向于接受考察整个线性回归方程的 R^2,因为后者取决于父母辈已成事实的不平等的程度。当人们对学校体制改变社会流动性的相对程度产生兴趣的时候,那么评估不应该被上一辈社会如何不平等所影响,相反,人们应该更关注现有的不平等如何传到了下一代,这一点通过家庭背景系数的大小来反映(参见 Goldberger 和 Manski 1995:769,文中有相关讨论)。鉴于上述理由,我们将家中藏书看作家庭背景中一个意义非凡的测度。鉴于表 1.1 中报告的结果控制了家庭背景的其他一些特征,所以应该注意到这四个国家的家中藏书变量的统计结果在控制部分或全部其他变量的情况下并不改变。
6. 感谢 C. Arnold Andersen 和 Mary Jean Bowman,他们让我们注意到了这一点。然而,支持该关联的研究尚有待完成。
7. 小学中的阅读成就评估现在由国际阅读能力研究项目(Progress in International Reading Literacy Study,简称 PIRLS)定期组织。
8. 同样,Arrow, Bowles 和 Durlauf(2000)提出,在很多情况下,平等和效率也许是一个互补关系,而不是一个折中关系。

参考文献

Anderson, C. A. (1961). "A Skeptical Note on Education and Mobility." *American Journal of Sociology* 66(1), as reprinted in A. H. Halsey, Jean Floud, and C. Arnold Anderson (eds.), *Education, Economy and Society*. New York: Free Press.

Arrow, K., S. Bowles, S. Durlauf (eds.). (2000). *Meritocracy and Economic Inequality*. Princeton, NJ: Princeton University Press.

Becker, G. S. (1964/1993). *Human Capital: A Theoretical and Empirical Analysis, with Special Reference to Education* (3rd ed.). Chicago: University of Chicago Press.

Bishop, J. H. (1992). "The Impact of Academic Competencies on Wages, Unemployment, and Job Performance." *Carnegie-Rochester Conference Series on Public Policy* 37: 127–194.

Bishop, J. H. (2006). "Drinking from the Fountain of Knowledge: Student Incentive to Study and Learn." In E. A. Hanushek and F. Welch (eds.), *Handbook of the Economics of Education*. Amsterdam: North-Holland.

Blau, D. (1999). "The Effect of Income on Child Development." *Review of Economics and Statistics* 81(2): 261–276.

Botticini, M., and Z. Eckstein. (2005a). "From Farmers to Merchants, Voluntary Conversions and Diaspora: A Human Capital Interpretation of Jewish History." Discussion Paper, Tel Aviv University.

Botticini, M., and Z. Eckstein. (2005b). "Jewish Occupational Selection: Education, Restrictions, or Minorities?" *Journal of Economic History* 65(4): 922–948.

Bradley, S., and J. Taylor. (2002). "The Effect of the Quasi-Market on the Efficiency-Equity Trade-off in the Secondary School Sector." *Bulletin of Economic Research* 54(3): 295–314.

Card, D. (1999). "The Causal Effect of Education on Earnings." In O. Ashenfelter and D. Card (eds.), *Handbook of Labor Economics* (vol. 3A). Amsterdam: North-Holland.

Coleman, J. S. (1968). "The Concept of Equality of Educational Opportunity." *Harvard Educational Review* 38(1): 7–22.

Coleman, J. S., E. Q. Campbell, C. J. Hobson, J. McPartland, A. M. Mood, F. D. Weinfeld, and R. L. York. (1966). *Equality of Educational Opportunity: Summary Report*. Washington, DC: U. S. Government Printing Office.

Coleman, J. S., and T. Hoffer. (1987). *Public and Private High Schools: The Impact of Communities*. New York: Basic Books.

Coleman, J. S., T. Hoffer, and S. B. Kilgore. (1981). *Public and Private Schools: An Analysis of High School and Beyond*. Washington, DC: National Center for Education Statistics, U. S. Government Printing Office.

Coleman, J. S., T. Hoffer, and S. B. Kilgore. (1982). *High School Achievement: Public, Catholic and Private Schools Compared*. New York: Basic Books.

Counts, G. S. (1932). *Dare the School Build a New Social Order?* New York: Day.

Cremin, L. A. (1988). *American Education: The Metropolitan Experience, 1876–1980*. New York: Harper & Row.

Currie, J., and D. Thomas. (2001). "Early Test Scores, School Quality and SES: Long-run Effects on Wage and Employment Outcomes." *Research in Labor Economics* 20: 103–132.

De Graaf, P. M. (1988). "Parents' Financial and Cultural Resources, Grades, and Transition to Secondary School in the Federal Republic of Germany." *European Sociological Review* 4(3): 209–221.

Drucker, P. F. (1961). "The Education Revolution." In A. H. Halsey, J. Floud, and C. A. Anderson (eds.), *Education, Economy and Society*. New York: Free Press. As reprinted from P. F. Drucker, *Landmarks of Tomorrow* (New York: Harper and Row, 1959), 114–125.

DuBois, W. E. Burghardt. (1953). *The Souls of Black Fold: Essays and Sketches*. New York: Blue Heron Press. Reprinted from the original (1903).

Esping-Andersen, G. (2004). "Untying the Gordian Knot of Social Inheritance." *Research in Social Stratification and Mobility* 21: 115–138.

Flora, P. (1983). *State, Economy, and Society in Western Europe 1815–1975: A Data Handbook in Two Volumes.* Vol. 1, *The Growth of Mass Democracies and Welfare States.* Frankfurt: Campus.

Fryer, R., and S. Levitt. (2004). "Understanding the Black-White Test Score Gap in the First Two Years of School." *Review of Economics and Statistics* 86(2): 447–464.

Fuchs, T., and L. Woessmann. (2004). "What Accounts for International Differences in Student Performance? A Re-examination using PISA Data." Working Paper 1235, CESifo, Munich.

Glenn, C. L., Jr. (1987). *The Myth of the Common School.* Amherst: University of Massachusetts Press.

Goldberger, A. S., and C. F. Manski. (1995). Review Article: *The Bell Curve* by Herrnstein and Murray. *Journal of Economic Literature* 33(2): 762–776.

Goldin, C. (1999). "A Brief History of Education in the United States." Historical Paper No. 119, NBER Working Paper Series on Historical Factors in Long-Run Growth, National Bureau of Economic Research.

Goldin, C. (2001). "The Human-Capital Century and American Leadership: Virtues of the Past." *Journal of Economic History* 61(2): 263–292.

Gradstein, M., M. Justman, and V. Meier. (2005). *The Political Economy of Education: Implications for Growth and Inequality.* Cambridge, MA: MIT Press.

Hanushek, E. A. (1996). "Student Resources and Student Performance." In G. Burtless (ed.), *Does Money Matter?* Washington, DC: Brookings Institution.

Hanushek, E. A. (2002). "Publicly Provided Education." In A. J. Auerbach and M. Feldstein (eds.), *Handbook of Public Economics* (vol. 4). Amsterdam: North Holland.

Hanushek, E., and L. Woessmann. (2006). "Does Early Tracking Affect Educational Inequality and Performance? Differences-in-Differences Evidence across Countries." *Economic Journal* 116(510): C63–C76.

Heckman, J. J. (1995). "Lessons from *The Bell Curve*." *Journal of Political Economy* 103(5): 1091–1120.

Herrnstein, R. J., and C. Murray. (1994). *The Bell Curve: Intelligence and Class Structure in American Life.* New York: Free Press.

Hochschild, J., and N. Scovronick. (2003). *The American Dream and the Public Schools.* Oxford: Oxford University Press.

Howell, W. G., and P. E. Peterson. (2002). *The Education Gap: Vouchers and Urban Schools.* Washington, DC: Brookings Institution.

Hoxby, C. M. (2000). "The Effects of School Size on Achievement: New Evidence from Population Variation." *Quarterly Journal of Economics* 115(4): 1239–1285.

Hoxby, C. M. (ed.). (2003). *The Economics of School Choice.* Chicago: University of Chicago Press.

Jencks, C. (1979). *Who Gets Ahead*. New York: Free Press.
Jencks, C., and M. Phillips (eds.). (1998). *The Black-White Test Score Gap*. Washington, DC: Brookings Institution.
Kaestle, C. F. (1983). *Pillars of the Republic: Common Schools and American Society, 1780–1860*. New York: Hill and Wang.
Krueger, A. B. (1999). "Experimental Estimates of Education Production Functions." *Quarterly Journal of Economics* 114(2): 497–532.
Lamberti, M. (1989). *State, Society and the Elementary School in Imperial Germany*. New York: Oxford University Press.
Levačić, R. (2004). "Competition and the Performance of English Secondary Schools: Further Evidence." *Education Economics* 12(2): 177–193.
Mare, R. D. (1991). "Five Decades of Educational Assortative Mating." *American Sociological Review* 56(1): 15–32.
McLanahan, S., and G. Sandefur. (1994). *Growing Up with a Single Parent, What Hurts, What Helps*. Cambridge, MA: Harvard University Press.
Meyer, S. E. (1996). *What Money Can't Buy: Family Income and Children's Life Chances*. Cambridge, MA: Harvard University Press.
Mincer, J. (1974). *Schooling, Experience, and Earnings*. New York: National Bureau of Economic Research.
Mosteller, F. (1995). "The Tennessee Study of Class Size in the Early School Grades." *The Future of Children* 5(2): 113–127.
Mosteller, F., and D. P. Moynihan. (1972). *On Equality of Educational Opportunity*. New York: Random House.
Mulligan, C. B. (1997). *Parental Priorities and Economic Inequality*. Chicago: University of Chicago Press.
Mullis, I. V. S., M. O. Martin, E. J. Gonzalez, and S. J. Chrostowski. (2004). "TIMSS 2003 International Mathematics Report: Findings from IEA's Trends in International Mathematics and Science Study at the Fourth and Eighth Grade." Chestnut Hill, MA: TIMSS and PIRLS International Study Center, Boston College.
Murnane, R. J., J. B. Willett, and F. Levy. (1995). "The Growing Importance of Cognitive Skills in Wage Determination." *Review of Economics and Statistics* 77(2): 251–266.
Neal, D. (1997). "The Effects of Catholic Secondary Schooling on Secondary Achievement." *Journal of Labor Economics* 15(1): 98–123.
Neal, D. (2002). "How Vouchers Could Change the Market for Education." *Journal of Economic Perspectives* 26(4): 25–44.
Neal, D. (2006). "How Families and Schools Shape the Achievement Gap." In P. E. Peterson (ed.), *Generational Change: Closing the Test-Score Gap*. Lanham, MD: Rowman and Littlefield.
Neal, D. A., and W. R. Johnson. (1996). "The Role of Premarket Forces in Black-White Wage Differences." *Journal of Political Economy* 104(5): 869–895.

Oppenheimer, V. K. (1988). "A Theory of Marriage Timing." *American Journal of Sociology* 94(3): 563-591.

Pelikan, J. (2005). *Whose Bible Is It? A History of the Scriptures throughout the Ages*. New York: Viking.

Peterson, P. E. (1985). *The Politics of School Reform, 1870-1940*. Chicago: University of Chicago Press.

Peterson, P. E. (2006). "Toward the Elimination of Race Differences in Educational Achievement." In P. E. Peterson (ed.), *Generational Change: Closing the Test-Score Gap*. Lanham, MD: Rowman and Littlefield.

Phillips, M., J. Brooks-Gunn, G. J. Duncan, P. Klebanov, and J. Crane. (1998). "Family Background, Parenting Practices, and the Black-White Test Score Gap." In C. Jencks and M. Phillips (eds.), *The Black-White Test Score Gap*. Washington, DC: Brookings Institution.

Plato. (1992). *Republic*. Translated by G. M. A. Grube and C. D. C. Reeve (2nd ed.). Indianapolis, IN: Hackett.

Ramirez, F. O., and J. Boli. (1987). "The Political Construction of Mass Schooling: European Origins and Worldwide Institutionalization." *Sociology of Education* 60(1): 2-17.

Rothstein, R. (2004). *Class and Schools: Using Social, Economic, and Educational Reform to Close the Black-White Achievement Gap*. Washington, DC: Economic Policy Institute.

Sandström, F. M., and F. Bergström. (2005). "School Vouchers in Practice: Competition Will Not Hurt You." *Journal of Public Economics* 89(2-3): 351-380.

Schultz, T. W. (1961). "Investment in Human Capital." *American Economic Review* 51(1): 1-17.

Schultz, T. W. (1981). *Investing in People: The Economics of Population Quality*. Berkeley: University of California Press.

Schütz, G., H. W. Ursprung, and L. Woessmann. (2005). "Education Policy and Equality of Opportunity." Working Paper 1518, CESifo, Munich.

Tyack, D. B. (1974). *The One Best System: A History of American Urban Education*. Cambridge, MA: Harvard University Press.

U. S. Department of Education, Institute of Education Statistics. (2005). *NAEP 2004: Trends in Academic Progress, Three Decades of Student Performance in Reading and Mathematics*. National Center for Education Statistics 2005-464.

Weber, M. (2001). *The Protestant Ethic and the Spirit of Capitalism* (2nd ed.). New York: Routledge.

White, Karl R. (1982). "The Relation between Socioeconomic Status and Academic Achievement." *Psychological Bulletin* 91: 461-481.

Wolf, P. (2006). "School Choice by Mortgage or Design." In P. E. Peterson (ed.), *Generational Change: Closing the Test-Score Gap*. Lanham, MD: Rowman and Littlefield.

Woessmann, L. (2004). "How Equal Are Educational Opportunities? Family Background and Student Achievement in Europe and the United States." Working Paper 1162, CESifo, Munich.

Woessmann, L. (2005a). "Educational Production in Europe." *Economic Policy* 20(43): 445–504.

Woessmann, L. (2005b). "The Effect Heterogeneity of Central Exams: Evidence from TIMSS, TIMSS-Repeat and PISA." *Education Economics* 13(2): 143–169.

Woessmann, L., and M. R. West. (2006). "Class-Size Effects in School Systems around the World: Evidence from Between-Grade Variation in TIMSS." *European Economic Review* 50(3): 695–736.

2
英国的教育扩张与代际流动

Stephen Machin

杜振东　译

2.1 引言

教育对于经济和社会产出以及社会福利的分配有着重要意义。拥有更多高品质的教育对于收入有重大影响,同时教育也对其他非货币性收益有影响[1]。更重要的是,教育有着影响个人人生历程的潜力,它也通常被鼓吹为一种让弱势人群获得社会升迁的手段,人们认为教育可以促进代际流动。

教育和经济地位方面的代际流动程度,这两者之间的关系构成了本章的内容。要研究两者之间的可能联系,我要讨论的是,在教育系统的组织被重构、后义务教育得到快速拓展之后的一段时期内,代际流动是如何演变的。这样一来,在教育扩展和流动性随着时间的演变之间建立起联系,就可以让我们考虑这样一个观点,即教育可以扮演一个"大平等主义者"的角色,从而促进代际流动。

本章通过大量英国的数据来考察这些问题。我们的起点是研究历时性代际流动的变化。我们的分析将其研究成果与教育获得模式变化关联了起来,特别是在高等教育体系得到扩张的语境下的教育获得模式的变化(请见表 2.1,该表展示了英国高等教育扩张的规模,这一点下面还要进行更充分的讨论)[2]。对后一问题的研究,尤为重要的是教育和家庭收入之间的关系随着时间变迁的方式,以及教育和家庭收入之间的关系与代际流动的可见变化之间的直接联系。

对于相信教育能促进代际流动的人来说,本研究结果描绘的是一幅令人沮丧的画面。根据我对英国各个出生年份人群的长期跟踪调查,实际上有充分的证据表明,代际流动的程度在各个出生年份人群中都下降了。这种非流动性的增加,是与后义务教育的急速扩张同时发生的。这是因为,富裕家庭的儿童从教育制度中的这种变化里获得了超乎寻常的好处;后义务教育的扩张非但未能消减不同代人们的不平等,反倒加剧了业已存在的代际不平等。

这些研究结果必须放在具体的语境中去看。首先,其中的代际比较研究工作主要基于两个时间段;而教育和收入的对比研究关注三个时间点。第二,这些研究结果没能显示教育是否总体上承担起了"大平等主义者"的责任。在一些情形下,在教育政策制定和执行的方式比较特殊的时候,它的确可以扮演这个角色(比如,当教育扩张获得

图 2.1 教育参与度变化，英国。来源：教育与技能部。注："保留率"是指超过脱离义务教育年龄之后仍然接受教育的意思。高等教育"年龄参与指数"表述为本国年轻的（21 岁以下）首次入学者占本国平均年龄 18 到 19 岁的人群数量的比例。

了充足资助时）。然而，在最近这个历史时期，研究结果表明教育扩张并未产生很多人期待的那种平等化的作用。

本章的结构如下。在 2.2 节，我将主要呈现代际流动的程度随着时间推移而产生的变化。在 2.3 节，我将主要讨论在应对代际流动当中跨时期迁移方面，教育所扮演的角色。2.4 节详细讨论教育和家庭收入关系的变化。2.5 节是结论。

2.2 代际流动程度的变化

2.2.1 方法

在某个时点上，经济或社会地位方面的代际流动程度，通常用家庭 i 子女成就关于父母成就的简单对数线性回归方程加以评估。该方程如下[3]：

$$\ln y_i^{子女} = \alpha + \beta \ln y_i^{父母} + \varepsilon_i,$$

其中，y 是经济或社会地位测度，ε 是误差项。系数 β 表示代际流动的程度，它反映子女的地位与父母经济地位相关程度的强弱。文献通常认为如果 β 的值为 0（在此条件下，子女 γ 与父母 γ 不相关），则与之对应的是完全代际流动；如果 β 的值统一（子女 γ 完全由父母 γ 决定），则与之对应的是完全非流动。

众多研究产生了不同的 γ 测度所对应 β 的估值。社会学家深入研究社会阶层的流动性[4]，与此同时经济学家却更倾向于关注劳动力市场收入或者家庭收入。我本人也做此类研究[5]。然而，大多数研究只是根据父母与子女的数据，简单地给出某时间点 β 的估值，而我感兴趣的是根据英国的人口出生数据，研究该 β 值随时间推移以及跨群组所发生的变化。

涉及代际流动的文献中，大部分讨论的是某个给定的 β 的估值是大了（意味着大量流动性）还是小了（意味着大量非流动性）。然而显而易见的是，所谓大或者小的构成要素是什么，人们莫衷一是。例如，对于 Solon(1999) 提出的 0.4 的"有共识的"估值就仁者见仁、智者见智，而且价值判断也可能会塑造人们的观点。该"有共识的"估值来自儿子的收入有关父亲的收入的回归分析。所以从这个角度看，研究随时间推移而产生的变化是有用的，因为人们可以参照一个初始的水平，并对流动性是改善还是恶化发表看法[6]。

2.2.2 同期群数据

研究代际流动中跨时期变化的数据要求非常苛刻。然而，英国有些充实的数据资源允许我们做这样的分析，尽管我们只能研究某些时间点上的变化，而不能研究基于更频繁观察获得的数据的各类趋势。特别是有两个出生同期群，一个包含了所有在 1958 年 3 月某个星期在英国出生的人，一个包含了所有在 1970 年 4 月某个星期在英国出生的人。研究人员追踪研究了这些人的情况，从他们的童年时期一直到成年，一路获取了大量信息。首批数据来自全国儿童发展研究项目（National Child Development Study，简称 NCDS），它包括 1958 年 3 月某星期出生的这个人群，并采集了这个同期群成员 7 岁、11 岁、16 岁、23 岁以及 42 岁的抽样调查数据。第二个是英国同期群研究项目（British Cohort Study，简称 BCS），与上一个风格相似。它研究的是英国 1970 年 4 月某星期出生的所有人，所采集的数据分别来自 5 岁、10 岁、16 岁、26 岁以及 30 岁。这两项调查研究都获取了同期群成员 16 岁时其父母的收入信息，详细的教育获取情况测度，以及一个时间上几乎可比的个人收入测度（NCDS 在 1991 年采集了群成员 33 岁时的收入数据；BCS 2000 年采集了群成员 30 岁时的收入数据）。

要是两个同期群研究中再有两代人相同的长期经济地位(工资或收入)测度数据,就更理想了。这样人们就可以通过上述回归方程来估算β值的变化。不幸的是,由于研究设计的不同,这一点未能实现。因为NCDS的"父母收入数据"来自三类不同的测度:父亲收入、母亲收入,以及其他收入(均按税后计);而BCS仅采集了父母总收入。所以估算只能按照每个同期群成员的工资或者收入与其父母总收入的关系来进行了。尽管这种方法产生的估算值与惯常的子女工资或收入与父亲或者母亲一个人的工资或收入通过回归方程得到的估算值不一样,然而,历时性代际参数变化的测量仍然建立在一致性的基础上,这样一来,我们就可以针对代际流动程度随时间推移而变化展开讨论了。

2.2.3 估值

表 2.1 显示了 NCDS 和 BCS70 出生群体的代际流动回归方程结果。该表呈现了同期群成员按儿子与女儿分别计算的对数(工资)有关对数(家庭收入)回归分析的估值,每人报告了三组不同的设定。明确跨群组可比性非常重要,在所使用的数据中有一个密切的对应关系(尽管不是完美对应)。1958 年同期群的工资于 1991 年在其成员 33 岁时做了测量;1970 年的同期群则在 2000 年在其成员 30 岁时做了测量。而两组父母亲的收入都在同期群成员 16 岁时做了测量(1958 年同期群在 1974 年测量;1970 年同期群在 1986 年测量)。

表 2.1 英国代际流动的变化

	代际弹性(标准误差)				跨群组变化	样本大小 同期出生人群	
	回归系数 同期出生人群		不平等性调整后 回归系数 同期出生人群				
	1958	1970	1958	1970		1958	1970
A 小组基本模型:							
儿子	0.175 (0.021)	0.250 (0.021)	0.166 (0.020)	0.260 (0.024)	0.095 (0.031)	2 246	2 053
女儿	0.310 (0.041)	0.317 (0.030)	0.168 (0.002)	0.227 (0.022)	0.059 (0.031)	1 908	2 017
B 小组增强模型:							
儿子	0.109 (0.023)	0.186 (0.026)	0.103 (0.022)	0.194 (0.027)	0.091 (0.035)	2 246	2 053

续 表

	代际弹性(标准误差)				跨群组变化	样本大小 同期出生人群	
	回归系数 同期出生人群		不平等性调整后 回归系数 同期出生人群				
	1958	1970	1958	1970		1958	1970
女儿	0.183 (0.047)	0.215 (0.037)	0.099 (0.026)	0.154 (0.026)	0.054 (0.037)	1 908	2 017
C小组家庭收入模型:							
儿子	0.159 (0.028)	0.300 (0.026)	0.123 (0.022)	0.261 (0.022)	0.139 (0.031)	2 110	2 015
女儿	0.219 (0.033)	0.307 (0.029)	0.137 (0.021)	0.221 (0.021)	0.085 (0.029)	2 156	2 285

来源：来源于 Blanden 等人(2004)的估计值。1958 年出生的同期群数据来自全国儿童发展研究项目(National Child Development Study)，1970 年出生的同期群数据来自英国同期群研究项目(British Cohort Study)。注：1958 年同期群的工资于 1991 年在成员 33 岁时做了测量；1970 年的同期群则在 2000 年在同期群成员 30 岁时做了测量。而父母亲收入则两组都在同期群成员 16 岁时做了测量(1958 年同期群在 1974 年测量；1970 年同期群在 1986 年测量)。标准误差在括号中。所有回归方程都控制了父母亲年龄和年龄平方的差异。增强回归方程包括了对种族、父母受教育程度、家庭结构、童年期父亲是否失业，以及 10～11 岁间数学和阅读测试分数五分位数。在家庭收入回归分析中，因变量为该同期群成员个人收入加上其任何配偶的收入之和。

A 小组所给的第一套设定将同期群成员的个人对数(工资)与对数(家庭收入)联系了起来[7]。所以就产生了下面的方程式

$$\ln E_i^{子女} = \alpha' + \beta' \ln \gamma_i^{父母} + \varepsilon_i',$$

其中 E 代表劳动力市场工资，γ 代表当前父母总收入。

纳入研究的那个时期有一个特点，就是英国的收入不平等状况在上升。所以，在考察历时性规律的时候，对不平等性的变化进行调整很重要。这个调整可以通过根据父母收入标准差与子女收入标准差之比，将家庭收入对数的回归系数进行调整而取得(见 Grawe，2000)。表中经调整后的估计值就是因不平等程度变化而标准化后的估值(由于回归分析控制年龄因素，因此它们成为条件相关系数)。

该基本设定中的结果产生出一个清晰的走势。有关代际参数的估计值，年龄较小的 BCS 群体要比 NCDS 群体高出很多。比如，对于儿子来说，NCDS 的不平等程度调整后的代际参数估计值为 0.166，但在 BCS 中就增长到 0.260 了，二者之间 0.094 的

变化具有统计意义上的显著性。女儿的数据也体现出相同的增长走势,从 0.168 增加到了 0.227,变化略小,只有 0.059。因此,参数估计值的上升揭示出代际流动程度显著下降[8]。

可能有人担心观察到的变化综合反映了各个家庭的特点、组成员不同的儿时经历,或者不同群组成员迥异的能力水平等方面因素的变化。因而 B 小组呈现了将 Z 这样一组额外因素添加到该基本设定之后的估值。在标准的遗漏变量误差公式中,人们可能会担心,如果 Z 中某个重要因素被遗漏,就会产生误差;并且,在该横断面中,该误差(对上述双变量回归而言)是由方程

$$\delta \cdot [Cov(\ln \gamma_i^{父母}, Z_i)/Var(\ln \gamma_i^{父母})],$$

提供的;在该方程中,δ 是 Z 的系数,而它也被包含在估算等式之中,其中

$$[Cov(\ln \gamma_i^{父母}, Z_i)/Var(\ln \gamma_i^{父母})]$$

是 $\ln \gamma_i^{父母}$ 上的 Z_i 的一个回归的系数,其中 $Cov(\cdot)$ 表示协方差,而 $Var(\cdot)$ 表示方差。人们可以使用这个误差方程来评估特定 Z 要素在解释 δ 随着时间而增长上的重要性。很明显,Z 和某特定群体中的子女 E 或者父母 γ 之间更强的相关性将对随时间而变化的代际参数的变化产生影响。

以能力为例。如果在一给定期限内,能力与要么子女 E 要么父母亲 γ(或者两者都)有更强相关性,那么当控制能力方面的差异时,在与它相关性更强的群体中 β' 值将更大幅变化。因此,β' 的变化将与 A 小组中所给的不同;该小组中没有将其他因素当作条件。

B 小组呈现的估值中,下列 Z 变量被加到 A 小组的设定中去了:种族、父母教育程度、单亲家庭结构、童年期间父亲是否失业,以及 10~11 岁期间数学和阅读测试分数的五等分位数。很清楚,在一定时间点,代际弹性的估值会下降,意味着这些要素的确解释了代际相关性的重要的一部分。但是在不同的群体中,这些因素下降的量非常相似,而随时间而发生的变化几乎未受到包含的这些要素所影响,这一点令人十分震惊。就这一点而论,似乎代际流动的变化并非可归因于这些与同期群成员童年时代以及家庭情况等相关的进入劳动力市场前的因素。

C 小组使用了一个不同的因变量并呈现了同期群成员(现在包括了配偶的收入,如果配偶在的话)的总家庭收入,并将这一点与基本模型中的父母总收入联系起来了。

同样，有充足证据表明，随着时间的推移，代际流动参数有所升高。

2.2.4 转移

回归分析法的优势是，它通过一个平均系数，用一个单个数字总结了流动的程度。然而，这是不够直截了当的，因为这种方法对于流动过程的本质变化的方式，解释力不够。读者可以通过看下文将要讨论的转移矩阵更进一步了解这一点。该转移矩阵显示子女—父母跨经济地位分布的移动方向。

由此，表2.2报告了NCDS与BCS儿子和女儿的四等分位数转移矩阵。这些矩阵显示了每个父母收入四等分位数进入每个子女收入分布四等分位数的比例。流动性的程度可以通过一个可以计算主对角线及其相邻单元格之和的非流动性指标来加以总结。这些在表的上方进行了报告。这些数字可以用有关完美流动性情况下的非流动性指数加以解释。如果每个四等分位数中，所有的个体都有一个平等的经历成年人收入的机会，那么所有单元格都会包含0.25，并且非流动性指数将会是2.5。正如我们期待的那样，我们从该回归分析中了解到，我们在此表格中所观察到的所有非流动性指标都在这个数字之上。

很清楚，表2.2中的转移分析确认了该回归研究结果，即两个群体中流动性都下降了。在几乎所有的案例中，很高比例的人与其父母一样在下一同期群，都保留在了在同一个四等分位数中，并且两代人之间，极端移动比较少。比如在NCDS中，17%的父母亲在底层四等分位数的儿子和女儿们上升到了顶层；在BCS中，该比例降为儿子14%，女儿13%。朝着另外方向移动的时候，非流动性的增长是相似的，NCDS中起始于顶层四等分位数的人中将近五分之一（儿子17%，女儿19%）跌至最底层；而在BCS中相应的百分比成为儿子13%，女儿16%。流动性下降的整体走势在很大程度上得到了转移矩阵中结果的走势的支持。

本部分讨论了两个英国出生群体之间代际流动是如何变化的，第一个同期群出生在1958年3月，而第二个出生于1970年4月。人们可以在两个群体之间看到代际经济地位流动性的急剧下降，这反映出1970年出生同期群的经济地位比起1958年出生群体，与其父母辈的经济地位联系更加紧密。在本章接下来的两个小节，我将讨论教育与这些发现的关联。

表 2.2 儿子与女儿四等分位数转移矩阵

父母收入四等分位数	工资四等分位数			
	底层	第二层	第三层	顶层
全国儿童发展研究：儿子				
底层	.31	.29	.23	.17
第二层	.30	.24	.23	.23
第三层	.23	.26	.26	.26
顶层	.17	.20	.29	.34
英国同期群研究：儿子				
底层	.39	.25	.22	.14
第二层	.28	.29	.24	.19
第三层	.20	.28	.27	.25
顶层	.13	.17	.28	.42
全国儿童发展研究：女儿				
底层	.27	.31	.25	.17
第二层	.30	.24	.22	.24
第三层	.25	.24	.26	.24
顶层	.19	.20	.27	.34
英国同期群研究：女儿				
底层	.33	.31	.23	.13
第二层	.28	.28	.25	.19
第三层	.24	.22	.28	.26
顶层	.16	.19	.26	.39

注：儿子非流动指数：NCDS 2.78，BCS 2.95。女儿非流动指数：NCDS 2.69，BCS 2.86。

2.3 受教育程度与代际流动的变化

前一小节证明了代际流动在 1958 和 1970 出生同期群之间有所下降，但同时证明，很多劳动力市场前因素似乎不能解释所观察到的变化。在本小节，我将讨论受教育程度是否能解释这些任意变化。

2.3.1 受教育程度的提高

跟许多国家一样,按学历而言,英国的受教育程度增长迅速。表2.3 表明1975年到1998年之间,劳动力受教育程度增长迅速。该表使用了"普通家庭调查"(General Household Survey)的数据,根据工人们的最高学历,按百分比把他们分为了五级:有学位及以上,拥有高等职业教育学历[9],师范及护士教育,一个中间群体(包括持有大学入学考试甲级考试证书、仅有普通中等教育证书或者初等职业教育证书者),以及无学历。

表2.3　1975 到1998 年不同受教育程度人群就业比例(百分比)

	1975	1980	1985	1990	1995	1998
男性						
有学位及以上	5.8	8.2	12.1	12.5	15.5	16.3
高等职业教育	4.7	6.8	10.5	11.4	11.7	12.1
师范及护士教育	1.2	1.3	1.4	1.2	1.3	2.0
中间	38.3	41.2	40.7	47.9	50.7	50.7
无学历	50.2	42.6	35.4	27.1	20.7	18.9
女性						
有学位及以上	2.2	3.6	6.2	7.5	10.8	12.5
高等职业教育	.7	1.3	2.0	2.9	3.8	2.7
师范及护士教育	5.8	6.8	8.4	7.9	7.4	7.7
中间	33.1	39.6	46.5	52.1	54.3	53.7
无学历	58.3	48.8	36.8	29.6	23.6	23.3

来源:根据"普通家庭调查"计算。从1975年到1995年,基于三年混合数据,其中中间一年的数据是表中所用的数据。

表2.3 的上面一组显示:拥有学位的男性从1975年的5.8%升至1998年的16.3%。同样,拥有高等职业教育学历的男性也快速从4.7%升至12.1%。但是最令人震惊的是无学历的男性比例的下降,从1975年的一半多(50.2%)到1998年的不到20%(18.9%)。而女性的走势体现在该表的下面一组里,更加令人印象深刻。职场拥有学位的女性的比例增长了整整五倍,从1975年的那个非常初级的水平即2.2%,增加到了1998年的12.5%。相比男性,女性向着高等职业教育学历移动的态势却小得多,

1998 年拥有此类学历的女性仅占 2.7%。然而,和男性的经历一致的一个趋势是,无学历的群体规模大幅减少,从 1975 年的 58.3% 锐减至 1998 年的 23.3%。

2.3.2 所受教育与代际流动变化

这就很清楚地说明,人群受教育程度的结构变化可能也非常重要。表 2.4 报告了当同期群成员受教育程度差异,即最高教育学历的差异,在代际流动方程中得到控制之后,所发生的事情。

表 2.4 代际流动和教育升级的变迁

	代际弹性(标准误差)				跨群体变化	样本规模
	回归指数同期群		不平等性调整后的回归指数同期群			
	1958	1970	1958	1970		
A 组 儿子:						
表 2.1 上部小组	0.175 (0.021)	0.250 (0.021)	0.166 (0.020)	0.260 (0.024)	0.095 (0.031)	NCDS: 2 246 BCS: 2 053
加上儿子的受教育程度	0.105 (0.020)	0.170 (0.023)	0.099 (0.019)	0.177 (0.024)	0.078 (0.031)	NCDS: 2 246 BCS: 2 053
B 组 女儿:						
表 2.1 上部小组	0.310 (0.041)	0.317 (0.030)	0.168 (0.022)	0.227 (0.022)	0.059 (0.031)	NCDS: 1 908 BCS: 2 017
加上女儿的受教育程度	0.154 (0.037)	0.167 (0.030)	0.084 (0.020)	0.119 (0.021)	0.036 (0.029)	NCDS: 1 928 BCS: 2 017

来源:来自 Blanden 等著(2004)。
注:标准误差在括号内。所有回归均控制了父母年龄及年龄平方的差异。受教育程度通过教育资历虚拟变量进行建模(低于 0 水平、0 水平或者相当于 0 水平、大于 0 水平,但是低于学位、学位,或者更高)。

的确有证据表明最高学历很重要。对于同期群内时间点对比,它们可以解释约 30% 的儿子收入的代际传递,解释约 40%~50% 女儿收入的代际传递。还有,他们解释了代际弹性中的一些上升。对于儿子,跨群组上升的估值在包括了教育变量之后下降了约 20%。对于女儿,它代表了 40% 的跨群组上升。有鉴于此,教育变量似乎既解释了特定时间点的代际流动,也解释了其随时间推移的演进。

考虑到转移矩阵的话，就说明教育效应更加明显。表2.5显示了控制了教育差异之后的转移矩阵。对于儿子与女儿两者而言，可见的流动性下降很重要的一部分可以通过教育变量得到解释。对于儿子，以教育为条件，非流动性指数上升了.10；相比之下，表2.2中以教育变量为条件的矩阵中，这一指数上升了.17。

表2.5 以教育为条件的儿子与女儿的四分位数转移矩阵

父母收入四分位数	收入四分位数			
	底层	第二层	第三层	顶层
全国儿童发展研究：儿子				
底层	.30	.26	.25	.19
第二层	.28	.25	.24	.23
第三层	.22	.27	.25	.26
顶层	.20	.25	.24	.31
英国同期群研究：儿子				
底层	.33	.26	.22	.19
第二层	.27	.27	.25	.21
第三层	.23	.24	.27	.26
顶层	.17	.22	.26	.35
全国儿童发展研究：女儿				
底层	.27	.29	.23	.21
第二层	.27	.24	.25	.23
第三层	.25	.23	.25	.27
顶层	.21	.24	.26	.29
英国同期群研究：女儿				
底层	.30	.26	.24	.19
第二层	.27	.24	.25	.24
第三层	.23	.25	.24	.28
顶层	.20	.24	.26	.30

注：儿子非流动性指数：NCDS 2.66，BCS 2.76。女儿非流动性指数：NCDS 2.62，BCS 2.65。

对于女儿，以教育为条件的情况下非流动性指数上升为.03，而无条件时上升则为.17。因此，比起我们早些时候讨论过的平均回归方法（儿子的非流动性指数下降了41%，女儿则下降了80%），在该转移矩阵方法中显现出的非线性特征的确意味着对儿子与女儿都有一个更大的教育效应。所以，年龄更小的那个出生同期群的受教育程度的增加，似乎在解释不同时间出生同期群之间可见的代际流动的降低方面，显得很重要。

2.3.3 为何教育对于代际流动变化显得重要？

教育的变化可能是支持代际流动的一个转移机制，这一点值得考量。

Solon(2004)对于教育如何扮演支撑代际流动程度的转移机制的若干观点做了正式归纳。按照他的模型的一个简略版本，在 t 代人的劳动力市场，收入 E 是人力资本 H 的一个函数，所以 $E_t = \phi_t H_t + u_t$，其中 u_t 是一个任意误差项。如果子女的人力资本积累与父母的收入有关，我们可以写成 $H_t = \psi_t Y_{t-1} + \upsilon_t$（$\upsilon_t$ 为一个误差项）。人们可以将方程结合起来生成一个代际流动函数，比如在表 2.1 中报告参数估值的那几个方程：$E_t = \phi_t \psi_t Y_{t-1} + \bar{\omega}_t$，其中 $\bar{\omega}_t = \phi_t \upsilon_t + u_t$。

此处代际流动参数为 $\phi_t \psi_t$，所以在一个给定的 t 代，如果(a)子女的人力资本回报率更低（ϕ_t 更低）或者(b)如果子女的人力资本对父母收入敏感性更低（ψ_t 更低），那么代际流动将会更高。

因此，教育对于父母亲的收入有多敏感（ψ_t）便成为了一个关键要素。这又和本章引言部分关于教育在多大程度上可以让人们摆脱贫苦的童年时代、增加他们收入潜力，并增强代际流动的讨论有关。在本章的下一节，我将讨论教育与收入之间关系的变化，将其当作支撑代际流动降低的一个因素，来考察这种关系是否与整个收入频谱上受教育程度变化的幅度相一致。

2.4 义务教育后教育的扩张与代际流动变化

在代际流动降低的这一段时期，英国教育系统出现了大幅扩张。义务教育后教育的参与率，特别是高等教育参与率，的确急剧上升了。想要将这种义务教育后教育的扩张当作解释这种流动性下降的一个备选原因，人们需要调查这个扩张在整个父母收入分配面上公平或不公平分布的程度，而这就是本章这一节的主要任务。

2.4.1 高等教育体系的扩张

英国高等教育学生人数从 20 世纪 60 年代起增长到原来的 4 倍。图 2.1 显示了教育与技能部（Department for Education and Skills，简称 DfES）的高等教育年龄参与度指数，该指数测量了从 1960 年到 2001 年高等教育中年轻人的比例。该图对比了此指数的变化走势与义务教育离校年龄之后继续接受教育的增长。该图显示，1960 年后，两者都呈现了急剧上升。从继续接受教育的级数开始之时，到 20 世纪 80 年代中期，该级数似乎走在一个持续增长的道路上（尽管它受一些周期变化的制约）。从 20 世纪 80 年代末起，似乎有一种巨大变化，因为义务教育后，继续接受教育的比例增长得更快，从 1988 年的 51％ 增加到 20 世纪 90 年代末及新千年初期的 70％ 的全新高度[10]。大学教育参与度的增加也非常迅速。20 世纪 60 年代有一个大幅的扩张，这段时间年龄参与度指数翻了一番，从 6％ 增加到了 14％。该指数随后增长缓慢，直到 80 年代；80 年代之后的增长甚至比 60 年代的巨变还要大。到 2001 年，该指数增长到了 33％，而 90 年代初还不到 20％[11]。

2.4.2 高等教育的扩张和家庭收入

要研究与代际流动变迁的联系，评估教育系统的扩张是怎样与家庭背景相关联的，以及参与度和学历获取的不同变迁是否能在不同家庭收入群体间可见，这些都非常关键。这其中出现的首要数据问题就是必须要求子女的教育能与他们父母的收入相匹配。我这里将再次用到 NCDS 和 BCS 同期群研究结果，但是这些研究结果对于教育分析来讲有些过时了，因为他们包含的是关于 20 世纪 80 年代初和 90 年代末置身于高等教育中的年轻人的信息。但是来自英国家庭小组调查（British Household Panel Survey，简称 BHPS）的数据，因为是始于 1991 年的一个纵向研究，所以可被用来组建第三个，也是更加新近的同期群，来辅助研究那些从 20 世纪 70 年代末到 90 年代末进入高等教育的子女所在同期群的教育和家庭收入之间关系变化。

表 2.6 呈现了一些描述性分析，体现的是 1981 年、1993 年和 1999 年，三个同期群中，23 岁时拿到第一个学位的年轻人的比例，按父母收入分组（处于顶部的五分之一，中间的 60％，以及底部的五分之一）。表中的数字清楚地展示了不同收入群体之间学位获取的巨大鸿沟。比如 1981 年，来自顶层五分之一家庭有 20％ 的子女 23 岁时拿到了一个学位，而相比之下，底层的五分之一家庭却只有 6％ 的子女拿到了学位。

表2.6 23岁获取学位和父母收入

	23岁获取学位			教育不平等性
	底层20%	中间60%	顶层20%	
NCDS 1981	.06	.08	.20	.14(.01)
BCS 1993	.07	.15	.37	.30(.02)
BHPS 1999	.09	.23	.46	.37(.05)
变化1981—1993	.01	.07	.17	.15(.02)
变化1993—1999	.02	.08	.09	.07(.06)
变化1981—1999	.03	.15	.26	.23(.06)

注：样本量是 NCDS，5706；BCS，4706；BHPS，580。我们确认获取学历的那一年对于 BHPS 同期群是 1999 年。对于 NCDS 和 BCS，所有的个人应该分别于 1981 年和 1993 年毕业。标准误差在括号中。因为四舍五入，横行和纵栏相加未必精确。

测度教育不公平性程度的一个天然的度量标准是顶层和底层各五分之一人群中间的鸿沟。1981年这个鸿沟是14%，这个差距在统计中具有相当大的意义（由括号中标准误差可见）。

考察历时性变迁可以看到，1981年到1999年之间高等教育不平等急剧增加。在表2.6中，顶层和底层五分之一的不平等性程度逐年增加，从1981年的14%，增加到1993年的30%，随后又增加到了1999年的巨大的37%。这些变化的幅度是巨大的，展现了该数据所覆盖的20年间，最穷的和最富有的人群在大学教育获取方面差距的显著扩大。这些变化的标准误差显示，1981年到1993年间的教育不公平程度的增幅非常大，而1993年到1999年之间，则确定性不那么精确（很大程度上归因于BHPS相对较小的样本量），但是在1981年到1999年整整18年之间，增幅非常之大。因此该描述性分析揭示出，80年代初到90年代末收入与学位获取之间的关系的变化，在统计学意义上非常巨大。因此，在高等教育大扩张时期，富家子弟比寒门子弟高等教育参与度增加程度要高得多。这一点与下面的观点完全吻合，即高等教育（此处指学位获取）对父母收入的敏感性的增加，是导致代际流动随时间推移而下降的关键因素。

本章的目的在于记录这些变化，显示这些变化的广度，以及展示这些变化与代际流动变迁如何关联。尽管如此，值得一提的是，教育政策有可能扮演了一个角色。在高等教育扩张的过程中，学生资助的二次分配减弱（Goodman 和 Kaplan，2003），这使得寒门子弟获取参与高等教育的资金变得更难[12]。这一点有可能起了阻遏作用，进一步强化了与日俱增的教育不平等,特别是如果低收入学生惧怕负债的话(有关证据请见 Callender,2003)。

2.4.3 统计学模型

正如对代际流动变化的分析一样,人们也担心在教育—收入关系强化之际,其他变化也可能在同时发生。因此人们可以仔细考虑将学位获取和父母收入联系起来的一些统计学模型。起点是一个概率单位模型,该模型将 23 岁获得学位的概率、同期群 c 中人员 i 的 $0 \sim 1$ 变量 D 和他们父母的收入对数 Y 以及一组控制变量 Z 相关联:

$$D_{ic} = \kappa_c + \theta_c f(\gamma_{ic}) + \lambda_c Z_{ic} + \zeta_{ic}.$$

在这个方程中,$f(.)$ 表示父母收入的函数形式,该值是一个相关自变量,ζ 是一个误差项。如果我们继续像表 2.6 中的描述分析法那样,使用五分位数[13],那么该方程就变成了

$$D_{ic} = \kappa_{1c} + \sum_{j=2}^{5} \theta_{1jc} Q_{jic} + \lambda_{1c} Z_{ic} + \zeta_{1ic}.$$

在该方程中,Q_j 是收入分配对数分位数的哑变量——在这个情况下,五分位数哑变量(除掉最低五分位数,即 $j=1$ 作为参照组)。

归因于该自变量的不连续性质,概率单位模型的 Q_5 边际效应、顶层五分位数哑变量,是:

$$\begin{aligned}\gamma_c &= Pr[D_{ic} = 1 \mid Q_{5ic} = 1, Q_{4ic} = 0, Q_{3ic} = 0, Q_{2ic} = 0] \\ &\quad - Pr[D_{ic} = 1 \mid Q_{5ic} = 0, Q_{4ic} = 0, Q_{3ic} = 0, Q_{2ic} = 0] \\ &= \Phi(\kappa_{1c} + \theta_{15c} + \lambda_{1c} Z_{ic}) - \Phi(K_{1c} + \lambda_{1c} Z_{ic}).\end{aligned}$$

在此方程中,$\Phi(.)$ 是正态累积分布函数。对于一个没有 Z 控制的模型,这将仅仅是作为教育不平等性的测度,用来定义我们在表 2.6 中讨论过的那种顶层和底层收入五分位数之间的鸿沟。按照随时间推移的变化(比如,跨越群组 c 和 c'),则相应改变的教育不平等性是 $\Delta Y_{c'c} = Y_{c'} - Y_c$ (对此,大家也可以计算恰当的自助标准误差)。

表 2.7 报告了在统计学概率单元模型中教育不平等性的估值及其随时间推移的变化。在该概率单元模型中,$f(.)$ 的函数形式被当作五分位数哑变量集合了。该表中 A 小组不包括控制变量,因此再现了表 2.6 中的描述性数字,1981 年到 1999 年之间

表 2.7 高等教育—收入关联,五分位数哑变量的设定

	23 岁获得学位			随时间推移的变化		
	(1) NCDS	(2) BCS70	(3) BHPS	(4)	(5)	(6)
	1981	1993	1999	(2)—(1)	(3)—(2)	(3)—(1)
A. 无控制						
顶层五分位数	.144 (.013)	.299 (.018)	.371 (.054)	.155 (.022)	.072 (.057)	.226 (.056)
B. 基本控制						
顶层五分位数	.143 (.013)	.295 (.0180)	.365 (.057)	.152 (.022)	.070 (.060)	.221 (.059)
C. 基本控制,外加测试分数						
顶层五分位数	0.61 (.012)	.183 (.018)		.122 (.022)		

注:样本量与表 2.6 同。如同本章正文所描述的那样,边际效应衍生自针对家庭收入五分位数哑变量的 16 岁以后继续接受教育的概率单位模型。自助标准误差在括号中。基本控制为性别、父母年龄段、兄弟姐妹人数,以及 16 岁以后失去父亲。测试分数为 10 岁及 11 岁时数学及阅读分数中获取的五分位数。因为四舍五入,横行与纵栏数值相加未必精确。

ΔY_{cc} 显著性增加了.23。B 小组包括了一系列基本的家庭特征(子女性别、家庭组成、父母亲年龄)。这些补充基本没有改变这些估值的规模,并轻微促进了无控制模型的走势。

该表中小组 C 的设定增加了 NCDS 同期群 11 岁和 BCS10 岁的阅读和数学的五分位数测试分数。不幸的是,这些测试分数的数据只有头两个同期群有,却是这些数据源最大的优势之一。这是因为能力的代际传递被很多人看作是让富家子弟走上取得更大成就道路的一个明显的途径。根据这种思路,能力控制的增加应该大幅减少剩余的教育不平等性。这当然没错,因为 ψ_c 的估值在 NCDS 中从.14 下降到.06;在 BCS 中从.30 下降到.18。令人吃惊的是,在不同同期群中,该下降竟有同等幅度。因此,学位—收入关系增长的走势并未因为包含测试分数而遭到破坏,因为教育不平等性 $\Delta \psi_{cc}$ 的增长估计高达.12 或者 12%,这就具有重大统计学意义了。取决于家庭特征和测试分数,年轻人 23 岁获得学位的概率在 1993 年比 1981 年要高 12%。

2.5 结论

对于子女及其父母进行的跨群组数据的实证研究表明，在英国，代际流动的程度在降低。也就是说，对于更加新近出生的群体来说，个人在其同辈人的收入分布中的位置往往更多受到其父母在其同辈人的收入分布中的位置的影响。教育充当了一个影响流动性的转移机制，但是在被研究的时期内，获取义务后教育的机会大幅增加，教育却未能增进流动性，相反，它强化了不同代人之间的不公平。

本章汇报的研究结果来自主要是描述性的跨群组对比研究。然而，这些对比研究揭示出，此处所研究的各类教育扩张明显对于社会流动性很重要。这一点在英国这个例子中尤为明显。在英国，可见的教育扩张中出现的受教育程度对父母收入的敏感性的增加，是可见的经济地位代际流动下降走势背后的根源。这是此次被研究的教育扩张的一个特点。在此次教育扩张中，非但未能给寒门子弟机会，让他们参与到义务后教育中去，相反，此次教育扩张的获益者是那些父母亲处于收入分配上层的子女们。

还有一些其他具有潜在重要性的要素可以研究，来帮助理解为什么代际经济流动性在本章所研究的时期内下降了。此处汇报的分析聚焦于作为父母收入的一个函数的个人的经济成功，但是同样明显的是，家庭特点的变化，以及不同家庭的工作分布（比如，随着时间的推移，双职工家庭的崛起）也可能很重要。同样，家庭结构中聚类效应程度变化的幅度也起了一定作用（见 Blanden，2004a 对此的初步讨论）。同样，将英国流动性下降的经历置于一个恰当的国际语境中似乎很重要，因为有迹象表明，其他国家的变化甚至更少或者更小，尽管这些研究尚在起步阶段（Blanden，2004b；Mayer 和 Lopoo，2004；Levine 和 Mazumdar，2002）。

从政策的视角来看，理解为何教育系统的扩张竟然不成比例地让更多富家子弟受益似乎非常关键。在英国语境中，这一点发生的时代比较早：20 世纪 50 年代，当时富家子弟接受教育的时间更长；70 年代到 80 年代，富家子弟在顺利毕业方面做得更好；90 年代，他们在进入高等教育方面做得更好。然而，随着寒门子弟开始迎头赶上，人们却发现来自拥有更多资源家庭的子女们却早已捷足先登，已经"殖民"了下一阶段。这个殖民化过程所暗含的平衡似乎在随着时间推移而摆动，特别是在教育政策有余地或时间来施加一个再分配效应的情况下。如果人们想要教育充当社会中的调平器或者等化器的角色——因为很明显在有着适合的政策设计和实施的前提下教育的确可以充当这样一个角色,那么就需要有一个有活力的、具有前瞻性的教育政策方法。这一点的核心就是更好地理解什么导致了代际不平等,以及教育不平等的趋势是如何产生并存在的。

鸣谢

本研究借鉴并进一步发展了我与 Jo Blanden、Alissa Goodman、Paul Gregg 以及 Anna Vignoles 等人的一些联合研究成果。本章所表达的观点和诠释是属于我一个人的。我非常感谢 Roland Fryer 与我一起讨论一些问题;感谢 CESifo/PEPG 大会的其他参会人员,以及两位推荐人和编辑的一些有益的评论。

注释

1. Card(1999) 提供了一个关于受教育程度对收入的影响的深入、全面的讨论。新近的 Heshmati(2004) 的研究讨论了教育对非经济收益(如健康与生活)的影响。
2. 也请见 Machin and Vignoles(2005) 的深入探讨。
3. 更加深入讨论请见 Solon(1999) 的评论。
4. 请见 Erikson 和 Goldthorpe(1992) 及诸多其他著述。
5. 对代际职业地位相互关系做一些研究并将这些相互关系与一些经济—地位测度联系起来,希望搭建一座沟通经济学方法和社会学方法的桥梁,可能非常有意思。然而这不属于本研究的范围。
6. 代际流动随时间而发生的变化方面的研究非常少。Mayer 和 Lopoo(2004) 研究了来自美国收入动态面板调查(U. S. Panel Survey of Income Dynamics,简称 PSID)的很小的几个样本,发现美国代际流动程度变化甚微。我在此报告的结果来自 Blanden 等人(2004)的研究,该研究使用的英国同期群数据,样本要大得多。
7. 其也取决于父母的年龄,以便触及这样一个事实,即父母的收入也许可以在其一生不同时期进行测度。
8. 一个重要的考量是,是否这些结果有可能被收入的测度误差所污染,因为表 2.1 的结果中每个同期群中收入只有一个测度。的确,如果父母亲收入的测度有误差,任意时间点估值将会向下偏倚(Solon,1989,1999)。这一点别人也做过研究,在 Blanden 等人(2004)的研究中,两组稳健性检验表明,这不可能影响随时间推移而下降的流动性的结果。首先,模拟表明,在某些 BCS 中测度误差(大小从零到相当大不等)的假定下,要抵消代际流动参数上升,NCDS 收入数据所需的测度误差的数量将大得难以置信。第二,在 BCS 这个同期群中,10 岁和 16 岁的同期群成员的收入数据是存在的,所以,人们可以对两个收入测度进行时间平均,以期抹平一些测度误差。完成这个之后,BCS 代际流动参数的确上升,但幅度轻微。因

8. 此，代际相关性的上升似乎并非可归因于由于两个同期群间收入测度误差而带来的差异性偏差。
9. 最重要的高等职业教育文凭包括"国家高等学历证书"（Higher National Certificates，简称 HNC）、"国家高等学历文凭"（Higher National Diplomas，简称 HND），以及"伦敦城市行业协会"（City and Guilds）的全部证书。
10. 似乎有可能这个上升是因为15岁和16岁学生引入了一个新的考试体系（"普通中等教育证书"，即 General Certificate of Secondary Education，简称 GCSE，以及随之而来的考试成绩的提高的一个结果（请见 Blanden 和 Machin,2004）。
11. 关于高等教育参与率增长背后的因素的一个讨论，请见 Kogan 和 Hanney（2000）的研究。在一定程度上，参与率的提高是需求驱动的，因为学生顺应了经济中的变化以及向服务业工作的转移。大学毕业生和非毕业生之间工资差异的扩大，特别是在20世纪80年代（Machin,1996,1999,2003），很可能起了一定作用。并且似乎高等教育参与率可能与经济刺激的可见变化有关，至少在一些群体中是这样的。
12. 给高等教育的普惠补贴的政治经济和再分配影响，在 Fernandez 和 Rogerson（1995）中有详细论述。
13. $f(.)$ 的函数形式假设在 Blanden 和 Machin（2004）的研究中有更详细论述。这些函数形式假设显示出类似的时间变化走势，其收入边际效应相对不同的 $f(.)$ 函数随时间推移而上升（幅度各有不同），包括将 $f(.)$ 确定为对数（收入）、十分位虚拟变量，或者一个位于中位收入方程上下的离散变量。

参考文献

Blanden, J. (2004a). "Intergenerational Mobility and Assortative Mating in the UK." Centre for Economic Performance photocopy.

Blanden, J. (2004b). "International Comparisons of Intergenerational Mobility." Centre for Economic Performance photocopy.

Blanden, J., A. Goodman, P. Gregg, and S. Machin. (2004). "Changes in Intergenerational Mobility in Britain." In M. Corak (ed.), *Generational Income Mobility in North America and Europe*. Cambridge: Cambridge University Press.

Blanden, J., and S. Machin. (2004). "Educational Inequality and the Expansion of UK Higher Education." *Scottish Journal of Political Economy* 51: 230-249 (special issue on the economics of education).

Callender, C. (2003). "Attitudes to Debt: School Leavers and Further Education Students' Attitudes to Debt and Their Impact on Participation in Higher Education." Report commissioned by Universities UK and the Higher Education Funding Council.

Card, D. (1999). "The Causal Effect of Education on Earnings." In O. Ashenfelter and D. Card (eds.), *Handbook of Labor Economics* (vol. 3). Amsterdam: Elsevier-North Holland.

Erikson, R., and J. Goldthorpe. (1992). *The Constant Flux: A Study of Class Mobility in Industrial Societies*. Oxford: Oxford University Press.

Fernandez, R., and R. Rogerson. (1995). "On the Political Economy of Education Subsidies." *Review of Economic Studies* 62: 249-262.

Goodman, A., and G. Kaplan. (2003). "'Study Now, Pay Later' or 'HE for Free'? An Assessment of Alternative Proposals for Higher Education Finance." Commentary No. 94, Institute for Fiscal Studies.

Grawe, N. (2000). "Lifecycle Bias in the Estimation of Intergenerational Income Persistence." Research Paper, Statistics Canada Analytical Studies Branch.

Heshmati, A. (2004). "Inequalities and Their Measurement." Discussion Paper 1219, IZA. Available at ⟨ftp://ftp.iza.org/dps/dp1219.pdf⟩.

Kogan, M., and S. Hanney. (2000). *Reforming Higher Education*. London: Jessica Kingsley.

Levine, D., and B. Mazumdar. (2002). "Choosing the Right Parents: Changes in the Intergenerational Transmission of Inequality between 1980 and the Early 1990s." Working Paper 2002-08, Federal Reserve Bank of Chicago.

Machin, S. (1996). "Wage Inequality in the UK." *Oxford Review of Economic Policy* 12(1): 47-64.

Machin, S. (1999). "Wage Inequality in the 1970s, 1980s and 1990s." In R. Dickens, P. Gregg, and J. Wadsworth (eds.), *The State of Working Britain*. Manchester: Manchester University Press.

Machin, S. (2003). "Wage Inequality since 1975." In R. Dickens, P. Gregg, and J. Wadsworth (eds.), *The Labour Market under New Labour*. London: Palgrave MacMillan.

Machin, S., and A. Vignoles (eds.). (2005). *What's the Good of Education? The Economics of Education in the United Kingdom*. Princeton: Princeton University Press.

Mayer, S., and L. Lopoo. (2004). "Changes in the Intergenerational Mobility of Sons and Daughters." In M. Corak (ed.), *Generational Income Mobility in North America and Europe*. Cambridge: Cambridge University Press.

Solon, G. (1989). "Biases in the Estimation of Intergenerational Earnings Correlations." *Review of Economics and Statistics* 71: 172-174.

Solon, G. (1999). "Intergenerational Mobility in the Labor Market." In Orley Ashenfelter and David Card (eds.), *Handbook of Labor Economics* (vol. 3A). Amsterdam: Elsevier Science.

Solon, G. (2004). "A Model of Intergenerational Mobility Variation over Time and Place." In M. Corak (ed.), *Generational Income Mobility in North America and Europe*. Cambridge: Cambridge University Press.

3
教育和终生收入：来自瑞典的年龄-收入概况纵向追踪调查

Sofia Sandgren

陈明慧 译

3.1 引言

关于不同教育程度的人们在整个职业生涯中收入差异的研究通常只限于横断式普查数据。这些研究将调查对象根据年龄分层,并根据其收入的长期增长状况进行相应的调整,按时间顺序列出其收入概况。因此,这样的数据所体现的不是人们的收入随着年龄的增长而发生的变化,而是在特定情况下不同年龄层的人们在收入上的差别,或是在一个静态的经济体系中,人们的收入在一生中的发展情况(Becker,1993;Mincer,1974;Willis,1986)。此外,在利用横断式普查的数据估算工资溢价时,人们通常会估算一个适用于所有年龄层的平均溢价值。这种做法掩盖了工资溢价很可能因年龄的增长和经验的丰富而波动的事实。近期,一些纵向同期群分析表明,横断式研究所展现的工资溢价的发展状况有一定的偏颇(Creedy,1991;Heckman,Lochner 和 Todd,2003)。

马尔摩纵向追踪研究(Malmo Longitudinal Study)涵盖了于 1928 年出生在瑞典马尔摩的男性、女性人群的相关数据。其中包含他们在整个职业生涯(从 20 岁到 65 岁——瑞典强制退休年龄)中的收入情况。因此,这些材料能够向我们展现人们一生中真实的收入情况,并展示因教育程度的不同而产生的工资溢价是如何随年龄的增长而变化的。此外,数据库中还有非常准确的个人能力评价指标,让我们得以研究教育收益中潜在的能力偏差随时间的推移和教育程度的不同呈现怎样的变化。

在本章节中,我主要调查马尔摩研究中,男性调查对象的收入和工资溢价在他们的一生中是如何发展的。据我所知,这是第一个利用人们整个职业生涯中的真实收入来研究收入概况、工资溢价和个人能力偏差的研究。

本章节的一个重要发现是:拥有较高受教育程度的人,实际收入会在 40 到 45 岁之间达到巅峰值,随后大幅下降;而拥有较低受教育程度的人的收入则在整个职业生涯中保持相对平稳。此外,能力偏差在受教育程度较低的人群中最为显著,而这些人群中本身也存在着最大的先天能力差异。研究发现,这一男性群体的受教育程度与父母的社会阶层紧密相关,其中社会阶层较低的男性很少能够达到较高的受教育程度。另外，我们所预估的实际纵向年龄—收入概况与标准的横断面概况有较强的可比性。

本章的主要内容如下。下一节将简要介绍本研究的背景。随后，3.3 节和 3.4 节将主要讨论研究数据（马尔摩研究）和实证模型。3.5 节将展示的研究结果是马尔摩群体的收入如何随时间的推移和年龄的增长而变化，而 3.6 节将对工资和由能力差异产生的工资溢价进行估算。在最后几节中，我将对研究成果进行探讨，并对本章进行总结。

3.2 背景

人们普遍认为，收入会随着学历提高。好几项研究试图证实这一说法，其中传统的人力资本和信号理论占据主导地位（Arrow，1973；Becker，1993；Mincer，1974；Spence，1974；Willis，1986）。此外，很多理论（Blackburn 和 Neumark，1993；Griliches，1977；Lam 和 Schoeni，1993；Mellander，1998）表明，当收入的回归分析不包含与教育程度呈正相关的背景因素时，因学历而产生的工资溢价呈正向偏差，这种偏差被称为遗漏变量偏差。[1]

关于上述问题的学术著作有很多，但是有关收入和溢价如何随时间和年龄而变化的研究却很少。Mincer（1974）和 Becker（1993）是使用横断面数据进行终生研究的先驱者（美国人口普查，1940 年和 1960 年）。他们所估计的概况较为相似：与受教育程度较低的群体相比，受教育程度较高群体的曲线更加陡峭，并且更晚达到巅峰值。巅峰值在 50~60 岁之间出现，尽管 Mincer 的曲线最终呈下降趋势而 Becker 的则并非如此。图 3.1 展示的就是根据瑞典横断式普查数据所估计的年龄-收入概况的例子。该图表基于 1999 年瑞典所有领薪受雇的男性，与 Mincer 的图表有着较高的可比性。

在瑞典，有几篇关于因学历而产生的工资溢价在更短的一段时间内（1968 年到 1991 年）如何波动的学术论文（Björklund，1999；Björklund 和 Kjellström，2002；Edin 和 Holmlund，1993）。这些研究普遍发现：这种工资溢价在 20 世纪 60 年代末和 70 年代中期大幅下降，而到了 90 年代，又出现了上升的趋势。

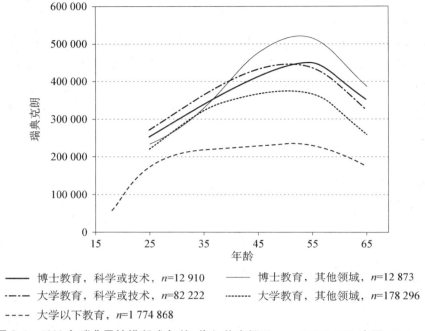

图 3.1　1999 年瑞典男性横断式年龄-收入普查概况，n = 2 074 533，来源：Johnny Ullström，瑞典国家创新局（VINNOVA）/瑞典统计局（SCB），2004

3.3　数据

这一章所使用的数据源于马尔摩纵向追踪研究。它是现存最长的独立纵向追踪研究的数据库之一，囊括了一群男性和女性从 10 岁到 65 岁间生活的多个方面。一位名叫 Siver Hallgren 的博士生在 1938 年发起了这项研究，目的是研究社会背景和认知能力之间的关系，所选样本即 1938 年马尔摩市的所有三年级学生。马尔摩是瑞典的第三大城市，位于瑞典南部。研究团队收集了大量的背景信息，并分发了能力测试。测试的结果被转换成了相应的智力商数。1964 年，研究人员通过一项问卷调查收集了每个学生受教育程度的相关信息，并结合学生的注册信息进行了补充。研究人员分别在 1964 年、1971 年、1984 年和 1994 年，又发放了 4 项调查问卷。这些问卷涉及了调查对象的职业、工作经验、失业情况以及退休情况等信息。此外，研究团队还在

1948 年到 1993 年期间进行了 14 次调查，通过税务登记获取了有关研究对象收入的数据，覆盖了他们整个的职业生涯。最初参与调查的人数是 1 542 人（834 名男性和 708 名女性），但本章节仅研究男性对象，因为没有可靠的信息告诉我们工作性质是全职还是兼职。后者对于女性更为普遍，所以将女性的收入信息与男性的进行比较有些困难。在 834 名男性中，1993 年仍有 657 名健在。

马尔摩研究的信息量非常庞大，但本章节只选用以下变量：教育程度、职业类型、性别、收入、能力和社会阶层。马尔摩研究将教育程度分为以下六类：未完成小学教育、小学教育、职业教育、初中教育、高中教育和大学教育。当时马尔摩的小学教育（folkskola）是七年制的，职业学校的教育是完成小学或中学教育之后一到两年的教育。初中通常在小学四年级之后开始，并持续四到五年。与职业学校相比，初中教育（realskola）是小学课程的理论延续，而高中教育则是为期三到四年时间的进一步的理论学习。

1948 年、1953 年、1958 年、1963 年、1968 年、1971 年、1974 年、1978 年、1982 年、1986 年、1990 年和 1993 年的纳税登记中有人们收入的数据。收入是逐年记录的，因此不包含一个人的工作是全职的、兼职的，还是一年中只有一部分时间工作的信息。为解决这个问题，我查询了相关年份的薪资数据，并把那些看起来收入太少，不太可能有全职工作的人定义为兼职工作者。[2]

该数据没有表明收入是来自于工作薪酬还是补贴或者其他途径的转账，但是对于大多数调查对象，这点可以通过调查所提供的职业数据来确定。调查数据包含了从 1942 年到 1993 年每一位调查对象的职业信息，这些信息被折合成工作经验，其中调查对象所上报工作类型的每一个年份都被算作一年的工作经验。考虑到有人没有回应调查问卷，我们还设置了一些虚拟模型。

根据以下四个标准，即父亲的职业，1937 年家庭的总收入，家里子女的数量，以及该家庭是否享受社会福利，1938 年调查对象家庭被分为了四种社会阶层。在回归分析中，由虚拟变量来代表最高的社会阶层。

有 79 名调查对象的受教育程度不详，因此在实证分析阶段，这些人的信息被排除在外。另外，3 名收入比平均收入高了 3 倍多的"离群值"也被排除在外。这样样本中就剩下 752 名男性。原样本与缩小后的样本之间区别很小，描述性数据见表 3.1。我的研究包括了所有将每个工作年份的收入数据上报的调查对象。[3]

这些男性调查对象中，父母阶层与个人受教育程度的相关系数为 0.5。出生在最

表 3.1　描述性数据（括号内为标准差）

	原样本 $n=834$	子样本 $n=752$
小学教育		0.47 (0.50)
职业教育		0.26 (0.44)
初中教育		0.12 (0.33)
高中教育		0.09 (0.28)
学术教育		0.06 (0.24)
较高社会地位	0.12 (0.32)	0.10 (0.30)
IQ	97.73 (16.02)	97.16 (15.87)
收入 1958	13 214 (6 893)	13 109 (6 850)
收入 1963	19 683 (13 039)	19 416 (12 769)
收入 1968	35 010 (26 679)	33 863 (20 530)
收入 1971	40 713 (28 280)	40 189 (25 004)
收入 1974	52 551 (32 687)	52 068 (28 435)
收入 1978	77 440 (44 728)	76 264 (41 709)
收入 1982	107 377 (79 311)	103 450 (58 652)
收入 1986	137 404 (120 443)	132 650 (73 602)
收入 1990	188 683 (137 324)	183 918 (119 455)
收入 1993	202 734 (138 614)	196 349 (106 972)

低阶层家庭的人中,90%都只完成了小学或职业教育。相比之下,来自最更高阶层的人60%都获得了更高等的教育。拥有大学教育程度的男性中,71%都来自最高阶层的家庭。

当所研究的地理范围有限时,我们总是要考虑所得数据是否具有代表性。首先,该样本的一个优势在于,它包含了同年在马尔摩就读于三年级的所有学生,因此在该地区不存在代表性的问题;第二,马尔摩本身不在任何值得注意的不同于其他瑞典城市的方面。因此,我们没有理由认为出生在马尔摩的人的职业生涯会与瑞典其他城市的同龄人有所不同。很遗憾没有类似的数据库,无法更深入地分析样本中数据的代表性。样本缺少地理上的随机性,所以在解读下面的结果时这点需要被重视,但是我相信如此长时间的研究一个有限制性的样本,很有可能得到一些有趣的信息。

3.4 实证模型

在实证模型中,我使用了标准的 Mincer(1974)半对数方程,并为每个教育程度都建立了虚拟模型:

$$\ln Y_{it} = \alpha_t + \beta_{lt}S_{li} + \lambda_t X_{it} + \delta_t X_{it}^2 + \varphi_t S_{li} R_{it} + \vartheta_{lt} S_{li} PT_{it} \\ + p_t Q_{it} + \zeta_t Z_i + e_{it}. \tag{3.1}$$

在等式左侧,$\ln Y_{it}$ 代表了 t 年个人 i 年度收入的对数。受教育程度 S_{li} 由四个虚拟变量表示:职业教育、初中教育、高中教育和大学教育。小学教育及以下是参照组。根据以上四个虚拟变量,我们可以假设不同教育程度所对应的工资溢价是不同的。一个人到 t 年为止工作经验的总年数被表示为 X_{it},并且以平方的形式代入方程中。虚拟变量 R 代表那一年在领退休金的人[4]。虚拟变量 PT 代表那些被视作兼职工作者的人,并且 R 和 PT 和代表受教育程度的虚拟变量配合使用。Q 代表在 t 年没有工作经验信息的人,而 Z 代表那些在童年处于社会最高阶层的人[5]。

在这一模型中,β_{lt} 给出在 t 年拥有 l 教育程度的人的工资溢价,相对于那些由于个人经历和社会阶级而只完成小学教育的人。但是如果教育程度与天赋能力呈正相关,而能力不被包含在等式中,那么 β_{lt} 有可能呈正向偏差,因为能力的部分影响已经体现在了教育程度里。当模型中包含能力因素时,我们就会得到以下等式:

$$\ln Y_{it} = \alpha_t + \beta'_{lt} S_{li} + \gamma'_t A_i + \lambda_t X_{it} + \delta_t X_{it}^2 + \varphi_t S_{li} R_{it} + \vartheta_{lt} S_{li} PT_{it} \quad (3.1')$$
$$+ p_t Q_{it} + \zeta_t Z_i + e_{it},$$

其中，A 是个人 i 的能力参数。由于模型 3.1 中存在能力的正向偏差，本模型中的 β_{lt} 估计值会较低，并且 β_{lt} 和 β'_{lt} 的差体现了当能力因素被遗漏时教育系数中的能力偏差。

3.5 收入随时间的变化

图 3.2 展示了马尔摩男性调查对象的实际收入概况。其中收入单位为 1993 年随消费指数的下降而贬值的瑞典克朗。图 3.2 给出了不同年份的平均收入。值得注意的是，除去个别例外，所有调查对象都出生于 1928 年，因此在进行问卷调查的第一年（1948 年），他们的年龄都是 20 岁，而在最后一年（1993 年），则都是 65 岁。65 岁是瑞典的正式退休年龄。

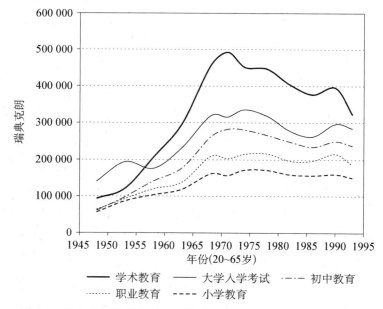

图 3.2　马尔摩男性群体纵向年龄-收入概况，以 1993 年为价值标准

这些概况与 3.2 节中给出的横断式普查数据非常相似,虽然在本研究中马尔摩男性的收入峰值更早——大约在 44 到 46 岁之间,而在瑞典横断式普查数据中这一年龄是 55 岁(图 3.1)。对于所有教育程度的人,收入总体在 20 世纪 70 年代末和 80 年代初都有所下降,但是其中接受过大学教育的人实际收入下降最为显著[6]。那些受教育程度最高的人的平均实际收入在 1971 年到 1990 年间下降了将近 20%。其他群体收入的下降远没有这么明显。对于小学教育程度和职业教育程度的男性而言,收入在 40 岁左右就开始趋于稳定,并在此后一直保持相对稳定的状态。教育程度最高的男性在 62 到 65 岁间收入的锐减似乎会让人感到意外,但是实际上,在这个年龄,这些男人很多都已经退休了。

3.6 工资溢价随时间的变化

表 3.2 展示了模型(3.1)和(3.1′)所预估的工资溢价,以及预估的个人能力和相对的能力偏差。首先,从等式(3.1)可以看出,几乎所有组别的工资溢价在 1971 年都达到了最高值,除了 1968 年达到最高值的职业教育组别。然而那些只接受过职业教育的人们的工资溢价在一生当中一直保持在很低的水平。1953 年到 1993 年之间,模型(3.1)中职业教育程度的人们的工资溢价在 0.07 和 0.16 之间波动。如果我们忽略 1948 年和 1953 年(20 岁和 25 岁)拥有大学教育程度人群的工资溢价,那么他们的工资溢价之差则在 0.46 到 0.92 个对数点之间,并且每年都具有较高的参考价值。个别情况下,估值处于相互的置信区间内(95%)——主要对于 1968 年之前的年份而言。

在 20 世纪 70 年代初达到顶峰之后,所有组别的工资溢价都大幅下降,唯独职业教育组别没有受到影响。上一节所讨论的实际收入中也出现了同样的情况。在瑞典,很多研究都显示教育带来的工资溢价在 20 世纪 70 年代大幅下跌,但在 80 年代后期又有所回升(Edin 和 Holmlund,1995;Hibbs,1990;Zetterberg,1994)。从马尔摩研究的资料中我们不太容易看出回升的情况;工资溢价在 1990 年到 1993 年间的发展趋势因教育水平而异。之所以会和早期研究有这样的差异可能是因为马尔摩研究的对象是在 20 世纪 90 年代初达到退休年龄的人群。这很可能对表 3.2 中的溢价估值产生巨大的影响,因为其他研究都是根据 16~60 岁瑞典公民的横断式普查数据进行的。

表 3.2　包含和不包含个人能力因素的工资溢价(等式 3.1 及等式 3.1′)

	1948	1953	1958	1963	1968	1971
教育程度						
职业教育						
等式(3.1)	0.066 (.054)	0.074 (.030)	0.102 (.030)	0.094 (.029)	0.163 (.035)	0.148 (.032)
等式(3.1′)	0.052 (.084)	0.069 (.032)	0.091 (.029)	0.063 (.030)	0.131 (.037)	0.113 (.034)
偏差%	21	8	11	33	20	24
初中教育						
等式(3.1)	0.070 (.085)	0.141 (.063)	0.219 (.056)	0.236 (.051)	0.385 (.049)	0.416 (.055)
等式(3.1′)	0.037 (.086)	0.128 (.071)	0.198 (.059)	0.182 (.052)	0.325 (.053)	0.356 (.058)
偏差%	47	9	10	23	16	14
高中教育						
等式(3.1)	0.718 (.551)	0.293 (.134)	0.359 (.081)	0.393 (.064)	0.563 (.059)	0.621 (.055)
等式(3.1′)	0.687 (.505)	0.279 (.137)	0.336 (.082)	0.327 (.065)	0.493 (.064)	0.548 (.061)
偏差%	4	5	6	17	12	12
大学教育						
等式(3.1)	0.168 (.295)	0.285 (.215)	0.461 (.155)	0.559 (.114)	0.894 (.087)	0.924 (.111)
等式(3.1′)	0.120 (.294)	0.271 (.217)	0.432 (.158)	0.479 (.116)	0.810 (.092)	0.843 (.117)
偏差%	29	5	6	14	9	9
IQ,等式(3.1′)	0.0022 (.002)	0.0007 (.001)	0.0013 (.001)	0.0034 (.001)	0.0036 (.001)	0.0035 (.001)
n	286	361	479	653	627	689
R^2						
等式(3.1)	0.575	0.546	0.613	0.595	0.665	0.623
等式(3.1′)	0.578	0.546	0.614	0.604	0.670	0.630

注：因变量＝收入对数。括号中是鲁棒标准差的异方差。

	1974	1978	1982	1986	1990	1993
教育程度						
职业教育						
等式(3.1)	0.120 (.032)	0.138 (.036)	0.130 (.031)	0.109 (.033)	0.132 (.048)	0.056 (.065)
等式(3.1′)	0.077 (.034)	0.106 (.036)	0.101 (.033)	0.100 (.036)	0.106 (.049)	0.023 (.066)
偏差%	36	23	22	8	20	59
初中教育						
等式(3.1)	0.349 (.053)	0.334 (.057)	0.305 (.055)	0.301 (.051)	0.243 (.061)	0.407 (.111)
等式(3.1′)	0.273 (.055)	0.279 (.057)	0.257 (.060)	0.283 (.056)	0.221 (.064)	0.321 (.111)
偏差%	22	16	16	6	21	17
高中教育						
等式(3.1)	0.550 (.049)	0.525 (.062)	0.486 (.057)	0.393 (.061)	0.431 (.076)	0.611 (.143)
等式(3.1′)	0.456 (.053)	0.456 (.064)	0.423 (.061)	0.370 (.068)	0.364 (.079)	0.530 (.145)
偏差%	17	13	13	7	15	13
大学教育						
等式(3.1)	0.769 (.084)	0.813 (.088)	0.775 (.089)	0.766 (.086)	0.799 (.086)	0.787 (.138)
等式(3.1′)	0.664 (.089)	0.734 (.090)	0.704 (.093)	0.739 (.095)	0.721 (.092)	0.696 (.140)
偏差%	14	10	9	4	10	12
IQ,等式(3.1′)	0.0046 (.001)	0.0035 (.001)	0.0031 (.001)	0.0011 (.001)	0.0033 (.001)	0.0033 (.001)
n	693	695	674	650	618	586
R^2						
等式(3.1)	0.534	0.555	0.630	0.622	0.518	0.481
等式(3.1′)	0.549	0.561	0.634	0.623	0.524	0.489

模型中其他变量的估值没有被记录。但是工作经验的估值较小,且无关紧要,几乎没有例外。这很可能是因为调查对象年龄相仿,因此工作经验也大致相同。在多数情况下,兼职工作和各教育程度间相互影响的参数要么同时达到显著水平,要么分别显著[7]。退休年龄和教育程度间的相互影响也一样。这些相互作用在显著性水平上所体现的是负面影响。它们大大提升了模型的拟合度。同一时期的其他瑞典研究中 R^2 也出现了较大幅度的波动,在 20 世纪 70 年代左右达到最高值,并在此之后下降。

当模型中加入能力因素(1938 年的 IQ 数据)时,我们就会得到预期的结果:教育所产生影响的估值下降了。能力参数在 1963 年前作用不是很显著,可能是因为员工需要一定时间去展现他们的真实能力,并且立足于劳动市场。1963 年以后,能力的估值就非常显著了,参数大约在 0.003 到 0.005 之间。1953 年后,我们开始能够观察到能力偏差。教育参数与之前的模型随时间的发展趋势保持着相对一致,但是总体水平更低。但是对于受教育程度较低的组别来说,能力偏差一直相应地高于受教育程度较高的组别,即便后者的绝对偏差更高。估值都在相互的置信区间内。

受教育程度较低的组别相应的能力偏差持续大于较高教育程度的,这似乎有些意想不到。换言之,职业教育相对于小学教育所对应的工资溢价似乎比大学教育相对于小学教育的工资溢价更受能力偏差的影响。但是,必须牢记的是,读完大学的人是极少数。很多有能力完成高中甚至大学学业的青少年最多只接受了职业教育、初中教育甚至是小学教育。就像之前所提到的那样,家庭的社会阶层很大程度上决定了人们是否有机会接受更高等级的教育。因此,受教育程度较低的人群中,能力差异就应该比受教育程度较高的人群中的更大,而事实上的确是这样。表 3.3 展示了不同受教育程度的人群内部 IQ 差异的标准差和系数。

表 3.3　智商在各教育程度内部的差异($n=752$)

教育程度	标准差	变异系数
小学教育	14.82	16.57
职业教育	14.65	14.76
初中教育	12.08	11.26
高中教育	11.27	10.15
大学教育	11.62	10.29

所观察到的规律和预期一致。受教育程度最低的人群内部的能力偏差最大，而受教育程度最高的两组调查对象中能力偏差最小。因此，由于受教育程度较低的人群中能力差异更大，所以能力差异在遗漏能力因素的模型中对工资溢价有着比那两个能力几乎差不多的组别更大的影响。除了两年例外，能力的估值（以及能力偏差的估值）一直出乎意料地保持稳定。

3.7 讨论

据我所知，这是第一个展示了人们整个职业生涯中实际收入的研究。同一主题的早期研究通常使用的都是横断式普查数据，并且以所有年龄层的平均溢价估值为标准。当我们将本章节所得数值与那些根据横断式研究数据预估的数值进行对比时，我们必须考虑到工资溢价的实际发展在这些人们的一生当中其实受到了制度、社会结构以及个人变化的影响。例如，在20世纪70年代和80年代出现的工资紧缩可能是由高学历男性的高失业率所导致，他们的实际收入会因此相应地减少。然而，在20世纪70年代，只有两个人反映他们失业了，而他们都不属于两个最高的教育等级。在这段时间内瑞典的总体失业率是非常低的（Ohlsson 和 Olofsson, 1998）。但是另一方面，通货膨胀较为严重，有可能影响收入的实际价值。然而受教育程度较低的男性的实际收入并无显著地减少，因此这一说法不太具说服力。另一个原因可能是那一时期大学毕业生人数的增长（Edin 和 Holmlund, 1995），而 Arai 和 Kjellström（1999）的研究表明，那一时期受教育程度较高的劳动力的增加和收入（溢价）的下降并不一致。

事实上，实际收入的下降在受教育程度最高的男性群体中最为显著，其原因最可能是由团结工资政策（solidarity wage policy）导致的。这项政策的目的是达到同工同酬，但是它的另一目标则是缩小整体工资差距。虽然在更早就提出并实行了这项政策，但是20世纪70年代是它最活跃、最具影响力的时期。雇主和雇员组织间的谈判和协议都是集中进行的，所以我们没有理由认为这一现象是马尔摩独有的。

此外，这项政策在国营部门的影响更为显著，而1984年的调查问卷显示，受教育程度最高的男性中的大部分都在国营部门就职。另一项研究（Zetterberg, 1994）显示，这一时期国营部门的工资增长低于私营部门的工资增长。但是由于我们只有1984年之后调查对象就职于国营部门还是私营部门的信息，并且只限于调查对象的75%，我们很难准确地判断他们在实际收入下降的时候在哪个部门工作[8]。尽管如此，我们还是有理由认为，样本中人们的部门组成在瑞典所有年龄相近的劳动者群体中具有代表性。

有趣的是，我们通常会认为团结工资政策是通过抬高低收入者的工资来缩小工资差距的，但是本章节所得的结果却展现了一个完全不同的画面。工资差距的缩小似乎是从高处实现的，即通过减少高收入者的收入。这种受教育程度较低的人群工资欠增长的状况是值得注意的，也是本章与 Mincer 和 Becker 基于横断式数据的研究所得数据的一个显著的区别。马尔摩群体中初中以下教育水平的男性的工资增长从工作初期就不太显著，并且在 40 岁之后直到退休都维持工资基本不变。

试图找出部分男性在 20 世纪 70 年代收入骤减的原因时，我们需注意，这种情况在大部分横断式研究的数据中都会出现。不同的是，在本章节中这种骤减大约早 10 至 15 年发生，但是我们还要考虑到这一时期制度和社会结构上的一系列变化。

1990 年到 1993 年之间大学教育程度的人们收入的大幅降低很大程度上可能是受退休计划的影响。退休金起初是一个人之前收入的一个比例，但人们能够拿到的退休金是有上限的。因此，比起收入较低的人们，那些收入更高的男性自然就会拿到原来工资的较小比例。

我在这些男性的一生中 12 次估算了他们的工资溢价。工资溢价和实际收入有着很相似的发展趋势，只是不同受教育程度人群间的差异较大。于是在 20 世纪 70 年代和 80 年代间，两个受教育程度最高的组别的工资溢价也难免有所下降。这个现象与其他使用横断式普查数据的瑞典研究所展示的相一致（Björklund，1999；Björklund 和 Kjellström，2002；Edin 和 Holmlund，1995；Zetterberg，1994）。

职业教育程度的人和初中教育程度的人在工资溢价上巨大，这是一个有趣的发现。这两个教育程度所需的就读年限基本相同，虽然教育方式有所不同——初中更注重理论教育。在分析工资溢价时通常使用的是学历教育年数，而不是一个人的教育程度。这些研究结果向我们展示了这种衡量教育程度的方式是多么不准确——至少在瑞典的语境下。系数上的较大差异很可能是由这些男性的不同工作种类导致的。那些上了职业学校的人很可能后来找了工资较低的蓝领工作，而那些初中毕业生则找到了待遇更好的白领工作。综合教育和专业教育的不同也有可能是导致系数差异的原因。相比职业教育，初中教育被认为更具综合性，所以那些初中学历的男性更具应对工作生涯中的变化的能力。部分原因也有可能是选择效应。然而即使我控制了社会阶级和能力的差异，两个教育程度人群之间工资溢价上的巨大差异还是很明显。

最后，我们在模型中添加了一个能力指标。有趣的是，当我们对比不同教育程度人群间的能力偏差时，我们发现相对偏差在较低受教育程度的人群中更大。几乎在调查的每一年中，所有的教育程度都有正向能力偏差，但是相对偏差在受教育程度最低的男性群体中始终最高。如上所述，关于工资溢价的研究通常会使用以学历教育年数为变量的线性模型[9]。这种效果在此模型中是无法观察到的。由于能力差异在最低受教育程度的群体中最大，那么相对于高学历的人，它的影响对那些受教育程度较低但能力超过同教育水平人群的人明显更大。

Griliches 在他 1976 年发表的文章中估算了美国年轻人的能力偏差。他所得的估值较低，大约为 0.002。此外，他还发现了更低的比例性偏差——大约 10%，与我在研究拥有大学学历的马尔摩男性群体时所得的结果相似。

那些出生在较低社会阶级的家庭中的男性相比出生在较高阶级家庭的男性通常会获得较低的学历，因此人们也通常认为他们会得到较低的工资。然而，我们发现团结工资政策实际上缩小了由社会阶级所导致的收入差距。社会阶级和收入间相关度最高的年份分别是 1963 年和 1971 年（这两年的相关系数分别为 0.41 和 0.40，并在之后持续下降至 1990 年的 0.29）。

3.8　结论

我用马尔摩纵向追踪研究的数据对收入、教育和能力从不同方面进行了分析。从研究结果中得出的一个重要结论是，有一大部分最高教育水平的男性在 20 世纪 70 年代，也就是他们 40 多岁的时候经历了实际收入的大幅下降。收入下降的原因最有可能是当时盛行的，致力于缩小工资差距的团结工资政策。高受教育程度男性收入的下降导致这一群体收入和父母社会阶级的关联度下降。

所得的另一个结论是，最低教育程度的人们在整个工作生涯中的实际收入变化很小。另外，研究表明受教育程度较低的群体中的相对能力偏差最大，而这些群体中能力水平的差异也很大。因此这一群体中一定存在很多有能力完成高中教育，甚至大学教育，却因为社会背景而不被给予机会的男性。

致谢

在此我想要感谢在由 CESifo（慕尼黑经济研究中心）和 PEPG（哈佛大学教育政策与管理项目）在慕尼黑举办的有关"在全球经济中的教育和人力资本的形成：重新审视公平效率问题"的会议中，与会者为本章提供的宝贵意见。此外，我还想感谢 Gunnar Eliasson、Erik Mellander、Gunnar Isacsson、Torberg Falch 以及 Johnny Zetterberg。衷心感谢来自 VINNOVA（瑞典国家创新局）的财政支持。通常的免责声明适用于本文。

注释

1. 另一方面，如果学历的变量没有被正确地定义和收集，那么工资溢价将倾向于反向偏差，即测量失误偏差。因此，我们很难确定学历的变量最终会呈正向还是反向偏差。
2. 那些收入低于以下金额的人们被视为兼职工作者：1948 年，4 000 克朗；1953 年，5 000 克朗；1958 年，7 000 克朗；1963 年，8 000 克朗；1968 年，10 000 克朗；1971 年，12 000 克朗；1974 年，15 000 克朗；1978 年，22 000 克朗；1982 年，30 000 克朗；1986 年，43 000 克朗；1990 年，55 000 克朗；1993 年，65 000 克朗。
3. 我们还将该模型用于一个更小的样本，即每年使用完全相同的男性调查对象，也就是说，只包括那些 1958 年后在相应年份上报收入的男性。我没有将那些 1948 年或者 1953 年没有上报数据的男性排除在外，也没有在这个更小的样本中研究这两个年份，因为很多大学教育程度的人那时还未进入劳动市场。两个样本间溢价的差距较小；除了大学教育程度的人们的估值外，差异事实上是可以忽略的。然而因为较小的样本中大学教育程度的人较少（10 个），我决定不再深究这个问题。
4. 仅用于 1982 年、1986 年、1990 年和 1993 年，因为没有人早于 1982 年退休。
5. 由于工作经验的变量 X 是由问卷所得数据构建而来的，并且代表累计工作经验，而我们又分别进行了四次问卷调查，我们就需要在研究样本在之后年份中的情况时相应的使用多达四个虚拟变量。
6. 这个结果不像是"离群值"导致的。这一群体中约一半的人都经历了实际收入的下降。
7. 当那些被视为兼职工作者的人们被排除在样本外时，学历变量的估值几乎不变。当他们被包含在内却不设相应的虚拟变量，学历和 R^2 的估值都会有所下降。
8. 我们还进行了以在国营部门工作为虚拟变量的回归分析，结果显示那些在私营部门工作的人们工资发展情况优于在国营部门工作的人们。但是，我们要记住，有关在国营还是私营部门工作的信息只有 1984 年的可靠，并且仅限于该年那些回答了问卷的人们。
9. 我也尝试过使用线性模型，所得结果除前两年和 1986 年外都呈正向偏差，和非线性的模型结果相同。其中能力偏差在 10% 和 15% 之间。

参考文献

Arai, M., and C. Kjellström. (1999). "Returns to Human Capital in Sweden." In R. Asplund (ed.), *Human Capital in Europe*. Helsingfors: ETLA.

Arrow, K. (1973). "Higher Education as a Filter." *Journal of Public Economics* 2(3): 193–216. Becker, G. S. (1993). *Human Capital*. Chicago: University of Chicago Press.

Björklund, A. (1999). "Utbildningspolitik och utbildningens lönsamhet." In L. Calmfors and M. Persson (eds.), *Tillväxt och ekonomisk politik*. Lund: Studentlitteratur.

Björklund, A., and C. Kjellström. (2002). "Estimating the Return to Investments in Education: How Useful Is the Standard Mincer Equation?" *Economics of Education Review* 21: 195–210.

Blackburn, M. L., and D. Neumark. (1993). "Omitted Ability Bias and the Increase in the Return to Schooling." *Journal of Labor Economics* 11(3): 521–544.

Creedy, J. (1991). "Lifetime Earnings and Inequality." *Economic Record* (March): 46–58.

Edin, P.-A., and B. Holmlund. (1995). "The Swedish Wage Structure: The Rise and Fall of Solidarity Wage Policy." In R. Freeman and L. Katz (eds.), *Differences and Changes in Wage Structures*. Chicago: University of Chicago Press.

Griliches, Z. (1976). "Wages of Very Young Men." *Journal of Political Economy* 84(4): S69–S86.

Griliches, Z. (1977). "Estimating the Returns to Schooling: Some Econometric Problems." *Econometrica* 45(1): 1127–1160.

Heckman, J., L. J. Lochner, and P. E. Todd. (2003). "Fifty Years of Mincer Earnings Regressions." Working Paper No. 9732, National Bureau for Economic Research.

Hibbs, D. A. (1990). "Wage Dispersion and Trade Union Action in Sweden." In Inga Persson (ed.), *Generating Equality in the Welfare State*. Oslo: Norwegian University Press.

Lam, D., and R. F. Schoeni. (1993). "Effects of Family Background on Earnings and Returns to Schooling." *Journal of Political Economy* 101(4): 710–740.

Mellander, E. (1998). "On Omitted Variable Bias and Measurement Error in Returns to Schooling Estimates." Working Paper No. 494, Research Institute of Industrial Economics, Stockholm.

Mincer, J. (1974). *Schooling, Experience, and Earnings*. New York: Columbia University Press.

Ohlsson, R., and J. Olofsson. (1998). *Arbetslöshetens dilemma*. Stockholm: SNS Förlag.

Spence, M. A. (1974). *Market Signaling: Informational Transfer in Hiring and Related Screening Processes*. Cambridge: Harvard University Press.

Willis, R. J. (1986). "Wage Determinants: A Survey and Reinterpretation of Human Capital Earnings Functions." In O. Ashenfelter and R. Layard (eds.), *Handbook of Labor Economics*. Amsterdam: North-Holland.

Zetterberg, J. (1994). "Avkastning påutbildning i privat och offentlig sektor." Arbetsrapport nr. 125, Fackföreningsrörelsens institut för ekonomisk forskning, Stockholm.

第二部分
解决方案A：改变同伴群体？

4
北卡罗来纳州公立学校的同伴效应

Jacob Vigdor 和 Thomas Nechyba

张冠霞 译

4.1 引言

教育经济学文献长久以来都在探索对学校教育质量产出影响最大的投入。这样的投入可能包括生均教育经费、教师和管理人员可衡量的资格证书、家庭背景和家长参与度，或者是学校的管理结构。但是，同伴效应越来越成为影响学生教育成就的一种潜在独立的重要投入。如今同伴效应在决策领域受到热议，通常被认为是学校选择的理论模型和计算模型的重要组成部分（如：Epple 和 Romano，1998；Nechyba，2000；Ferreyra，2006）。但与此同时，我们对其依旧知之甚少，原因是实证调查通常因方法论的不完善和数据的严重不足而受到限制。或许最主要的限制就是能够将个人随机分配到不同群体的对照实验相对缺乏。对同伴效应进行评估时，若使用观测数据而非实验数据，则会使评估出现正向选择性偏差，以至于无法观测的，但有较强能力的学生会被分配到可观测的、有较强能力的同伴群体中。

在本章中，我们使用了追踪北卡罗来纳州（North Carolina，以下简称北卡州——译者注）公立学校学生的综合管理数据集来研究在小学阶段，同伴特征与学生成就之间的关系。北卡州数据集的几个特征让我们能够对困扰现存文献的实证问题进行仔细的研究。例如，我们能够将学生与同班同学相匹配。这使我们能够利用基于学校和教师固定效应的基本计量经济学工具，来研究个人被分配到同伴群体的内源性问题。通过纵向追踪学生，我们能够检验同伴效应是否在孩子加入同伴群体之前就已经出现。这种迹象表明同伴效应实际上反映了学生对群体的选择。最后，我们对于一批二次抽样的学生进行了分析。在小学四五年级期间，他们所就读的学校发生了重大变化。虽然这些学生没有转学，但由政策变更以及新学校的开放导致的学区变化意味着学生们的同伴群体很可能经历了很大的变化。

在我们最基本的回归建模设定中，我们预估同伴特征与学生成就之间有着很密切的关系。这些关系对学校固定效应显现较强的稳健性，这表明将家庭分配到学校和学区（北卡州的小学对可观察量的主要分类形式）并没有使系数发生显著的偏差（Clotfelter, Ladd 和 Vigdor, 2006）。这些关系似乎也具有相当的持久性，五年级同伴的影响在八年级时仍然明显。

然而，另外三项实证测试使我们得出结论，我们观察到的同伴效应并不能真正反映因果关系。首先，将教师固定效应包含在内后，同伴能力值的系数符号发生了改变。第二，五年级同伴能力与个人成就之间的关系即便在单独控制四年级校友特征的差异，分析四年级测试成绩的情况下仍然十分明显。第三，由于新学校的开放和学区的变动，一些学校的同伴群体构成遭到了重大的外生冲击，因此这些学校的同伴效应并不明显。这些研究结果使我们不仅对我们所估计的关系产生了怀疑，也对早期关于教育背景下同伴效应的文献中所研究的许多关系产生了怀疑。

4.2 同伴效应文献

越来越多经济学、社会学和心理学方面的文献记录了同伴群体特征与个人成就之间的密切关系。这些文献在所谓的成就以及个体同伴群体这两方面的定义上存在较大的差异，包括 Arcidiacono 和 Nicholson(2005)，Bryk 和 Driscoll(1988)，Caldas 和 Bankston(1997)，Gaviria 和 Raphael(2001)，Jencks 和 Mayer(1990)，Link 和 Mulligan(1991)，Mayer(1991)，Robertson 和 Symons(1996)。Zimmer 和 Toma(1999)研究了教育背景下的同伴效应，将同伴群体特征定义为一个学校的学生群体的特征。Slavin(1987,1990)总结的一些其他研究，研究了班级内的同伴效应，特别强调了校内能力分组的影响。Betts 和 Zau(2002)认为在年级层面和班级层面都存在显著的同伴效应[1]。但是，直到最近才有研究人员开始认真研究如何解决想要深入了解同伴效应时遇到的计量经济学上的难题。而早期的研究(Nechybaet 等，1999 年综述)主要记载了一些可能的关联。总而言之，现有的文献在学校(和社区)同伴效应的存在、性质和程度问题上还没有明确的定论。

早期研究难以达成一致结论，这反映出研究者在估算同伴或社区特征对学生成就的重要性方面还存在着两个重大挑战。其一是从计量经济学角度，要将群体对个体成就的影响与个体对群体的影响分离出来(Manski, 1993；Moffitt, 1998；Nechybaet 等 1999)存在一定难度。很多研究为了避开这一问题，转而探索同伴群体的外生特征(比如种族或性别)和个体的内生成就之间的关系，而不是内生成就在个体与群体之间的关系。其他的研究，比如 Hanusheket 等人(2001)和我们的研究，使用滞后同伴成就测量方法来规避这些问题。但任何一种策略的使用对结果的解释都有一些限制，因为若我们不能区分外生和内生社会效应,那么我们对于干预改变一个学生的成就是否会产生社会乘数效应的问题也无从知道(Manski,1993)。

第二个挑战来自大多数情况下人们对同伴群体和社区的内生选择。比如,选择与优秀的同伴为伍的个体,他们本身可能就是优秀的,但这很难量化,也很难观察。在我们的研究背景下,每户人家会依据自身特点选择学校,而进入学校之后,他们同样也会基于这些特点选择或者被分配到相应的班级(和老师)。因此,所估计的同伴群体特征与个人成就之间的关系就会普遍呈正向遗漏变量偏差,除非可以确定同伴成就差异的外生源。个体被随机分配到同伴群体(或同伴群体发生重大的外生变化)的政策实验提供了这样一个潜在的外生源[2]。或者,我们可以应用学校和班级的固定效应策略,来消除估算中因校间与校内非随机分配而产生的偏差[3]。我们采用了固定效应的策略,并在本章末对政策实验策略进行了变式[4]。

和现有的文献一样,我们的估算确实混淆了外生与内生的社会效应,但我们使用的数据集比以往研究中使用的数据有着更显著的优势,尤其是在揭露选择到底在多大程度上影响了同伴效应的产生时。虽然我们对成就与同伴特征的关系类型的认识与其他使用不同数据集的研究所得出的结论相同,但我们对同伴群体的内生选择的调查让我们怀疑这些关系是否具有因果性。通过利用学校固定效应,我们可以排除学校的选择作为主要的混淆来源,但另外三项独立的选择测试有力地证明,我们最初估计的同伴效应是由于选择导致的,所以不是真正的同伴效应。

我们能够进行这些测试很大程度上是因为我们现有的数据具有非常高的质量。学校内学生与老师的联系使我们可以运用校内教师固定效应;数据的纵向追踪性质使我们能够测试五年级同伴对四年级成就的影响;而学区的巨大变化可以说是为我们提供了同伴质量变化的外生源[5]。我们根据我们的基准模型得出的同伴效应与其他研究所得出的相似,而我们转而又根据我们的数据中特有的特征发现强有力的证据证明这些效应并非具有因果关系,这会让我们在看待没有经过这样的稳健性检验的同伴效应时持怀疑的态度。

很多关于同伴效应的研究还未能(如 Nechybaet 等 1999 年所提到的)有效解决同伴效应估计中最主要的内生性问题。我们目前也不能声称完全做到了,但是三项独立的选择测试都表明,对于(学校)固定效应具有稳健性,并且多年来持续存在的同伴效应,是由分类造成的,而非同伴特征和个人成就之间存在因果关系。这对我们的冲击不小。虽然根据本章提供的证据,尝试充分调和对同伴效应的各种不同的估计还为时过早,但我们的证据表明文献中的这些估计普遍存在向上偏误。这并不是说同伴效应没有很多人想象的那么重要,而是说我们可能有必要再度评估一下诸如同伴群体该如何定义的问题。

4.3 数据

我们的估算所使用的数据集记录了北卡州每所公立学校 1994—1995 学年和 2000—2001 学年的所有学生的信息。北卡州的学生每年都会进行标准化的年末测试,从三年级开始一直持续到八年级。每个学生的考试成绩记录中都包含着就读学校和监考老师的信息。老师的信息使我们能够匹配校内同一教室里的学生。这种将学生分到教室中的方法仅适用于小学,因为小学生们整天都和同一组同伴在一起,并只从一个老师那里接受大部分的教学指导。而在中学,一个数学老师或英语老师要带好几个班级的学生,这时该方法就失效了[6]。因此,我们将同伴群体的分析主要集中于学生五年级时同班同学和其他同学的特征。几乎所有北卡州的学校都将五年级学生划入小学。

如表 4.1 所示,北卡州的管理数据为我们提供了 90 多万份学生年度观察报告,分布在四个独立的群体中,每个群体大约 23 万名五年级学生。为了便于解释,我们将学生考试成绩归一化,均值为 0,方差为 1[7]。除了标准化的考试成绩信息,我们还观察了每个学生的基本人口统计信息,包括种族、性别和是否参与联邦免费或降价午餐计划。除了这些广泛可用的量度以外,我们还收集了老师对每位学生的家庭教育情况的报告[8]。

表 4.1 简要统计($n = 939\,453$ 份学生年度观察报告)

	平均值	标准差	最小值	最大值
数学成绩	0.039	0.987	−3.605	3.652
阅读成绩	0.035	0.982	−4.021	2.968
父母一方高中毕业	0.443	0.497	0.000	1.000
父母一方职业/商业学校毕业	0.044	0.205	0.000	1.000
父母一方社区学院/技术学院毕业	0.138	0.345	0.000	1.000
父母一方四年制大学毕业	0.229	0.420	0.000	1.000

	平均值	标准差	最小值	最大值
父母一方研究生毕业	0.057	0.233	0.000	1.000
班级同伴群体：				
同伴平均数学成绩(两倍滞后)	0.052	0.432	−3.522	2.344
同伴平均阅读成绩(两倍滞后)	0.048	0.413	−7.328	2.012
同伴数学成绩标准差(两倍滞后)	0.856	0.247	0.000	8.406
同伴阅读成绩标准差(两倍滞后)	0.864	0.265	0.000	7.797
班级男性比例%	0.505	0.093	0.000	1.000
班级黑人比例%	0.286	0.245	0.000	1.000
班级西班牙裔比例%	0.027	0.048	0.000	1.000
班级人数	22.913	4.009	1.000	43.000
年级同伴群体：				
同伴平均数学成绩(两倍滞后)	0.045	0.335	−3.079	1.701
同伴平均阅读成绩(两倍滞后)	0.042	0.312	−2.152	1.828
同伴数学成绩标准差(两倍滞后)	0.902	0.178	0.000	3.302
同伴阅读成绩标准差(两倍滞后)	0.908	0.195	0.000	3.680
年级男性比例%	0.509	0.058	0.000	1.000
年级黑人比例%	0.290	0.235	0.000	1.000
年级西班牙裔比例%	0.027	0.038	0.000	0.486

我们为数据集中的每个学生构建了一组基本的同伴特征变量,包括种族构成和同伴能力值。我们的同伴能力变量所使用的数据是基于学生在三年级标准测试中的表现得出的,限于那些可被追踪两年的同伴。

在整个样本中,我们能够将大约80%的五年级学生与他们三年级的测试成绩联系到一起。与现有文献一样,我们将这个滞后成就变量的均值作为基本能力指标[9]。此外,我们还控制同伴滞后测试成绩的标准差的差异[10]。控制能力测试中的均值和标准差的差异能让我们测试同伴能力和学生成就之间的非线性关系。通过这样的参数化,就能十分清楚地看出将学生按能力分层或将不同能力水平的学生均匀地混合在一起的总体影响。如果测验成绩分布中的均值保留展型提升了学生成就,并且平均同伴成就的影响可忽略,那么在同一个教室里混合各种能力水平的学生不仅可以最大限度地提高综合成绩,而且还会带来"双赢"的局面,为成绩分布中各个层次的学生都带来净效益。如果个人成就随平均同伴能力和同伴能力均值保留展型显著增加,那么将不同能力水平的学生混合将持续最大限度地提升综合成绩,但处于能力分布的低端的学生的效益将被处在高端的学生所获的效益抵消[11]。

由表 4.1 可看出,班级内的平均同伴成就水平略高于全体学生平均水平,表明较低成就的学生更可能被分配到较小的班级,这与 Lazear(2001)实现学校教学质量最大化的管理模式相一致。校内平均同伴成就也超过了全体学生平均水平,表明高素质的学生普遍就读于更大的学校。这一模式的形成很有可能是由于北卡州农村地区普遍贫困造成的。平均同伴能力分布得太过分散,不像是我们预期的如果学校和班级都代表总体学生的随机样本时的样子[12]。这是在校内和学校间将学生按能力分层的有力证据。

同伴标准偏差值在校级和班级水平都要略低于全体学生平均标准偏差,这也证明了北卡州公立学校的学生是按能力分层的。班级层面的标准偏差值低于年级层面,表明部分可观察的能力分层存在于校内,而不是学校之间。同伴标准偏差值间的差异非常大:一些学校和班级几乎完全是由同一能力层次的学生组成的,而另一些学校和班级的混杂程度甚至比该州的情况还要复杂。

表 4.1 还提供了关于北卡州学校和班级的种族和性别构成的简要统计。北卡罗来纳州具有多元性,这也体现在学校和班级之中。每个班级平均有 23 个学生,其中超过一半是男性,将近三分之一是黑人或西班牙裔。

4.4 基本结果

表 4.2 列出了同伴特征与学生数学与阅读考试成绩之间的相关系数,这是基于基本回归建模设定得出的。前两列使用基本最小二乘回归法,分别检验了数学成绩与年级和班级同伴之间的关联。在年级层面,同伴滞后测试成绩与个人成就之间有着明显的部分相关性。同伴成就(0.30)每增加一个标准差,就预示着个人测试成绩增加一个标准差的 2%。该表还揭示了黑人在年级中的比重以及黑人学生成就之间有着显著的部分相关性。西班牙裔学生的情况也很相似。结果表明,对于两类少数群体学生,

表 4.2　同伴特征与测试成绩间的关系

自变量	因变量：五年级测试成绩		
	数学成绩		
	年级	班级	
	正常最小二乘方	正常最小二乘方	固定效应
滞后成绩	0.784 1*** [0.007 3]	0.780 1*** [0.007 0]	0.778 7*** [0.007 1]
同伴平均成绩（两倍滞后）	0.054 2*** [0.012 9]	0.083 9*** [0.008 1]	0.072 1*** [0.007 5]
同伴成绩标准差（两倍滞后）	−0.001 2 [0.018 6]	0.021 5** [0.010 5]	0.033 5*** [0.009 1]
同伴群体中男性比例%	−0.055 [0.055 4]	−0.074 0*** [0.027 4]	−0.068 5*** [0.022 1]
同伴群体中黑人比例%	−0.002 8 [0.019 6]	−0.016 7 [0.017 2]	−0.137 1*** [0.026 2]
同伴群体中西班牙裔比例%	−0.057 3 [0.088 7]	−0.084 2 [0.057 9]	−0.129 8** [0.051 6]
黑人*黑人%	0.107 6*** [0.026 1]	0.117 3*** [0.023 8]	0.032 0* [0.016 8]
西班牙裔*西班牙裔%	0.438 2** [0.200 4]	0.262 5* [0.149 1]	0.139 3 [0.134 0]
班级人数	0.002 9*** [0.000 9]	−0.001 4* [0.000 7]	−0.001 [0.000 6]
男性	−0.009 3*** [0.002 3]	−0.008 8*** [0.002 5]	−0.008 3*** [0.002 4]
黑人	−0.150 8*** [0.010 9]	−0.148 7*** [0.009 9]	0.119 6*** [0.007 6]
西班牙裔	−0.033 9** [0.013 7]	−0.022 3* [0.012 0]	−0.009 2 [0.011 2]
父母一方高中毕业	0.071 9*** [0.005 5]	0.071 5*** [0.005 4]	0.088 5*** [0.004 8]
父母一方职业/商业学校毕业	0.114 4*** [0.008 0]	0.113 6*** [0.007 9]	0.137 4*** [0.007 2]

续　表

自　变　量	因变量：五年级测试成绩		
	数学成就		
	年级	班级	
	正常最小二乘方	正常最小二乘方	固定效应
父母一方社区学院/技术学院毕业	0.141 4*** [0.007 2]	0.139 2*** [0.007 0]	0.163 1*** [0.006 6]
父母一方四年制大学毕业	0.229 3*** [0.008 4]	0.222 8*** [0.008 0]	0.255 2*** [0.008 0]
父母一方研究生毕业	0.329 0*** [0.010 8]	0.319 6*** [0.010 3]	0.343 6*** [0.010 3]
R^2	0.710 9	0.711 1	0.734 1
n	233 287	232 749	232 749

自　变　量	因变量：五年级测试成绩		
	阅读成绩		
	年级	班级	
	正常最小二乘方	正常最小二乘方	固定效应
滞后成绩	0.767 7*** [0.009 0]	0.765 4*** [0.009 1]	0.762 7*** [0.009 0]
同伴平均成绩（两倍滞后）	0.090 1*** [0.009 5]	0.089 3*** [0.006 6]	0.060 9*** [0.006 5]
同伴成绩标准差（两倍滞后）	−0.01 [0.010 5]	0.009 3 [0.006 4]	0.010 9* [0.006 0]
同伴群体中男性比例%	0.031 1 [0.034 5]	−0.022 9 [0.018 9]	−0.052 2*** [0.017 2]
同伴群体中黑人比例%	0.036 9*** [0.012 6]	0.025 1** [0.011 0]	−0.051 2** [0.020 0]
同伴群体中西班牙裔比例%	0.056 5 [0.056 2]	−0.007 9 [0.038 7]	−0.117 5*** [0.038 8]

续 表

自 变 量	因变量：五年级测试成绩		
	阅读成绩		
	年级	班级	
	正常最小二乘方	正常最小二乘方	固定效应
黑人*黑人%	0.033 1* [0.019 3]	0.026 6 [0.017 5]	−0.002 3 [0.015 3]
西班牙裔*西班牙裔%	0.512 6*** [0.148 3]	0.348 5*** [0.125 0]	0.312 0*** [0.118 2]
班级人数	0.001 9*** [0.000 6]	0.000 4 [0.000 5]	0.000 3 [0.000 5]
男性	−0.030 0*** [0.002 6]	−0.029 1*** [0.002 7]	−0.030 6*** [0.002 6]
黑人	−0.146 5*** [0.009 2]	−0.139 6*** [0.008 5]	−0.130 2*** [0.007 6]
西班牙裔	0.003 6 [0.012 7]	0.014 2 [0.011 8]	0.012 7 [0.011 4]
父母一方高中毕业	0.113 2*** [0.005 3]	0.112 3*** [0.005 3]	0.121 3*** [0.005 2]
父母一方职业/商业学校毕业	0.166 8*** [0.007 7]	0.166 2*** [0.007 7]	0.178 1*** [0.007 8]
父母一方社区学院/技术学院毕业	0.191 8*** [0.007 6]	0.189 2*** [0.007 6]	0.202 4*** [0.007 8]
父母一方四年制大学毕业	0.268 4*** [0.009 3]	0.264 0*** [0.009 2]	0.282 4*** [0.009 7]
父母一方研究生毕业	0.335 4*** [0.012 4]	0.330 1*** [0.012 1]	0.342 9*** [0.012 7]
R^2	0.700 1	0.700 4	0.708 6
n	232 525	232 008	232 008

注：括号内为标准误差。同伴变量基于班级层面或年级层面的五年级同伴群体得出。固定效应回归分析控制五年级学校的差异。回归分析也控制年度效应的差异，并包括截距。

数据取自北卡罗来纳州教育研究数据中心的年末考试数据集。＊＊＊显著性水平为1％，＊＊显著性水平为5％，＊显著性水平为10％。

种族或民族间的成绩落差在少数群体人数较少的学校中最为突出。同伴能力差异与个人成就之间的预估部分相关性非常小,数据显示几乎为 0,而年级性别构成与成就之间的估算关系也是如此。

我们不会急于对这些结果附加因果解释,原因在下面会提到。但是,了解这一介绍性的回归分析中其他的一些系数的量级和含义是有启发意义的。不出所料,学生四年级的测试成绩能够有效地预测其五年级的表现。表格中每个设定的滞后测试成绩系数都远远小于 1,这表明测试成绩中至少存在一定的均值回归。男生成绩虽然只是略微低于女生,但是这个差异仍然很显著。最后,父母受教育程度的分类控制揭示了这一特征与学生成就之间很强的关联。我们预计接受过大学教育的家长,而不是高中就辍学的家长,将会对结果产生重大影响,根据我们的预测,这相当于将同伴成绩的平均值从低于全州水平两个标准差提高到高于全州水平两个标准差。

将同伴群体的范围从年级缩小至班级,会改变很多估算系数的值。同伴测试成绩对数学成绩的影响提高,并且同伴成绩的标准差呈现出明显的正相关性[13]。一个班级中如果男生人数占优,该班学生的数学成绩相对更差[14]。班级的种族构成情况对白人与亚裔学生的测试成绩依旧几乎没有影响,但在年级范围内,这种相互影响的关系是存在的。

在北卡州,学生并不是随机分班的。然而,我们可以说这种非随机分配大多发生在学校层面(Clotfelter,Ladd 和 Vigdor,2006)。虽然父母肯定会根据学校的声誉选择学区和就读的小学,但依然有证据表明,根据可观察的特征选择小学的比例不大。表 4.2 的第三列代表包含学校固定效应的回归模型,其中的估值被有效地除去了大量由学校的非随机分配所带来的偏差。

在固定效应建模设定中,同伴测验成绩的平均值仍然是个人数学成就的重要预测指标。点估计值略低于前面的设定值,但仍然大于年级同伴群体的估计值。同伴能力每增加一个标准偏差(0.40)预计能将测试成绩提高一个标准差的 3%。同伴测试成绩的差量也有一定的影响,与没有学校固定效应的设定相比,它的影响在增加。与前面的设定一样,班级中男性比重越大,反映出的数学成绩就越差。班级种族构成与学生成就之间的关系发生显著变化。在同一所学校,当一个班级里黑人或西班牙裔学生相对其他班级更多的时候,该班所有学生的测试成绩都相对较低。

表 4.2 中的第四、第五和第六次回归重复前三个建模设定,将因变量和同伴测试成绩变量从数学成绩替换为阅读成绩。总体上,从这些设定中得出的结果与从数学成

绩中得出的结果十分相似,但仍有几个值得注意的差别。在没有固定效应的设定中,基于年级和班级的同伴群体的平均同伴成就系数几乎相同。在偏好学校的固定效应模型中,平均同伴成就的系数虽然仍然远大于零,但比先前的两个估计都大约低了三分之一。班级性别组成依旧与成就相关,至少在固定效应设定中是如此。只有有限的证据——固定效应建模中的影响不大的系数——表明,同伴阅读成绩的差量对于个体学生是有利的。班级种族构成与个人成就之间的联系在这里也更为微弱。在固定效应建模设定中,一个班级若西班牙裔学生比例较高,则该班非西班牙裔学生的成绩往往更低,而西班牙裔学生则因此受到积极影响。

同时期同伴效应对于政策的制定与研究来说,意义不大。更为重要的是同伴群体组成是否对学生的学术生涯有持久的影响。表4.3通过追踪五年级同伴质量对八年级成绩的影响来检验同伴特征关系的持续性。

表4.3 五年级同伴群体以及更长期的成就

自变量	因变量:年末数学成绩			
	五年级	六年级	七年级	八年级
滞后数学成绩	0.778 6*** [0.007 1]	0.803 5*** [0.001 9]	0.814 9*** [0.002 1]	0.829 0*** [0.002 2]
同伴平均成绩(两倍滞后)	0.071 7*** [0.007 4]	0.034 5*** [0.005 7]	0.032 3*** [0.005 1]	0.033 9*** [0.004 9]
同伴成绩标准差(两倍滞后)	0.033 4*** [0.009 1]	0.007 2 [0.006 2]	−0.004 7 [0.005 6]	0.018 9*** [0.005 3]
同伴群体中男性比例%	−0.068 2*** [0.022 1]	0.002 2 [0.016 5]	−0.019 2 [0.014 5]	−0.025 5* [0.014 0]
同伴群体中黑人比例%	−0.135 5*** [0.026 3]	−0.076 6*** [0.021 6]	−0.053 2*** [0.018 7]	−0.019 1 [0.017 7]
同伴群体中西班牙裔比例%	−0.131 7** [0.051 8]	−0.053 8 [0.040 3]	−0.091 9** [0.035 9]	0.038 5 [0.035 7]
黑人*黑人%	0.031 9* [0.016 8]	0.034 5** [0.015 3]	−0.001 [0.015 0]	0.004 8 [0.014 8]
西班牙裔*西班牙裔%	0.167 8 [0.135 7]	0.147 2 [0.107 4]	0.152 7 [0.103 1]	0.254 1** [0.110 4]
班级或年级人数	−0.001 [0.000 6]	0.000 7** [0.000 3]	0.000 3 [0.000 2]	−0.000 1 [0.000 1]

续 表

自 变 量	因变量：年末数学成绩			
	五年级	六年级	七年级	八年级
R^2	0.734	0.753 3	0.765 1	0.769 2
n	232 756	240 268	224 911	211 464

自 变 量	因变量：年末阅读成绩			
	五年级	六年级	七年级	八年级
滞后阅读成绩	0.764 0*** [0.008 4]	0.777 8*** [0.001 8]	0.776 5*** [0.002 3]	0.756 8*** [0.002 1]
同伴平均成绩（两倍滞后）	0.060 1*** [0.006 5]	0.043 8*** [0.005 4]	0.048 4*** [0.005 2]	0.054 2*** [0.005 0]
同伴成绩标准差（两倍滞后）	0.010 2* [0.006 1]	0.010 9** [0.005 4]	0.013 2** [0.005 5]	0.004 2 [0.005 5]
同伴群体中男性比例％	−0.049 6*** [0.017 3]	−0.016 5 [0.014 5]	−0.028 6** [0.014 0]	−0.067 4*** [0.014 7]
同伴群体中黑人比例％	−0.050 8** [0.020 0]	−0.096 9*** [0.017 6]	−0.016 2 [0.017 9]	−0.082 5*** [0.018 2]
同伴群体中西班牙裔比例％	−0.117 1*** [0.038 5]	−0.062 1* [0.035 0]	−0.088 3** [0.034 8]	−0.018 3 [0.035 0]
黑人*黑人％	−0.001 3 [0.015 3]	−0.017 2 [0.014 9]	−0.016 2 [0.015 2]	−0.004 7 [0.015 4]
西班牙裔*西班牙裔％	0.327 5*** [0.118 1]	0.171 1 [0.116 1]	0.213 8* [0.114 5]	0.204 9 [0.125 6]
班级或年级人数	0.000 3 [0.000 5]	0.000 8** [0.000 4]	0.000 5 [0.000 3]	0 [0.000 1]
R^2	0.709 3	0.725 5	0.712 1	0.704 7
n	232 015	239 577	224 516	211 041

注：括号内为标准误差。同伴变量基于班级层面或年级层面的五年级同伴群体得出。回归设定也控制表 4.2 中列出的个人特征、年度固定效应、截距以及五年级学校固定效应的差异。数据取自北卡罗来纳教育研究数据中心的年末考试数据集。变量"班级或年级人数"在五年级代表班级人数，而在其他设定中代表年级人数。*** 显著性水平为 1％，** 显著性水平为 5％，* 显著性水平为 10％。

86　　　这些表格中的每个设定都控制了一组学生层面的标准的协变量，以及将学生分配到其五年级时就读的学校的固定效应的差异。同伴特征变量统一基于学生五年级同学的情况得出，包括其种族、性别和在三年级测试成绩分布中的矩。

阅读与数学成绩的结果都支持五年级同伴质量对学生成就有着长期显著的影响的假设。在数学成绩回归中，五年级同伴能力平均值的影响力，在六年级、七年级和八年级都基本保持在五年级时的一半。在阅读成绩回归中，其持续影响，无论是绝对的还是相对的，都更大：很少有证据表明五年级同伴能力对学生成就的影响有所减弱。即使学生进入中学后可能与他们五年级的同学联系有限，这种影响也依旧持续着。一部分原因是高年级学校规模更大，另一部分是中学的教学模式意味着学生和某一特定群体的接触更少。

其他的同伴特征表现出了不同程度的持久性。与数学能力各异的学生在同一班级所带来的好处在五年级之后并没有持续的迹象。而不同阅读能力同伴所带来的好处，尽管一开始并不明显，但其持续性更强，在五、六、七年级的预估系数值都很大。五年级班级的男生人数与成绩之间的负相关关系随着时间的推移呈现衰退的迹象，但某些负相关作用，在八年级的时候仍十分明显，在阅读成绩上尤为显著。班级种族构成对成就具有显著的即时影响，但在大多数情况下，这种影响会随着时间的推移迅速衰减，以至于到了八年级末，这一因素对大多数学生都似乎没有影响了。不符合这一普遍化结论的有可能是(1)学生五年级班级中黑人比例对六年级和八年级阅读成绩可能产生负面影响，以及(2)尽管估算不精确，就读于西班牙裔学生多的班级，对西班牙裔学生的数学和阅读成绩有较为显著的积极影响。这些影响中的第一个效果似乎太大，不可靠，而第二个影响则与一种观点相一致：一开始把西班牙裔学生集中起来，对其之后的表现有益。

87　　　五年级同伴特征与成就之间持续的关系也与另一个假设不谋而合：同伴对于教育成就具有十分重要的持久影响。这一模式同样也与另一观点相一致，该观点认为可观测的同伴特征与不可观测的预计个人成就相关。在下一节中，我们将会重点探讨目前为止我们所估算的关系在本质上是否真的有因果联系。这是一个十分重要的问题。

4.5　预估的影响在本质上存在因果关系吗？

由于我们的偏好回归估计包含了学校固定效应，首要的问题就是校内对学生进行的分班在估算同伴效应时会产生选择性偏差。大量证据表明,在北卡州的小学,存在这样的分班,这主要是由于一部分家长希望其孩子能师从于某些特定的老师(Clotfelter,Ladd 和 Vigdor,2006)。该过程产生的非随机分类引入了两种潜在的遗漏变量偏差。将孩子分配到一个具有较强能力同伴的班级可能是基于家长想要为孩子争取一个高素质的同伴群体的欲望,而家长的这种欲望很可能与家庭的其他不可测的教育投资有关。优秀学生的家长可能也会付出更多努力来确保自己的孩子进入一个有着优秀教师的班级。这样,被分配到一个优秀的同伴群体就意味着拥有一个优秀的老师,以及同伴效应和教师质量效应的混合。

在这一部分,我们运用了三种不同的策略来避开这些形式的遗漏变量偏差。表4.4 展现了前两种策略。由于我们的数据由四批五年级的学生组成,除了学校固定效应,我们还可以运用教师固定效应[15]。假设分班模式不随时间发生改变,那么教师固定效应能消除所有与恒定的教师质量相关的偏差,也能解决家庭选择问题。同伴效应系数可通过个体教师在一段时间内指导的学生的特征差异来确定。

表 4.4 探究同伴关系是否具有因果性

	应用了教师固定效应的五年级成就		四年级成就	
	数学	阅读	数学	阅读
滞后测试成绩	0.773 9*** [0.007 3]	0.756 9*** [0.009 2]	0.758 6*** [0.003 2]	0.752 1*** [0.002 8]
五年级班级同伴平均三年级成绩	−0.104 2*** [0.010 5]	−0.116 8*** [0.010 8]	0.049 5*** [0.004 9]	0.072 6*** [0.004 8]
五年级班级同伴三年级成绩标准差	−0.045 1*** [0.011 0]	−0.056 8*** [0.008 0]	0.084 2*** [0.012 2]	0.063 8*** [0.009 0]
五年级班级中男性比例%	−0.035 3 [0.026 0]	−0.049 0** [0.022 6]	−0.075 1*** [0.013 3]	−0.049 4*** [0.012 0]
五年级班级中黑人比例%	−0.134 2*** [0.031 3]	−0.153 7*** [0.029 9]	−0.041 8*** [0.014 0]	−0.020 7 [0.012 8]
五年级班级中西班牙裔比例%	−0.109 3* [0.061 1]	−0.142 6*** [0.053 5]	−0.030 4 [0.025 7]	−0.026 3 [0.023 3]
黑人*黑人%	0.033 3** [0.016 0]	0.003 6 [0.016 1]	0.029 9* [0.016 8]	0.016 4 [0.016 1]

续 表

	应用了教师固定效应的五年级成就		四年级成就	
	数学	阅读	数学	阅读
西班牙裔*西班牙裔%	0.126 7 [0.132 6]	0.376 5*** [0.115 6]	0.088 3 [0.103 7]	0.048 4 [0.107 4]
四年级同校同伴特征控制变量	No	No	Yes	Yes
R^2	0.765 4	0.726 4	0.676 4	0.672 3
n	232 749	232 008	32 977	32 521

注：括号内为标准误差。回归设定也控制表 4.2 中列出的个人特征、年度固定效应、截距以及五年级学校固定效应的差异。数据取自北卡罗来纳州教育研究数据中心的年末考试数据集。*** 显著性水平为 1%，** 显著性水平为 5%，* 显著性水平为 10%。

在这些设定中，预估平均同伴能力的增长和能力的均值保留展型呈现负相关的关系并且具有统计显著性，正好与我们前几张表格的结果相反。我们之前得出的结果是同伴群体的组成与学生成就之间存在因果关系，但这里的发现却与我们之前的观点完全不一致。要注意，班级性别与种族构成对成就影响的系数与之前的预估更为相似，表明这些同伴群体的特征要比同伴能力更重要。在这些设定中，跟之前一样，有证据表明西班牙裔的学生在西班牙裔学生占比较高班级中阅读测试的成绩要好得多。

在对我们之前的估计中选择和因果关系扮演的相对角色进行探索时，我们的第二个关注点就是四年级学生的成就。由于这些学生还未接触到他们五年级的同学，所以没有理由认为五年级的班级构成会影响学生成就，特别是在我们控制四年级同伴特征差异的情况下。若证据显示未来同伴特征与现有成就有关联，那么将会提供有力的证据证明我们先前的估计反映了源自同伴特征与不可测个人成就预测因素之间的关系的遗漏变量偏差。事实上，这正是我们从表 4.4 所观察到的：平均能力和能力的均值保留展型对同伴未来的影响是积极的、重大的，并且在某些情况下，其影响要大于我们之前估算的同期效应。未来同学的性别组成同样与当前成就密切相关，表明早期性别效应估算中的遗漏变量偏差也发挥着重要作用[16]。种族构成的系数总体上很小，也不显著，这进一步证明了改变班级的种族构成会对成就产生重要影响。

表 4.4 中的证据表明，遗漏变量偏差在使用可观测数据估算校内同伴效应时是一个重要的问题。鉴于这个问题，要真正确认同伴特征对学生成就的因果关系，一个更有力的策略就是利用和学生自身的可测能力无关，且属于外生变量的差异来源。最后

一步,我们利用北卡州公立学校的两个特点,创造一个环境,使其学生每一学年接触的同伴都不相同。其一,北卡州部分区域近年来人口增长迅速。这一人口增长促进了新学校的建设和开放。比如为罗利(Raleigh)提供教育服务的韦克县(Wake County),拥有全州第二大学校体系,它在从1988至2003年的15年间,新增了50所学校。其二,联邦法院的裁决使得州内部分大区改变了他们将学生分配到学校的做法,原先旨在实现种族平衡的校车计划被废弃了,其他计划取而代之。

被重新分配到新学校的学生,其学业成就可能因为各种原因发生变化。他们的同伴群体发生了变化,但有可能有其他的潜在因素影响他们的成就——包括适应新环境的社会压力或者是往返于新学校交通时间的变化。出于这一因素的考虑,我们对于学校分配变化的研究将不会集中于更换学校的学生身上,而是集中在那些长期就读于同一所经历着重大招生变革的学校的学生身上。这些"生源"学校每年都会损失大于10%但小于50%的学生群体。我们选择了损失率较低的学校,因为同伴群体组成的细小变化对学生来说可能是难以察觉的,而损失率高的学校,由于其大部分学生都被替换掉了,对于剩下的学生来说就和转到了一所新学校一样难以适应[17]。

表4.5提供了这些生源学校的一些统计数据。虽然生源学校在种族组织方面对整个州来说具有一定代表性,但其平均学生成绩几乎要高出州平均成绩十分之一标准差,平均父母教育水平也异常的高。这可能是由于这些学校处于州内发展迅速、生活更富裕的地区。可以想象,异常优秀的学生群体中的同伴效应机制肯定和普通学生群体的有所不同,因此在阐释以下结果时需谨慎。

表4.5 生源学校的简要统计

	生源=0		生源=1	
	平均值	标准差	平均值	标准差
数学成绩	0.036	0.987	0.117	0.983
阅读成绩	0.032	0.982	0.123	0.965
父母一方高中毕业	0.445	0.497	0.402	0.490
父母一方职业/商业学校毕业	0.044	0.204	0.049	0.217
父母一方社区学院/技术学院毕业	0.138	0.345	0.131	0.337
父母一方四年制大学毕业	0.227	0.419	0.288	0.453
父母一方研究生毕业	0.057	0.232	0.066	0.249

续　表

	生源＝0		生源＝1	
	平均值	标准差	平均值	标准差
班级同伴群体：				
同伴平均数学成绩（两倍滞后）	0.048	0.433	0.141	0.395
同伴平均阅读成绩（两倍滞后）	0.044	0.414	0.139	0.395
同伴数学成绩标准差（两倍滞后）	0.857	0.249	0.851	0.188
同伴阅读成绩标准差（两倍滞后）	0.863	0.266	0.871	0.242
班级中男性比例％	0.505	0.094	0.501	0.086
班级中黑人比例％	0.287	0.247	0.262	0.192
班级中西班牙裔比例％	0.027	0.048	0.030	0.045
班级人数	26.58	23.86	27.75	28.99
年级同伴群体：				
同伴平均数学成绩（两倍滞后）	0.042	0.336	0.134	0.303
同伴平均阅读成绩（两倍滞后）	0.039	0.312	0.135	0.289
同伴数学成绩标准差（两倍滞后）	0.902	0.180	0.884	0.113
同伴阅读成绩标准差（两倍滞后）	0.909	0.197	0.904	0.152
年级中男性比例％	0.509	0.059	0.505	0.051
年级中黑人比例％	0.291	0.237	0.266	0.180
年级中西班牙裔比例％	0.027	0.038	0.030	0.033
n	906 239		33 214	

表 4.6 反映了回归分析的结果，其样本仅限于长期就读于固定生源学校的学生。这些设定使用全校范围内的同伴群体数据，因为我们要探索的同伴群体组成差异是学校层面的而不是班级层面的[18]。前两个回归与表 4.2 中报告的年级 OLS（正常最小二乘方）设定相当，并且表明在受限制的二次抽样中几乎没有发现存在于我们整体样本中的规律。三年级较高的平均同伴成就同样意味着在五年级学生个体会有更高的阅读成绩。正如之前的设定显示，西班牙裔的学生也会在西班牙裔学生占比更高的学校取得更好的成绩。但总体来说，生源学校子样本的同伴系数要么比整体样本的弱，要么更为负面。这种模式与以下观点相一致：学区界限的变化会打乱过去某时刻进行

表 4.6 生源学校同伴效应分析

	生源学校				整体样本一阶差分	
	等级		一阶差分			
	数学	阅读	数学	阅读	数学	阅读
滞后测试成绩	0.802 3*** [0.008 4]	0.761 6*** [0.011 6]				
同伴平均成绩（两倍滞后）	0.029 2 [0.030 2]	0.073 9*** [0.021 5]	0.018 6 [0.026 9]	0.000 7 [0.027 9]	0.037 1*** [0.006 4]	0.014 3** [0.006 3]
同伴成绩标准差（两倍滞后）	-0.040 6 [0.066 6]	-0.014 6 [0.028 4]	-0.032 3 [0.045 2]	0.006 3 [0.023 2]	-0.006 5 [0.009 4]	-0.003 6 [0.005 8]
同伴群体中男性比例%	-0.094 7 [0.115 7]	0.093 6 [0.091 1]	0.039 5 [0.117 4]	0.092 7 [0.087 5]	0.015 7 [0.026 4]	0.001 3 [0.020 2]
同伴群体中黑人比例%	-0.072 3 [0.061 9]	-0.022 9 [0.040 4]	-0.010 5 [0.064 0]	-0.028 5 [0.050 4]	-0.001 5 [0.014 2]	0.004 2 [0.012 3]
同伴群体中西班牙裔比例%	0.300 8 [0.196 5]	0.014 8 [0.139 0]	0.007 3 [0.191 0]	-0.156 3 [0.162 0]	0.057 8 [0.048 5]	-0.003 1 [0.037 6]
黑人*黑人%	0.026 8 [0.069 4]	0.028 3 [0.050 3]	-0.000 8 [0.074 2]	0.036 1 [0.059 8]	0.024 2 [0.016 8]	0.017 2 [0.015 7]
西班牙裔*西班牙裔%	0.955 3*** [0.361 5]	0.597 5* [0.329 5]	-0.318 3 [0.557 1]	0.095 7 [0.621 8]	0.087 3 [0.177 8]	0.005 9 [0.165 7]
班级人数	-0.000 2*** [0.000 1]	-0.000 1 [0.000 1]	-0.000 3*** [0.000 1]	-0.000 1 [0.000 1]	-0.000 2*** [0.000 1]	-0.000 1* [0.000 1]
男生	-0.012 0** [0.005 9]	-0.046 5*** [0.006 0]	-0.006 9 [0.006 4]	-0.011 5* [0.006 8]	-0.007 4** [0.001 3]	0.008 2*** [0.001 3]
黑人	-0.121 3*** [0.024 1]	-0.146 5*** [0.018 5]	0.012 8 [0.010 4]	0.000 2 [0.008 9]	0.002 2 [0.002 8]	-0.011 7*** [0.002 4]
西班牙裔	-0.076 3** [0.032 9]	-0.039 8 [0.028 4]	-0.001 4 [0.026 6]	0.034 4 [0.026 8]	0.006 9 [0.005 8]	0.016 7*** [0.005 9]
父母一方高中毕业	0.057 5*** [0.014 4]	0.108 0*** [0.015 1]	-0.025 8 [0.015 9]	-0.003 [0.018 4]	-0.006 6** [0.003 1]	0.011 1*** [0.003 1]

续　表

	生源学校				整体样本一阶差分	
	等级		一阶差分			
	数学	阅读	数学	阅读	数学	阅读
父母一方职业/商业学校毕业	0.113 1*** [0.020 8]	0.142 2*** [0.018 5]	0.004 4 [0.022 2]	−0.022 3 [0.022 7]	0.000 6 [0.004 5]	0.017 6*** [0.004 3]
父母一方社区学院/技术学院毕业	0.134 4*** [0.016 8]	0.188 0*** [0.016 7]	−0.011 [0.017 9]	0.003 4 [0.019 1]	−0.001 1 [0.003 6]	0.017 5*** [0.003 4]
父母一方四年制大学毕业	0.200 3*** [0.017 3]	0.251 6*** [0.017 2]	0.000 5 [0.017 3]	0.015 4 [0.018 2]	0.007 1* [0.003 7]	0.015 8*** [0.003 4]
父母一方研究生毕业	0.250 1*** [0.020 6]	0.290 9*** [0.021 1]	0.005 9 [0.020 1]	−0.003 1 [0.021 0]	0.025 7*** [0.004 5]	0.016 3*** [0.004 1]
R^2	0.741 8	0.701 4	0.002 8	0.001 3	0.000 8	0.000 4
n	31 923	31 853	29 004	28 940	854 183	851 979

注：括号中为稳健标准误差。就读于生源学校的五年级学生的同伴变量基于校级层面的五年级同伴群体得出。回归设定也控制年度效应以及方差的差异。数据取自北卡罗来纳州教育研究数据中心的年末考试数据集。一阶差分表示独立的同伴变量基于五年级同伴群体的特征减去四年级同伴群体的特征得出。在此因变量是五年级的成就分数减去四年级的成就分数的差。＊＊＊显著性水平为1％，＊＊显著性水平为5％，＊显著性水平为10％。

的学生分类的过程，这样就削弱了同伴特征与不可测的个人或家庭层面的成就决定因素之间的关系。

即使是在生源学校的样本里，同伴特征的横向变化也很有可能被内生的分类因素所污染。

按照定义，生源学校每学年都保持着相当一部分生源的稳定。在生源学校，学生的组成在任何时候都能反映学校的内生分配情况。从一个持续被分配到这所学校的学生的角度来看，学生组成情况的变化可以被认为是外生的。为了更直接地研究这一变化的来源，表4.6中的第三和第四项设定对因变量和同伴特征变量进行了一阶差分。事实上，这些回归是为了确认学生四到五年级期间表现的变化是否与该时间段班级构成的变化有关。

在展示这些设定的结果之前，我们要注意差分模型的一些局限性。由于测试成绩对能力的反映混合了诸多因素，由误差导致的问题在差分设定里就更加突出了。对因变量求差会导致系数估算有效性下降。差分自变量的系数将显示为零的衰减偏差。总而言之，这些问题意味着我们在本次设定中不太可能正确地识别有意义的统计关系。为了解决这个问题，我们在表4.6的最后几列中用整个样本展示了一阶差分的设定。正如我们以下报告所述，这些设定表明，我们在生源学校差分化回归中不是所有结果都反映出测量误差加剧的问题。

在生源学校模型设定中，几乎没有有解释力的自变量。回归解释了学生测试成绩每学年小于1%的变量。同伴特征系数通常小于设定值，并且微乎其微。

对这些结果的基本解读证实了表4.4的结论：观察到的同伴和个人成就的相关性主要归因于分类而不是任何因果影响。表4.6中的最终回归提供了一些在解释这些最终结果方面很有价值的信息。这些模型使用了北卡州五年级学生的完整样本，重复了一阶差分设定。在整个样本中，滞后同伴测试成绩变化与个体测试成绩变化之间有着明显的数据相关性，尽管经验上关联较小。因此，衰减偏差和效率问题不能解释生源学校建模设定中任何结果的缺失。

4.6 结论和未来方向

本章节将成为探索同伴特征与学生成就间的重要关系的众多文献之一。我们就是否能够将这种关系理解为因果关系而提出严肃的问题。三个重要证据表明因果关系的说法不成立。首先，对于教师固定效应，我们所估算的关系不具稳健性，这与以下观点相一致：家长，尤其是那些能力较强的孩子的父母，都会试图为孩子争取优秀的教师。其次，同伴特征似乎在同伴间有交流前就开始影响学生成就了，而这种现象只有当同伴特征与不可观测的（以及持久的）个人成就决定因素之间存在相关性时，才可能实现。最后，我们对就读"生源"学校的学生进行了分析。生源学校每学年都会经历重大的同伴群体构成的变化，这是由学校分配政策的变化或新学校创立导致的。而根据我们的研究，几乎没有证据表明同伴群体构成的变化会导致学生成就水平的变化。

对于我们的研究，一个积极的观点是，同伴效应可能确实存在，但是在可观测的数据中，它们被因选择同伴群体而导致的遗漏变量偏差埋没了。这种观点表明，投入更多精力对分类过程进行建模可能为同伴效应的存在及其程度提供重要证据。我们未来的研究计划纳入了很多策略,用于将同伴特征影响与家庭背景和其他可能影响横断面关系的变量分离开来。生源学校的分析就是这种策略的一个代表。类似的策略就是基于可观察特征(Clotfelter, Ladd 和 Vigdor,2006),使用北卡州随机分配班级的小学作为样本。再加上学校每年的固定效应,这一策略有助于确定与个体背景变量无关的同伴特征变量。

一个耗时的策略就是将更多学生背景信息和家庭居住地区选择包含进去,其方法是将学生的测试成绩与学生住址数据,住址数据与消费者信用数据库中的家庭特征联系起来。从多个角度来看,与外部数据源建立联系是有利的:这至少使我们有能力追踪离开北卡州公立学校的学生,他们之后可能就读于其他非公立学校或其他州的公立学校。从长期来看,我们希望这一数据集有足够充足的数据,让我们有能力估算出一个包含教育成果与同伴效应的均衡定位模型(Bayer, 2000; Bayer, McMillan 和 Reuben, 2004)。通过对家庭筛选学校过程的建模,我们希望能够估算出潜在变量的值,这些潜在变量也能够体现家长更倾向于校内分配。在有足够的数据进行这一估算之前,我们将继续探索其他方法来确认公立学校中同伴效应的因果联系有多大。

鸣谢

感谢斯宾塞基金会(Spencer Foundation)、国家科学基金会(National Science Foundation)和威廉·格兰特基金会(William T. Grant Foundation)对我们的经济支持;感谢 Dennis Epple, Torberg Falch, 2004 年 ASSA 会议的参与者,两位匿名审阅人,以及各与会人员在"CESifo/PEPG 全球经济中的教育和人力资本形成:重新审视公平效率问题"会议上提出的宝贵意见;最后也要感谢 Dan Hungerman 和 Jane Cooley 对研究的出色协助。

注释

1. 文献的另一分支考虑了社区特征对个人成果的影响,特别是在贫困社区长大的发展后果(Brooks-Gunn 等, 1993; Case 和 Katz, 1991; Chase-Lansdale 等, 1997; Duncan, 1994; Duncan, Connell 和 Klebanov, 1997; Ensminger, Lamkin 和 Jacobson, 1996; Halpern-Felsher 等, 1997; Hanratty, McLanahan 和 Pettit, 1998; Katz, Kling 和 Liebman, 2001; Leventhal 和 Brooks-Gunn, 2001; Ludwig, Duncan 和 Hirschfield, 2001; Ludwig, Duncan

和 Pinkston，2000；Ludwig，Ladd 和 Duncan，2001；Rosenbaum，1991；Rosenbaum 和 Harris，2000；Solon，Page 和 Duncan，2000；参见 Jencks 和 Mayer，1990，Ellen 和 Turner，1997，以及 Gephardt，1997 的文献综述）。

2. 一些研究使用的政策实验将同伴（Boozer 和 Cacciola，2001；Sacerdote，2001）或者社区（Hanratty 等，1998；Katz 等，2001；Ludwig，Duncan 和 Hirschfield，2001；Ludwig，Duncan 和 Pinkston，2000；Ludwig，Ladd 和 Duncan，2001；Leventhal 和 Brooks-Gunn，2001；Rosenbaum，1991）明确随机化，而其他研究则在同伴群体构成中使用了特殊的变量——小学中连续两届学生群体间的区别，或是同届不同班同学的区别（Hoxby，2000；Hanushek 等，2001）。

3. 与许多其他研究不同，我们使用的数据允许学校和教师的固定效应存在，这就使我们能控制对学校的选择和校内分配的差异。

4. 有一个非常不同的策略本章没有涉及，这一策略明确地对分配过程进行了建模——分析社区和学校选择。这种策略最直接的实现方式是进行工具变量分析，将同伴特征作为外生变量的函数（Evans，Oates 和 Schwab，1992）。还有一个更复杂的方法利用离散选择模型和其他计量经济学方法来分析社区和学校教育消费决策（Bayer，2000；Bayer，McMillan 和 Reuben，2004；Epple 和 Sieg，1999；McFadden，1978）。

5. 在北卡罗来纳州最大的县——夏洛特/梅克伦堡（Charlotte/Mecklenburg）县，其学校教育系统的种族隔离计划最近发生了颠覆性的变化。根据联邦法院的裁决，该区放弃了种族隔离计划，并在 2002—2003 学年通过了修改后的社区学校分配计划。因此，非裔美国小学生在班级中的人数平均占比从 52%上升到了 57%，这一增长相当于一个总数为 20 人的班级里增加了 1 个黑人。夏洛特-梅克伦堡体系总体约有 40%的黑人，黑人学生比例的提高意味着其他种族学生的比例相对下降。由于种族与社会经济状况和标准化考试表现相关度非常高，班级种族构成的这种变化表明其他的同伴特征值也发生了变化。有关北卡州最新学区变化的更多信息，请参阅第 4.5 节。

6. 此外，在中学里，学生考试表中所列的监考老师不一定就是该学生该门科目的实际指导老师。对每个学生的观察就使学生数学和阅读成绩与唯一一个教师身份码相对应。

7. 我们的估计样本中的平均数学和阅读考试成绩大于 0，标准差小于 1，主要是因为估计样本省略了班级人数极少的学生成绩，这样的班级可能是特殊教育班级。

8. 由于父母教育是教师报告的，这一变量可能反映出非经典测量误差，因为有些教师可能受到其学生家长或社会教育成就分布的误导。这种测量误差可能与对学生成绩有独立影响的其他教师特征相关，或者可能与教师自己对学生能力的理解相关。因此，任何与父母教育影响相关的解释都需要谨慎对待。

9. 在班级或年级平均同伴能力的计算中，我们省略了学生自己的滞后测试成绩。

10. 我们估算了在同伴能力分配中采用多种离中趋势测量的模型；其中一些 Vigdor 和 Nechyba（2006）有所记录。类似于这里提到的模型，模型对平均同伴能力进行了平方：证明了同伴能力分布差异与数学考试成绩差异之间存在正相关关系。

11. 即使在学生平均成绩不变的情况下，学生班级分配情况也可能影响成就水平的分布。如果个别学校招生决策对提供给任何特定类型学生的同伴质量十分敏感，那么入学或班级学生成就最大化的分配方式可能会偏离我们分析的分配方式，因为我们的分配是以总体成就最大化为目标的。（关于公立学校决策追踪的理论分析，请参阅 Epple，Newlon 和

Romano, 2002。)
12. 例如,如果班级是随机分配的,其样本量在 16 到 25 之间,我们预期平均同伴能力的标准偏差在 0.20 和 0.25 之间。学校标准偏差会更小。
13. 研究发现班级层面同伴成就能准确或夸大地预测个人测试成绩,这与 Betts 和 Zau(2002)的结论恰恰相反。根据来自圣地亚哥统一学区的数据,他们所发现的关系刚好相反。为了进一步检验这一模式,我们在同时控制年级和班级层面的同伴特征的情况下,对模型进行了估算。在这些建模设定中,班级层面的同伴特征系数总体要比年级层面的系数更大,更明显。
14. 在其他未报告的设定中,我们分别对男女同学的两倍滞后考试成绩进行了平均成绩和标准差的控制,并将这些数值与学生的性别联系了起来。结果表明,提高男同学的表现对女生有积极的影响,但对男生影响不大;而提高女同学的表现对女生有负面影响,却对男生有积极的影响。男女能力的差量与表现之间的联系没有一贯的模型。虽然这些结果在某些方面十分耐人寻味,但由于下文所述的原因,不应将其归因于因果解释。
15. 请注意,在本次设定中,学校固定效应由调换学校的教师确定。由于我们对这些学校固定效应本身的估算不感兴趣,这一问题不是很重要。
16. 如果学生长期接触同一群体的伙伴,在他们身上也会得出同样的结果。然而,这种情况用来描述北卡州小学生的经历似乎不够准确。尽管校友特征随着时间的推移相关性越来越高(数学和阅读测试中,三年级考试成绩与四年级和五年级同学的相关性分别为 0.82 和 0.81),但同班同学特征的相关性大大降低(数学和阅读测试分别为 0.60 和 0.56)。此外,这些设定未考虑种族构成的重要影响,使得同伴群体连续性的解释站不住脚。
17. 生源学校分析可能会在一定程度上对同伴影响产生误导,认为新生不论是否在正式意义上都并未完全融入环境。例如,如果新生会被同伴排斥或被分入不同的班级,那么将一群差生引入一所优秀学校产生的影响可能是最小的。如果引入新生导致冲突频发和课堂中断,这也会产生巨大的影响。因此,生源学校分析应被视为潜在的验证证据来源,而不是用来验证真正同伴效应的准实验估算。
18. 在另一建模设定中,我们使用了班级层面的同伴群体特征,并使用学校层面的特征作为设计工具。该分析的结果与表 4.6 中报告的结果性质上是一样的。

参考文献

Arcidiacono, P., and S. Nicholson. (2005). "Peer Effects in Medical School." *Journal of Public Economics* 89: 327-350.

Bayer, P. (2000). "Tiebout Sorting and Discrete Choices: A New Explanation for Socioeconomic Differences in the Consumption of School Quality." Unpublished manuscript.

Bayer, P., R. McMillan, and K. Reuben. (2004). "An Equilibrium Model of Sorting in an Urban Housing Market." Working Paper No. 10865, National Bureau of Economic Research.

Betts, J. R., and A. Zau. (2002). "Peer Groups and Academic Achievement: Panel Evidence from Administrative Data." Unpublished manuscript.

Boozer, M. A., and S. E. Cacciola. (2001). "Inside the 'Black Box' of Project STAR: Estimation of Peer Effects Using Experimental Data." Unpublished manuscript.

Brooks-Gunn, J., G. J. Duncan, P. K. Klebanov, and N. Sealand. (1993). "Do Neighborhoods Influence Child and Adolescent Development?" *American Journal of Sociology* 99: 353-395.

Bryk, A. S., and M. E. Driscoll. (1988). "The High School as Community: Contextual Influences and Consequences for Students and Teachers." National Center on Effective Secondary Schools, University of Wisconsin, Madison.

Caldas, S. J., and C. Bankston. (1997). "Effect of School Population Socioeconomic Status on Individual Academic Achievement." *Journal of Educational Research* 90: 269-277.

Case, A. C., and L. F. Katz. (1991). "The Company You Keep: The Effects of Family and Neighborhood on Disadvantaged Youths." Working Paper No. 3705, National Bureau of Economic Research.

Chase-Lansdale, P. L., R. A. Gordon, J. Brooks-Gunn, and P. K. Klebanov. (1997). "Neighborhood and Family Influences on the Intellectual and Behavioral Competence of Pre-school and Early School-Age Children." In J. Brooks-Gunn, G. J. Duncan, and J. L. Aber (eds.), *Neighborhood Poverty* (vol. 1). New York: Russell Sage Foundation.

Clotfelter, C. T., H. F. Ladd, and J. L. Vigdor. (2006). "Teacher Sorting, Teacher Shopping, and the Assessment of Teacher Effectiveness." *Journal of Human Resources* 41: 778-820.

Duncan, G. J. (1994). "Families and Neighbors as Sources of Disadvantage in the Schooling Decisions of White and Black Adolescents." *American Journal of Education* 103: 20-53.

Duncan, G., J. Connell, and P. Klebanov. (1997). "Conceptual and Methodological Issues in Estimating Causal Effects of Neighborhoods and Family Conditions on Individual Development." In J. Brooks-Gunn, G. Duncan, and J. Aber (eds.), *Neighborhood Poverty* (vol. 1). New York: Russell Sage Foundation.

Ellen, I., and M. Turner. (1997). "Does Neighborhood Matter? Assessing Recent Evidence." *Housing Policy Debate* 8: 833-866.

Ensminger, M. E., R. P. Lamkin, and N. Jacobson. (1996). "School Leaving: A Longitudinal Perspective Including Neighborhood Effects." *Child Development* 67: 2400-2416.

Epple, D., E. Newlon, and R. Romano. (2002). "Ability Tracking, School Competition, and the Distribution of Educational Benefits." *Journal of Public Economics* 83: 1-48.

Epple, D., and R. Romano. (1998). "Competition between brivate and Public Schools, Vouchers, and Peer Group Effects." *American Economic Review* 88(1): 33-62.

Epple, D., and H. Sieg. (1999). "Estimating Equilibrium Models of Local Jurisdictions." *Journal of Political Economy* 107: 645-681.

Evans, W., W. Oates, and R. Schwab. (1992). "Measuring Peer Group Effects: A Study of Teenage Behavior." *Journal of Political Economy* 100: 966-991.

Ferreyra, Maria. (2006). "Estimating the Effects of Private School Vouchers in Multi-District Economies." Working Paper, Carnegie Mellon University.

Gaviria, A., and S. Raphael. (2001). "School-Based Peer Effects and Juvenile Behavior." *Review of Economics and Statistics* 83: 257-268.

Gephardt, M. (1997). "Neighborhoods and Communities as Contexts for Development." In J.

Brooks-Gunn, G. Duncan, and J. Aber (eds.), *Neighborhood Poverty* (vol. 1). New York: Russell Sage Foundation.

Halpern-Felsher, B. L., J. P. Connell, M. B. Spencer, J. L. Aber, G. J. Duncan, E. Clifford, W. E. Crichlow, P. A. Usinger, S. P. Cole, L. Allen, and E. Seidman. (1997). "Neighborhood and Family Factors Predicting Educational Risk and Attainment in African American and White Children and Adolescents." In J. Brooks-Gunn, G. J. Duncan, and J. L. Aber (eds.), *Neighborhood Poverty* (vol. 1). New York: Russell Sage Foundation.

Hanratty, M., S. McLanahan, and B. Pettit. (1998). "The Impact of the Los Angeles Moving to Opportunity Program on Residential Mobility, Neighborhood Characteristics, and Early Child and Parent Outcomes." Working Paper No. 98-18, Bendheim-Thoman Center for Research on Child Wellbeing.

Hanushek, E., J. Kain, J. Markman, and S. Rivkin. (2001). "Does Peer Ability Affect Student Achievement?" Working Paper No. 8502, National Bureau for Economic Research.

Hoxby, C. (2000). "Peer Effects in the Classroom: Learning from Gender and Race Variation." Working Paper No. 7867, National Bureau for Economic Research.

Katz, L., J. Kling, and J. Liebman. (2001). "Moving to Opportunity in Boston: Early Results of a Randomized Mobility Experiment." *Quarterly Journal of Economics* 116: 607–654.

Jencks, C., and S. Mayer. (1990). "The Social Consequences of Growing Up in a Poor Neighborhood." In L. Lynn and M. McGreary (eds.), *Inner-City Poverty in the United States*. Washington, DC: National Academy Press.

Lazear, E. P. (2001). "Educational Production." *Quarterly Journal of Economics* 116: 777–803.

Leventhal, T., and J. Brooks-Gunn. (2001). "Moving to Opportunity: What about the Kids?" Working paper.

Link, C. R., and J. G. Mulligan. (1991). "Classmates' Effects on Black Student Achievement in Public School Classrooms." *Economics of Education Review* 10: 297–310.

Ludwig, J., G. Duncan, and P. Hirschfield. (2001). "Urban Poverty and Juvenile Crime: Evidence from a Randomized Housing-Mobility Experiment." *Quarterly Journal of Economics* 116: 655–680.

Ludwig, J., G. Duncan, and J. Pinkston. (2000). "Neighborhood Effects on Economic Self-Sufficiency: Evidence from a Randomized Housing-Mobility Experiment." Unpublished working paper.

Ludwig, J., H. Ladd, and G. Duncan. (2001). "The Effects of Urban Poverty on Educational Outcomes: Evidence from a Randomized Experiment." *Brookings-Wharton Papers on Urban Affairs* 2: 147–201.

Manski, C. F. (1993). "Identification of Endogenous Social Effects: The Reflection Problem." *Review of Economic Studies* 60: 531–542.

Mayer, S. E. (1991). "How Much Does a High School's Racial and Socioeconomic Mix Affect Graduation and Teenage Fertility Rates?" In C. Jencks and P. E. Peterson (eds.), *The Urban*

Underclass. Washington, DC: Brookings Institution.

McFadden, D. (1978). "Modeling the Choice of Residential Location." In A. Karlquist et al. (eds.), *Spatial Interaction Theory and Planning Models*. New York: Elsevier North-Holland.

Moffitt, R. A. (1998). "Policy Interventions, Low-Level Equilibria and Social Interactions." In S. Durlauf and H. P. Young (eds.), *Social Dynamics*. Cambridge, MA: MIT Press.

Nechyba, T. (2000). "Mobility, Targeting and Private School Vouchers." *American Economic Review* 90: 130–146.

Nechybaet, T., D. Older-Aguilar, and P. McEwan. (1999). "The Effect of Family and Community Resources on Education Outcomes." Unpublished manuscript.

Robertson, D., and J. Symons. (1996). "Do Peer Groups Matter? Peer Group versus Schooling Effects on Academic Attainment." Unpublished manuscript, London School of Economics Centre for Economic Performance.

Rosenbaum, J. (1991). "Black Pioneers: Do Their Moves to the Suburbs Increase Economic Opportunity for Mothers and Children?" *Housing Policy Debate* 2: 1179–1213.

Rosenbaum, E., and L. Harris. (2000). "Short-term Impacts of Moving for Children: Evidence from the Chicago MTO Program." Working paper.

Sacerdote, B. (2001). "Peer Effects with Random Assignment: Results for Dartmouth Roommates." *Quarterly Journal of Economics* 116: 681–704.

Slavin, R. E. (1987). "Ability Grouping and Student Achievement in Elementary Schools: A Best-Evidence Synthesis." *Review of Educational Research* 57: 293–336.

Slavin, R. E. (1990). "Achievement Effects of Ability Grouping in Secondary Schools: A Best-Evidence Synthesis." *Review of Educational Research* 60: 471–499.

Solon, G., M. E. Page, and G. J. Duncan. (2000). "Correlations between Neighboring Children in Their Subsequent Educational Attainment." *Review of Economics and Statistics* 82: 383–392.

Vigdor, J. L., and T. J. Nechyba. (2006). "Peer Effects in Elementary School: Learning from 'Apparent' Random Assignment." Unpublished manuscript.

Zimmer, R. W., and E. F. Toma. (1999). "Peer Effects in Public Schools across Countries." *Journal of Policy Analysis and Management* 19: 75–92.

5
英国中等学校选拔的非均匀效应

Fernando Galindo-Rueda 和 Anna Vignoles

戴文颖　译

5.1 引言

20世纪下半叶，几个欧洲国家摒弃了他们的选择性教育系统，即不同学术能力的学生分别就读于有着不同课程体系的学校。造成这一现象的原因很大程度上是人们相信这样的选择性教育系统或是双级制的教育系统会给机会均等带来消极影响，尤其对于那些家庭背景较差的孩子们来说。

相对于所有能力层的孩子都就读于同一所学校的综合教育系统，双级制教育系统可能会对不同类型的学生的机会和表现产生很多潜在的不公平影响。首先，教育成果将取决于两级学校在效益上的差异。这些差异可能仅源于同伴效应，也可能源于两级间教育资源的不均等分配。于是，一个人在教育系统中的体验不是取决于他自身的能力以及他所就读的那所学校，而是更大程度上取决于他被分配到的学校"类型"。第二，与所有学生都学习相同的课程并且就读于同一类型学校的综合教育系统相比，决定不同学生就读于不同层级学校的一系列准则对于决定双级教育系统的整体表现更为关键。

我们可以认为，选择性教育系统有潜力为不同类型的学生提供更合适的教育，因为它们能为学生提供更能满足他们的教育潜能和需求的课程体系。然而，由于很多人认为一级优于另一级，并且两级所产生的教育成果的确有所不同，那么人们自然会关心这其中的不平等。另外，要使其具有可行性，选择性教育系统预设一系列给定的、可测度的特质，如那些可以反映在考试成绩中的，能提供足够的信息将不同的孩子有效地分配到不同的学校类型。然而这样的考试成绩只能为一个人的学习潜力提供有限而且很片面的评估。这样，将学生错误分配的概率就会很高。

综合教育系统和选择性教育系统的倡导者们都会根据稍有不同的理由说，他们的系统能够最好地实现教育中机会均等的目标。然而，不考虑整个社会对于教育平等的定义的偏好，通过实证分析来确认哪个系统能够得出更好的综合教育成果比较重要。比方说，我们需要知道，能力强的学生通过更高强度的学习和更好的同伴群体所获得的收益会不会被能力较弱的学生因为较低的期待和较差的同伴群体所导致的较差的成绩所抵消。同样，这样的实证分析也可能找出该教育系统中的一些不足之处，转而能让一个学生群体的表现在不妨碍另一个学生群体的情况下得到提高。最后，教育成果的不平等自身也可能对社会造成影响；因此我们应该仔细研究任何证明某个系统下不同类型学生受到非均匀影响的证据。

当然，选择性教育在许多欧洲国家，仍然是一个热点问题，比如至今仍对学生从较小的年龄就进行选择性教育的德国。在其他国家，比如英国，许多不同的政策倡议又开始就名校的录取名额——因为其需求量之大——是否应被有效地限制进行探讨。在某些情况下这已经迫使一些间接或直接的选择机制被引入（或再次引入）教育系统[1]。比如，增加家长选择权的政策就会向学校施压，迫使其努力取得更出色的教育成果，以此来相应地增加他们对学生的间接选择。在英国，有一些举措旨在重新引入更为直接的选择方式，比如专门学校的建设。这些学校可以根据在特殊领域（比如艺术或科技）的才能或天赋来招收一部分学生，而非综合学术能力。目前为止，这些变化的潜在影响还无法确定，因此，选择性教育的政策问题仍存在很多的争论。

在本文中，我们试图通过一方面量化早期认知能力、家庭背景以及学校选择之间的关系，另一方面量化学业成就，来弄清楚这些问题。为此，我们研究了一群出生于1958年，并在20世纪70年代在英国接受中学教育的人。这一阶段英国各地正在不均衡地由选择性教育系统向综合教育系统过渡。我们将会在5.2节探讨教育政策的这一变化，并在5.3节对我们的数据进行描述。我们的数据反映了那一时期实行选择性教育的地区（拥有文法中学和现代中学）和实行综合教育的地区（拥有混合教学的综合学校）间的地域划分。这对我们的评估策略至关重要，使我们能够对两个教育系统的教育成果进行对比，如5.4节中所述。我们将在第5.5节中展示主要的研究成果，并在5.6节进行总结。

5.2 背景

5.2.1 英国中学选择性教育的历史

在20世纪60年代和70年代，英国中学教育系统经历了一次重大的制度变革，特别是在英格兰和威尔士[2]。在20世纪60年代早期以前，"精英教育"应该是英国教育系统的最佳定义。在中学阶段，不同能力的学生被分配到不同类型的学校，接受非常不同的教育。在当时，实际上存在着一个三分制系统，包括"文法中学"、"现代中学"以及小部分数量锐减的"技术学校"。当时,文法中学是以学术教育为主的中学,满足了那些处于最高能力层次的学生的需求。学生必须在11岁通过一项能力测试才能够进入文法中学,但是据观察,社会经济因素也会影响学生是否进入文法中学(Steedman,1983)。文法中学提供覆盖整个11~18岁年龄段的教育,而其学生也最可能继续接受高等教育。另一方面,现代中学为那些无法进入文法中学的学生提供了较低级别的学术教育。现代中学提供的教育一般只到义务教育的最低离校年龄,即15岁(1973年起改为16岁)。小部分技术学校提供以职业技术为主的教育(普遍也只到16岁为止)。

鼓励学生从很小就开始学习非常不同的课程是选择性的文法教育系统的一个重要特点。在英格兰和威尔士,在20世纪70年代文法系统被废除之前,学生群体在11岁的时候就已经被有效地分流了。现代中学的大部分学生要么在达到义务教育最低离校年龄后拿着少量或没有的资格证书离开学校(研究群体的45%)(Central Advisory Council for Education,1959),要么在16岁时考取一系列中等教育证书(CSEs)[3]。文法中学的学生普遍在16岁时完成比CSEs对学术能力要求更高的普通级(O级)考试,也有很多学生继续学习,到18岁时完成高级(A级)考试。大约整个研究群体的三分之一在义务教育结束时获得CSEs证书或O级证书就离开教育系统。在剩余20%继续学习A级课程的学生中,有大约一半的人接受了高等教育,即整个学生群体的十分之一。一部分就读于现代中学的学生成功转入了学术教育的上流,并且在16岁之后仍然保持,但这种现象并不普遍。

这种选择性极强的教育系统在20世纪60年代和70年代依然存在。但是,为了回应人们对这一系统的不平等性的忧虑,当时的工党政府于20世纪60年代中期引入了一系列政策来推进向混合能力教育系统的转变[4]。特别的是,政府颁布法律授权地方教育部门(local education authority,简称LEA)[5]建立混合能力教学的学校,这种学校被称为"综合学校"。然而,英格兰和威尔士教育系统的制度结构意味着这种改变的步伐在地方教育部门之间和之内都会有所不同(Kerckhoff等,1996)。诚然,中央政府不能强制要求所有地方教育部门都在某个时间完成选择性教育向非选择性教育的转变。的确,选择性教育系统下的文法中学在某些特定的地方教育部门,如肯特郡,如今仍然存在。废除文法中学的行动在当地遇到了很强的政治阻力。尽管如此,截至2004年,在英国的3 409所中学中,只剩下25所非综合性中学。非综合性中学学生总数为20 970名,而英国共有3 324 950名中学生(Department for Education and Skills,2004)。

引入混合能力学校的方式在地方教育部门之间也有所不同。很少有 LEA 将所有的中学同时转入非选择性教育系统。因此，在各 LEA 内部，不同的地区和学校转入非选择性系统的速度也各有不同。

另外值得注意的是，在一部分 LEA 中，现代中学变成了综合学校，然而附近的文法中学仍然保留了他们的选择性录取政策。这就意味着这些地区的综合学校并没有给所有能力层次的学生提供教育；相反，它们继续只招收学术能力处于能力分布底端（或者附近）的学生。此外，转变成综合学校的现代中学通常没有足够的空间让学生一直读到 18 岁。于是已满 16 岁又想继续学习的学生不得不转学，而文法中学的学生则可以在自己的学校一直读到 18 岁。另一些 LEA 引入了全新的，专门为综合教育而设计的学校，进行了更为彻底的改革。

那么是什么决定了不同的 LEA 怎样重新规划他们的中学，以及改革的速度？Kerckhoff 等（1996）表明地方教育部门的政治倾向至关重要。具体来说，处于保守党控制下的 LEA 变革进程要比处于工党控制下的慢。此外，原本由工党控制，而后转到保守党控制下的 LEA 通常能够反转或者延迟向综合教育推进的计划。这不能简单地用政治分歧来解释，因为也有受保守党控制，却很迅速地转向综合教育的 LEA，如莱斯特郡（Kerckhoff 等，1996）。

有人可能认为其他因素也会决定一个 LEA 或 LEA 内的学校是否快速转向混合能力的教育系统，如该学校或该 LEA 的教育经费，或是校所在区域的其他特征。然而，Kerckhoff 等（1996）得出结论：一个 LEA 的大部分社区特征都不能算是该 LEA 教育系统综合化程度的重要决定因素。但是，有微弱的证据表明，资源更充沛的 LEA 能够更快地转变为混合能力的教育系统。在 5.3 节中，我们将从实证分析的角度来探讨是什么因素决定了孩子就读于选择性教育系统或是非选择性教育系统。

5.2.2 相关文献

伴随着英格兰和威尔士向混合能力教育的转变，预测"综合实验"会成功还是失败的争论持久而激烈地展开了（Cox 和 Dyson，1969；Cox 和 Boyson，1975，1977；Crook，Power 和 Whitty，1999；Marks，Cox 和 Pomian-Srzednicki，1983；Reynolds，Sullivan 和 Murgatroyd，1987）。关于这个问题，高质量的定量实证依据很少，并且通常集中研究就读于不同类型的学校对学生的影响，而非所经历的教育系统对学生的影响。这些文献得出的结论各式各样（Fogelman，1983，1984；Kerckhoff，1986；Harmon 和

Walker，2000；Jesson，2000；Dearden，Ferri 和 Meghir，2003）。不同于这些研究，我们对评估特定的学校类型（如文法中学）对学生学业成就的影响，没有特别的兴趣。相反，我们致力于探究在一个选择性教育系统中学习（无论是在现代中学还是在文法中学）对于教育成果的事前影响，尤其是其对不同能力水平的学生的学业成就的影响是如何分布的。

本章的作者曾研究过能力作为决定教育成果的因素之一不断变化的角色，本章正是基于此项研究(Galindo-Rueda 和 Vignoles，2005)。本章还与更为广泛的，涉及认知能力与各种社会经济成果之间的联系的文献有关（见 Cawley，Heckman 和 Vytlacil，2001），也与家庭背景因素（如父母的收入和社会阶层）在教育程度中起到的决定性因素的实验性证据有关（Haveman 和 Wolfe，1995）。本章还与教育评估的相关文献有关。比如，我们可以参考 Meghir 和 Palme(2003)的成果，他们研究了瑞典的一个社会实验对于教育和收入的影响。这个实验在废除当时的选择性教育系统的同时还提高了学生的离校年龄。本章还与更广泛的，有关学校内部分流的文献有关（Figlio 和 Page，2000）。与本章有着较为直接关联的是 Manning 和 Pischke(2006)最近发表的论文，他们在研究英国的综合实验时采用了和我们相似的方法，并详细记录了方法论的问题。

5.3 数据

我们使用了一个独特的纵向追踪数据集——国家儿童发展研究（National Child Development Study，简称 NCDS）[6]。该数据集收集了一个完整的群体（全都出生在1958 年 3 月的同一周）从进入教育系统读书到离开学校进入劳动力市场的数据。它非常符合我们的目的，因为它完整地贯穿了选择性教育系统逐渐被淘汰，并被综合教育系统取代的时段。NCDS 分别收集了这些儿童在 7 岁、11 岁以及 16 岁时他们自身、他们的家庭以及他们的学校环境的数据。这些人在成年之后还参与了后续研究，为我们提供了他们后续教育成果和职业生涯的大量数据。我们的数据有一大优势，那就是我们有研究群体中每个人的早期能力数据。这些数据来源于 7 岁和 11 岁进行的认知能力测试的结果。7 岁时的测试成绩尤其重要，因为其不但早于中学阶段，还早于所谓的11＋考试，那个在选择性教育系统中在孩子 11 岁时进行的，用来决定孩子进入文法中学还是现代中学的考试。当时人们比较关心的一个问题就是 11＋考试的成绩是否只是反映了社会经济地位,而非学生的任何天赋能力。

从 NCDS 的数据中我们可以得知这些学生在 16 岁时是否就读于选择性教育系统中的学校(文法中学或是现代中学),并且知道他们的学校是何时成为非选择性学校的——如果他们就读于综合学校。因此,我们得以构建两种选择变量。首先,就一个人 16 岁时(1974 年)是否就读于选择性教育系统中的学校(文法中学或现代中学),我们构造了一个指标。然后我们构造了一个衡量在 11 岁和 16 岁期间在选择性教育系统中就读年限的变量[7]。表 5.1 列出了关键的描述性数据。

表 5.1 描述性数据:根据 1974 年就读学校类型划分的 NCDS 研究对象(16 岁)

	1974 年就读于综合学校			1974 年就读于选择性教育系统中的文法中学或现代中学		
	平均值	标准差	观测值	平均值	标准差	观测值
学校教育特征:						
16 岁以前选择性教育年数	1.247	1.500	4 841	5.000	—	3 976
在 LEA 中占比						
非综合性学校:74	0.246	0.219	4 823	0.511	0.211	3 417
文法中学				0.325	0.468	3 976
现代中学				0.675	0.468	3 976
部分个人特征:						
7 岁时的能力指数(基线缺失)						
7 岁时能力级别为 1	0.163	0.369	4 841	0.136	0.342	3 976
7 岁时能力级别为 2	0.165	0.371	4 841	0.151	0.358	3 976
7 岁时能力级别为 3	0.155	0.361	4 841	0.153	0.360	3 976
7 岁时能力级别为 4	0.148	0.355	4 841	0.160	0.367	3 976
7 岁时能力级别为 5	0.132	0.339	4 841	0.192	0.395	3 976
父亲的社会阶层(以无技能为基线)						
半熟练体力劳动者	0.168	0.375	4 841	0.153	0.359	3 976
熟练体力劳动者	0.451	0.497	4 841	0.428	0.495	3 976
熟练非体力劳动者	0.091	0.288	4 841	0.094	0.291	3 976

	1974年就读于综合学校			1974年就读于选择性教育系统中的文法中学或现代中学		
	平均值	标准差	观测值	平均值	标准差	观测值
中介、管理人员	0.134	0.340	4 841	0.174	0.379	3 976
专业人员	0.037	0.188	4 841	0.051	0.221	3 976
社会阶级不详	0.047	0.213	4 841	0.045	0.208	3 976
所在LEA中学教育特点:						
所在LEA中学生均教育经费	1 422.1	137.3	4 841	1 384.9	128.2	3 976
所在LEA中学每位教师对应学生数	17.119	1.170	4 841	17.449	0.850	3 976
大选结果(以工党胜出为基线):						
保守党胜出1974	0.304	0.460	4 715	0.458	0.498	3 976
自由党胜出1974	0.016	0.125	4 715	0.007	0.086	3 976
其他党胜出1974	0.009	0.009	4 715	0.007	0.085	3 976
因变量:						
11岁数学成绩	−0.131	0.995	4 188	0.161	1.030	3 406
11岁阅读成绩	−0.127	0.948	4 188	0.156	1.039	3 406
11岁能力指数	−0.101	0.973	4 188	0.124	1.019	3 406
16岁数学成绩	−0.126	0.932	4 457	0.149	1.055	3 765
16岁阅读成绩	−0.087	0.997	4 456	0.103	0.993	3 782
完成教育年数	11.795	1.691	3 293	12.231	2.048	2 776
达到3级(BTEC证书)以上	0.186	2.475	3 442	0.268	0.443	2 869

如果我们用孩子就读的学校类型来衡量他所体验的教育系统对学生的选择性作用,就会出现一系列问题。正如上文所提到的,有些"综合学校"建在文法中学的附近。受当地文法中学的影响,综合学校的学生实际上仍处于一个选择性教育系统中,因此,我们有将这些"综合学校"的孩子错误归类的风险。另一个衡量标准就是就读于综合学校的学生占整个LEA的比重,这也包含在NCDS的记录中。但是,各LEA内部对

学生的选择性作用在程度上也有着很大的差异。鉴于此,使用综合学校学生所占比例的这种 LEA 级的指标会倾向于降低估值。于是,我们利用学生就读的学校类型和 LEA 中综合学校的占比来共同显示孩子所在的 LEA 对孩子的选择性作用。

我们的目的主要在于研究选择性教育系统给不同能力的孩子们带来的潜在的不公平影响,这有利于我们进一步研究基于能力的选择所扮演的角色和更为广泛的效率和公平性的问题。因此,认知能力的变量还需要我们进一步的探讨。通过使用与 Cawley,Heckman 和 Vytlacil(2001)相似的方法论,我们构建了一种认知能力的衡量标准,基于出生于 1958 年的 NCDS 研究群体 7 岁时记录的测试成绩。我们对孩子们 7 岁时的考试成绩(算术、阅读、图案复制和"人体绘图"考试)进行了主要因素分析,目的是利用所提取的首要因素[8]来建立一个认知能力指数。我们将这个变量视作一个允许我们将每个人根据认知能力和早期人力资本来划分等级的指数。对能力与选择性教育的交互作用的分析是我们研究的核心。而从实用性的角度来看,将现有孩子们 7 岁时的能力信息减少会大大简化这个分析。

本章所使用的另外一些控制变量还包括父亲的社会阶级、父母的受教育程度、家庭结构以及其他的经济状况衡量标准(如收入)。我们还补充了 1974 年每个孩子所在的 LEA 内中学所享有教育资源的相关数据,尤其是每个全职教师所对应的学生人数,在整个中学阶段每个学生的总花费,在中学内每教一个学生所对应的教师工资,以及中学生在当地人口中的占比。我们还结合了 1971 年这些儿童所在社区或街区(人口普查区)的人口普查数据,包括失业人口比、在该区域从事农业/专业/管理/非体力/体力/半熟练工作的人口比、业主居住者比例、政府公屋住户比例以及该地区近期英联邦移民所占比例。

表 5.1 的描述性数据表明,就读于综合学校的学生平均每人都曾有超过一年的时间在选择性教育系统中就学,这个结论基于他们就读的学校转变为综合学校的日期。根据学生所就读的学校类型来划分他们与当地非综合性学校的密集度有很大的关系。被划分在选择性教育系统中的学生,大约三分之一实际上就读于上层的文法中学。这比在选择性系统开始被淘汰之前记录的五分之一要高。这间接表明(1)推迟淘汰进程的地区可能有更多孩子通过 11+ 考试,并且(2)在仍有文法中学的地区,一些被划分在综合学校的孩子实际上还是经历了选择性教育系统的筛选。

表 5.1 还表明,就读于选择性教育系统(现代中学或文法中学)的孩子们有着更高的能力,并且来自更加富裕的家庭。尽管我们倾向于认为文法中学的学生能力更强,

我们并不能直接推断身处选择性教育系统的孩子(包括就读于现代中学的孩子)是否平均拥有更高的能力水平。这再次表明由选择性系统向综合系统的转变并不是随意进行的。更富裕的地区向综合教育的转变显得较为缓慢。因此,一个孩子就读于选择性教育系统还是非选择性的教育系统很可能由内因决定,我们将在下一节讨论这个问题。

5.4 评估策略

我们的目的是评估中学选择性教育对个人教育成果所产生的影响。我们可以用 Y_1 来代表一个经历选择性教育的人潜在的教育成果。经历综合教育的人潜在的成果由 Y_0 表示[9]。如果影响两个系统教育成果的其他因素都是相似的,包括同伴特征和地区特征,那么 $Y_1 - Y_0$ 就代表选择性教育对个人的影响。

在典型的评估问题中我们会建立一个有效的反事实模型,给出一个标准来衡量没有接受选择性教育的人倘若接受了选择性教育,会产生怎样的教育成果。表 5.1 中的描述性数据说明那些经历了综合教育的学生和那些住在实行选择性教育的地区的学生之间存在着很多不同方面的差别,有些和教育成果有着潜在的关联。要解决这一问题,我们可能需要控制一系列足够广泛的特征 W 的差异,使得在综合系统下的预期教育成果不受实际经历的教育系统的影响。

$$E[Y_0 \mid S = 1, W] = E[Y_0 \mid S = 0, W]$$

因此,我们可以用教育成果 Y 对一系列控制变量 W 和孩子是否接受选择性教育的变量 S 回归。因为选择性教育的影响很可能随 W 的值而变化,那么研究 W 和 S 间的相互作用提供更充分的数据描述,帮助我们了解谁受益于选择性教育以及谁比较吃亏。在标准回归框架内,这些影响可以用普通最小二乘方来估计。

$$Y_i = W\alpha + S\beta + S'W\gamma + \varepsilon_i$$

我们尤其关注选择性教育系统和非选择性教育系统对各个能力层次孩子的影响,因此我们的模型控制了以下变量的差异:孩子的能力以及能力变量和选择变量间的交互作用。

我们还使用了一个限制较少的方法，就是通过匹配的方法估算非参数影响，即将两个系统中有着相似 W 值的个人相配对。Rosenbaum 和 Rubin(1983)建议利用倾向得分来进行配对——也就是对有相同可能性 $\pi(W)=\Pr[S=1|W]$ 就读于选择性教育系统的个人进行比较，从而计算 $E[Y_1-Y_0 \mid S=1] = E[Y_1 \mid S=1] - E[E[Y_0 \mid S=0, \pi]]$ 的模拟样本。

从之前的讨论不难看出，这种估算策略的成功依赖于 W 中一系列控制变量的质量。考虑到这个处理理论上是基于不同地区的，那么我们应该重点关注区域层面的特征。因此，我们的数据还包括了每个人所在的人口普查区的相关社会经济特征普查数据。我们还控制了 LEA 特征的差异，包括享有的教育资源水平。

尽管我们努力通过匹配法和回归分析来比较条件相似的个人，内生性因素仍可能影响我们的结果。可能存在一些无法观测的特征，同时影响着所受教育的类型以及教育成果。有时，尽管一个区域设有综合学校，但事实上仍然实行着选择性教育系统。这会导致处理的错误归类。我们试图用工具变量法来纠正这种现象带来的测量误差问题。为此，我们将地方教育部门中的非综合性学校比例作为工具变量引入基于学校类型的处理[10]。学生由于住在综合学校的存在可忽略的地区而导致实际经历选择性教育系统的影响，可通过这个方法来确定。

5.5 结果

5.5.1 出生于1958年的研究群体所经历的选择性教育

表 5.2 展示了研究可能就读于选择性教育系统的决定因素的模型的结果。所涉及的因变量有：(1)在 16 岁时是否就读于选择性教育系统中的学校（文法中学或现代中学）；(2)据估计 NCDS 研究对象在选择性教育系统中所经历的义务中学教育年数；(3)该地区非综合性学校的占比。表格只展示了少量的选定特征，但是所有的模型中都控制了完整的个人、家庭，以及地区特征的差异。

较少量的解释变量单独具有显著意义。儿童所在选区的政治立场是所有回归设定中最具稳健性的决定因素。保守党选区的儿童平均要比其他选区的儿童在选择性教育系统中多读 0.6 年，并且在他们生活的区域，非综合性学校比例比其他地区高将近 6%。

表5.2　选择性教育的决定性因素(部分选定系数)

回　归　量	(1) 概率单位法 就读于非综合性中学	(2) 正常最小二乘方法 在非综合性学校就读年数	(3) 正常最小二乘方法 LEA中非综合性学校占比
个人特征/背景：			
7岁时能力(以缺少数据为基线)			
能力等级为1	−0.002 5 (0.024 4)	−0.008 7 (0.107 0)	−0.015 6 (0.012 3)
能力等级为5	0.086 7 (0.023 9)**	0.268 1 (0.093 8)**	0.004 4 (0.012 2)
女性	0.015 0 (0.010 6)	0.014 7 (0.046 5)	0.005 9 (0.005 2)
父亲为专业人员(以无技能为基线)	0.025 4 (0.041 4)	0.146 0 (0.172 0)	0.052 0 (0.021 3)*
父亲离校年龄	0.010 2 (0.004 3)*	0.045 8 (0.014 7)**	0.003 1 (0.002 5)
大选结果：1974(以工党胜出为基线)			
保守党胜出	0.113 0 (0.041 3)**	0.604 7 (0.174 8)**	0.056 9 (0.023 5)*
自由党胜出	−0.159 9 (0.124 1)	−0.327 8 (0.488 1)	0.037 2 (0.080 6)
其他党胜出	−0.009 2 (0.145 4)	0.203 7 (0.407 8)	0.036 2 (0.121 2)
LEA特征：			
LEA中学生生均经费	−0.001 0 (0.000 4)*	−0.005 1 (0.001 6)**	−0.000 5 (0.000 3)
LEA中学教师平均每教一个学生所得工资	0.001 5 (0.001 0)	0.002 9 (0.003 7)	0.001 3 (0.000 8)
LEA平均每位全职教师对应学生人数	0.081 6 (0.042 7)	0.115 6 (0.123 6)	0.054 9 (0.027 5)*
观测值	8 252	8 252	7 734

注：表列标题为因变量。括号内是为LEA聚类分析而调整过的稳健标准误差。＊显著性水平为5%，＊＊显著性水平为1%。其他控制变量还包括整套个人、家庭特征，以及1971年人口普查计数区的人口构成。表格中显示部分选定系数,边际效应在(1)中显示。

在 7 岁表现出更高能力水平的孩子有更高的概率进入选择性教育系统，并且经受选择性教育的时间也更长（设定（1）、（2）），但是他们所在 LEA 的非综合性学校比例并没有更高。父亲的受教育程度亦是如此。相反，父亲的社会阶级似乎对设定（3）有着更大的影响，即，对于决定生活在非综合性学校比例较高区域的概率的模型。还有证据表明不同 LEA 在教育资源分布上存在差异。在中学生生均教育资源更高的 LEA 中，学生就读于综合学校的概率更大。

5.5.2 选择性教育对教育成就的影响

表 5.3 展示了我们通过匹配性估值得出的选择性教育对于 16 岁时的标准化数学测试成绩以及完成教育年数的影响的部分结果。其中，我们侧重研究了整个选择性教育系统带来的影响，没有分别去研究该系统中特定类型学校带来的影响。这些估计将样本中文法中学和现代中学学生表现共同与经过适当加权后综合学校学生的表现进行比较，并且将就读非综合性学校的估计倾向作为匹配特征。

表 5.3 选择性（非综合）教育带来的影响的匹配性估计
（依据能力五分位数和选择性教育下学校类型分解）

	16 岁时的数学成绩	完成教育年数
A. 整个样本：		
基本控制变量	0.137(0.034)	0.221(0.084)
控制 11 岁时能力的差异	0.079(0.036)	0.117(0.087)
B. 7 岁时根据能力分层：		
低能力：五分位数的值为 1	0.068(0.051)	−0.042(0.082)
中等能力：五分位数的值为 3	0.250(0.061)	0.246(0.161)
高能力：五分位数的值为 5	0.288(0.685)	0.734(0.204)
C. 依据父亲的社会阶级：		
无技能	0.082(0.105)	−0.267(0.274)
半熟练劳动者	−0.021(0.078)	0.082(0.149)
熟练体力劳动者	0.075(0.050)	0.096(0.106)
熟练非体力劳动者	0.324(0.131)	0.204(0.368)
中介、管理人员	0.292(0.084)	0.453(0.226)

续表

	16岁时的数学成绩	完成教育年数
专业人员	-0.014(0.225)	0.531(0.639)
D. 依据能力和父亲的社会阶级:		
低能力:低社会经济地位	-0.061(0.059)	0.020(0.078)
低能力:高社会经济地位	0.009(0.224)	-0.410(0.665)
中等能力:低社会经济地位	0.104(0.045)	0.139(0.176)
中等能力:高社会经济地位	0.477(0.141)	0.198(0.437)
高能力:低社会经济地位	0.220(0.105)	0.467(0.256)
高能力:高社会经济地位	0.347(0.147)	-0.059(0.478)

注：利用最近邻匹配估计量和psmatch.ado Stata程序算出的匹配估值。用文中描述的标准控制变量计算了每个样本的倾向评分。因变量为16岁标准数学成绩和所完成教育年数。A组代表完整样本,包括了7岁时的能力控制变量以及11岁时有或没有能力控制变量的情况。B、C、D小组下的分类无须加以说明。高SES(社会经济地位)包括专业人员、管理人员,以及其他熟练劳动者的孩子。

A组的第一行展示了我们的样本中所有学生的匹配估值。这些估值来自一个控制了以下变量的模型,这些变量包括:我们之前所讨论到的所有个人、家庭、地区特征,以及7岁时的能力水平的差异。这些估值显示选择性教育带来了较为显著的正面

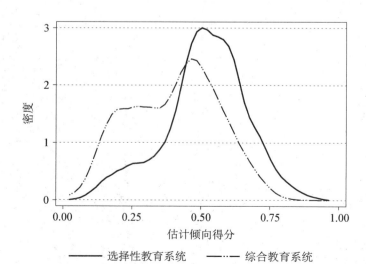

图5.1 选择性教育系统入学预计倾向得分的分布情况(以综合学校和非综合性学校为样本)

注：引用了表5.2中的回归设定,展示1974年就读于选择性教育系统中的中学预计可能性的核密度估计。

影响：将数学成绩的标准差抬高了 0.13 个点，将就读年限提高了五分之一年。由不可测因素造成的，并可能影响我们所研究的教育成果的分流现象被这些估值排除在外。我们还核查了共同支持程度的合理性（如表 5.1 中预计倾向得分的分布所示）以及普通的平衡条件。A 组的第二行中，我们控制孩子们 11 岁时能力的差异，代入第一阶段的匹配方程。预计的影响缩小了一半，并且只对数学成绩造成显著的影响。我们回过来讨论这一结果，但是我们也可以说控制 11 岁能力的差异时选择性教育影响的减弱，是由于该教育系统在孩子很小的时候就鼓励孩子掌握学习技能，这些技能会决定他们 11 岁时被分配到系统中的哪一级。

从 B 组到 D 组，我们通过将样本根据能力和父亲的社会阶级划分来研究影响中潜在的非均等性。虽然有很明显的迹象表明分流对于能力分布上游的孩子们有积极作用，但我们并未发现任何有力证据表明其对于能力分布下游的孩子有任何负面影响。就社会阶级而言，选择性教育的影响不呈单调关系，而是对中等能力组别的影响最大。当我们观察不同能力与社会阶级的特定组合时，能力似乎是主要影响因素，但限于样本大小，我们很难进行比较。

在此我们试图校正对就读学校类型中的实行选择性教育的学校的处理进行遗失值补差时潜在的测量问题。在表 5.4 中，我们将非综合教育的虚拟变量与选择性教育年数的变量都作为工具变量，从而得到自变量的结果，再利用该 LEA 中非综合性学校的占比，将基本的普通最小二乘方的估值与自变量的结果进行比较。我们考虑了这两个基于学校类型的选择变量对 16 岁时的数学成绩和完成的教育年限所造成的影响。所有的模型都含有个人、家庭以及区域特征的控制变量。

表 5.4 选择性教育的影响的回归估值

	数学				完成教育年数			
	(1) 正常最小二乘方	(2) 自变量	(3) 正常最小二乘方	(4) 自变量	(1) 正常最小二乘方	(2) 自变量	(3) 正常最小二乘方	(4) 自变量
A 组，整个样本：								
非综合性学校	0.154 (0.030)**	0.070 (0.046)			0.500 (0.074)**	0.162 (0.109)		
在选择性教育系统中就读年数			0.035 (0.006)**	0.018 (0.012)			0.043 (0.012)**	0.041 (0.028)

续 表

	数学				完成教育年数			
	(1) 正常最小二乘方	(2) 自变量	(3) 正常最小二乘方	(4) 自变量	(1) 正常最小二乘方	(2) 自变量	(3) 正常最小二乘方	(4) 自变量
观测值	7 220	7 220	7 220	7 220	5 678	5 420	5 420	5 420
B组,样本中能力五分位组的最高和最低分位耟,交互作用影响:								
非综合性学校	0.049 (0.038)	0.127 (0.068)			−0.120 (0.071)	−0.395 (0.173)*		
高能力 * 非综合性学校	0.188 (0.063)**	0.081 (0.136)			0.602 (0.136)**	0.734 (0.303)*		
在选择性中学就读年数			0.005 (0.008)	0.031 (0.017)			−0.044 (0.016)**	−0.089 (0.040)*
高能力 * 在选择性中学就读年数			0.047 (0.014)**	0.020 (0.032)			0.124 (0.033)**	0.171 (0.073)*
观测值	2 304	2 304	2 304	2 304	1 704	1 704	1 704	1 704

注:就读文法中学或现代中学(或在这两种学校就读年数产生的影响)给标准数学成绩和所完成教育年数带来的影响的最小二乘方估值和自变量估值。自变量估值将 LEA 中的非综合性学校占比作为工具变量引入处理变量。括号内是为 LEA 聚类分析而调整过的稳健标准误差。* 显著性水平为 5%,** 显著性水平为 1%。A组由完整样本组成,B组只包含样本中 7 岁能力分布的第一和第五个五分位数组。

表5.4 中 A 组所展示的系数来源于一个假定选择性教育平均、平等地影响了所有人的模型。虽然普通最小二乘方的估值都具有一定的显著性,且数据为正(如我们使用匹配法得到的),自变量的估值也都为正,但没有达到充分的统计显著性,因此,我们不能否定存在零平均影响的假设。

在 B组,我们将 7 岁时处于能力五分位组的顶端和底端的人选入一个子样本,并研究选择性教育对他们造成的影响。就读非综合性学校带来的影响的最小二乘方基线估值并不具显著性。就高能力孩子的虚拟模型而言,能力变量和选择变量间的交互作用总为正,且具显著性。这与通过匹配估计得到的非均等效应相一致,即选择性教育系统对能力水平最高的孩子起着积极的作用。自变量估值展现的结果较为复杂。就第一个因变量(数学成绩)而言,就读非综合性学校的基线效应为正向但不怎么显著。就高能力的孩子而言,能力变量和选择变量间的交互作用为正,但不具显著性。

基线和交互作用的和所产生的结果为正,且具显著性。就第二个因变量(完成教育年数)而言,基线效应显著,且为负,而与能力变量的交互作用显著,为正,并且绝对大小更大。

这些发现姑且表明,在淘汰选择性教育系统的过程中有输家也有赢家。高能力学生可能受益于选择性教育系统,这意味着当其被废除时,他们就是输家。在有些回归设定中,能力较差的学生在选择性教育系统中的表现略微差了一点,那么当这个系统被废除时,他们多少算得上是受益者。更有趣的是,从解释所完成教育年数的模型中我们可以观察到选择性教育系统的负面影响,但在数学成绩的模型中却观察不到。这似乎意味着我们需要区分选择性教育对于不同教育成果的不同影响,如对数学成绩的影响和更多作用于学习理想和学业成就的影响。在现代中学对后者的影响较小。

5.5.3 选择性中学教育系统中的小学教育激励

本节简要讨论了选择性中学教育影响教育成果的一个可能途径。如表5.3中的结果所强调的,相比只控制进入小学时的能力差异的模型,选择性教育的影响估值在控制11岁学业成就差异的模型中(在估算中学附加值的模型中)急剧降低。其中一个假设认为,这种差异是由小学阶段7岁和11岁间的学习造成的。问题是中学的选择程度是如何影响小学教育成果的?

在选择性教育系统中,有明确的激励因素鼓励学生满足进入文法中学的要求,这将由他们在11岁时参加的考试决定。满足这些要求的能力并不是学生固有的属性,而是可以被小学阶段的教育所影响的。于是,选择性中学系统就会引起小学生在学习上的一系列努力,有些可能会造成长久的影响。鉴于此,选择性教育系统向综合教育系统转变的时间十分重要,因为我们研究群体中的一部分学生可能因为期待提高进入文法中学的可能性而积累了大量和11+考试有关的技能。有些学生(和家庭)就不会有这样的期待,因为他们的学区在孩子小学的早期阶段就完成了向综合教育系统的转型。

我们没有研究群体所在区域废除选择性教育系统的精确日期,但是对于1974年就读于综合学校的学生,我们知道他们的学校成为综合学校的日期。我们把后者作为计算前者的一个不完美标准。我们在图5.2中展示了在7岁和11岁之间,根据学校选择性状况的不同变更日期,能力指数所经历变化的估算。我们发现,在较晚完成向综合教育系统转变的地区,学生在7岁到11岁之间取得了更大的进步。据此我们可

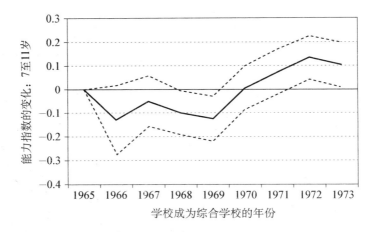

图5.2 图中展示了综合学校的引入和学生在小学阶段的能力进步

注:根据 7 岁(1956 年)和 11 岁(1969 年)时能力值的第一主成分之差,以及就读中学转为综合学校的不同日期,估算的能力分数增长。通过一系列标准控制变量的回归分析,得到了期望值和置信区间。从无条件回归设定中也得出类似结果。样本:1974 年综合学校 3 340 个学生观测值。

以推断,较早完成向综合教育系统转变的地区,相较于晚完成转变的地区,学生们在 11 岁之前,在学习上付出努力的动力减少了。尽管转变的时间可能与其他推动学生这一进步趋势的因素有关,我们从图 5.3 中不难看出,其他的可观测特征中并没有具

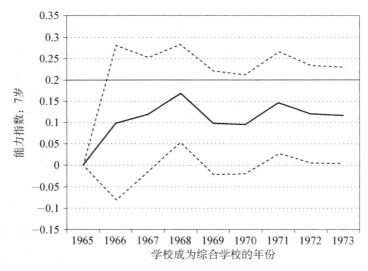

图5.3 图中展示了综合学校的引入和学生在 7 岁时的能力水平

注:根据就读中学转为综合学校的不同日期所得的 7 岁(1965 年)时的能力得分。图中包括期望值和置信区间。样本:1974 年就读于综合学校的学生。

有可比性的阶跃变化,包括其中所显示的 7 岁时的能力。现有证据支持精英教育通过激励学习带来积极影响的说法。但是我们不能排除综合教育系统能够激励学生在其他方面进步的可能性。这些其他类型的进步趋势可能不那么注重 11＋考试这样较为狭隘的能力量度。

5.6 政策讨论和结论

许多评论员认为发生在英格兰和威尔士[11]的向混合能力教学体系的转变("综合实验")是失败的,而也有人认为这种转变不够彻底。前者表示,混合能力教学体系降低了学业成就,特别是对于那些能力水平最高但家庭条件不那么好的学生。

我们研究了一个在选择性教育系统被淘汰的时期就学的同期学生群体。我们研究了他们的学业成绩,将新的综合教育系统中的学生与旧的选择性教育系统中的学生相比。分析表明,选择性教育系统对关键的教育成果有着平均的轻微积极影响。通过进一步的观察我们发现,高能力水平的学生最能受益于选择性教育,并且,根据不同的回归设定,选择性教育对低能力水平的学生有着少量或为零的负面影响。考虑到选择性教育的负面影响只体现在所完成教育的年数上,而非成绩上,我们假设就读于现代中学的学生尤其严重地受到了这种消极影响:人们普遍认为他们在义务教育结束后不会继续留在学校。此外,我们也无法支持高能力水平的贫穷学生受到了废除选择性教育的最坏影响,尽管我们样本中这种学生的数量过少,使我们难以对此观点进行判断。

我们的证据表明选择性教育系统对一些特定认知技能的早期发展起了很强的激励作用,即,在用于决定学生被分配到哪种学校的 11＋考试中测验的技能。这种影响似乎占据可能对后期教育造成影响的一半因素。激励因素的保持效果似乎均衡分布于各能力层次,但是我们很难看出如果没有学校特征和处理方面的差异,这些(积极的)激励因素是否还能保持下来。

总体而言,我们的研究成果倾向于赞同英国的选择性教育系统能够带来更好的平均教育成果。然而,研究成果还表明选择性教育导致教育成果分布不均匀,这也似乎是许多国家决定推行综合教育系统的重要原因之一。鉴于这样的研究结果,我们该如何解释 20 世纪 60 年代以来英格兰和威尔士所取得的令人瞩目的教育成就扩张?难道在完成教育年数增长的同时，所取得的教育水平下降了吗？我们之前的研究（Galindo-Rueda 和 Vignoles，2005）表明，随着时间推移，早期能力对于教育程度的影响越来越小，而家庭背景的影响变得越来越大。换而言之，教育系统的扩张似乎对能力水平低（但家庭更富裕）的学生有着过大的积极影响。选择性教育系统的废除能解释这种看似矛盾的趋势吗？

一个看似合理的假设是，向综合教育系统的转变与获得更高教育程度的趋势共同缩小了能力水平最高和最低的学生间的学业成就差距。我们并不认为这一系统转变能充分解释教育程度中的不同趋势。但是，我们的研究至少为早期认知能力对教育成果的决定作用为什么在精英教育系统废除后似乎急剧下降提供了部分解释。

仍待解决的一个关键问题是，当测试能力不再是将学生分配到学校的关键因素时，什么样的新机制能够解决某些学校名额的需求过剩。正如 Blanden，Gregg 和 Machin（2003）在文献中记载的那样，家庭的收入和背景越来越重要。我们认为，经过更长的一段时间，房地产市场最终可能会成为供求关系的有效仲裁器。在英国，与学校间的距离是大多数学校的重要入学标准。这可能会影响我们如何看待改革对机会均等的影响。

鸣谢

我们感谢 Jo Blanden、Steve Machin、Marco Manacorda 和 Alan Manning 提供的有用的意见和建议。感谢 DfES（英国政府教育技能部）/国库循证政策基金拨款资助。我们还要感谢 PEPG（哈佛大学教育政策与管理项目）/CESifo（慕尼黑经济研究中心）大会与会者的意见，特别是编辑和推荐人。通常的免责声明适用于本文。本文所表达的观点并不一定代表英国政府的政策。

注释

1. 在 West 和 Pennell（1997）的研究中可以找到英国在这方面的发展情况总结。
2. 在此期间，苏格兰已经全面实现综合教育系统，而北爱尔兰仍然保持着选择性教育系统。我们的分析仅限于英格兰和威尔士。
3. CSE 考试广泛适用于能力水平处于第 60 到第 80 百分位数的学生，学生可以选择多达 10 个不同的 CSE 科目。参加 CSE 考试的学生倾向于 16 岁就离开学校。但是，许多人在那之后继续接受职业培训。
4. 综合能力学校不一定能消除学校内的能力分层,因为许多学校倾向于根据能力将学生分入不同的班级。
5. 地方教育部门(LEA)和美国的学区有些类似。他们处于地方政府的政治控制之下,并且20世纪60年代和70年代在实际决定教育政策方面具有较高的自主权。尽管大部分教育资金来自中央政府,但各LEA负担了英国的中小学教育的大部分支出。
6. 本章中使用的数据还被应用于研究社会经济背景、认知能力和社会经济成果之间关系的其他方面(其中还有 Breen 和 Goldthrope,1999;Currie 和 Thomas,1999;Dearden,1999;Dearden,Machin 和 Reed,1997;Feinstein 和 Symons,1999;Harmon 和 Walker,2000;McCulloch 和 Joshi,2000;Saunders,1997;Schoon 等,2002)。
7. 我们的分析中排除了少部分就读于私立学校(4%)和其他学校(2%)——如那些为有特殊教育需求的学生提供服务的学校的学生。我们认识到,忽视私立学校的学生可能会导致我们的结果出现偏差(高估社会阶级的选择性效应),因为在国家体制中,就读于综合学校的上层阶级学生人数可能与在选择性系统中的有所不同。
8. 设定检验表明,首要因素足以控制本章中所关注的教育成果的差异(参见 Galindo-Rueda 和 Vignoles,2005)。
9. 我们所研究的教育系统影响问题和简单地将一名处于实行选择性教育的区域的学生放在实行综合教育的区域中所造成的影响有着实质性的差别。后者相比前者而言,政策相关性微弱。
10. 我们还试图将政治理念作为外生选择性因素的一个潜在的来源,即将研究对象所处选区的政治立场作为衡量标准,从而研究如何解决更为普遍的内生性问题。这样的策略依赖于揭示政治立场对教育程度的决定因素没有直接影响的设想,而我们没有办法证明这个设想。的确有某些地区根据自己因为拥有选择性教育系统或是综合教育系统而可能获得的利益而选择支持某一政党的可能性。假如是那样的话,政治立场就会是内生性的因素。详细结果可应要求提供参考。
11. Gorman(1996)对这些问题以及苏格兰的教学体系改变的影响进行了社会学层面的探讨。

参考文献

Blanden, J., P. Gregg, and S. Machin. (2003). "Changes in Education Inequality." Discussion Paper, Centre for the Economics of Education, London School of Economics.

Breen, R., and J. Goldthorpe. (1999). "Class Inequality and Meritocracy: A Critique of Saunders and an Alternative Analysis." *British Journal of Sociology* 50(1): 1-27.

Cawley, J., J. Heckman, and E. Vytlacil. (2001). "Three Observations on Wages and Measured Cognitive Ability." *Labour Economics* 8(4): 419-442.

Central Advisory Council for Education (England). (1959). *15 to 18* (The Crowther Report). London: Her Majesty's Stationery Office.

Cox, C. B., and R. Boyson (eds.). (1975). *Black Paper 1975: The Fight for Education*. London: Dent.

Cox, C. B., and R. Boyson (eds.). *Black Paper 1977*. London: Maurice Temple Smith.

Cox, C. B., and A. Dyson (eds.). (1969). *Fight for Education: A Black Paper*. London:

Critical Quarterly Society.

Crook, D. R., S. Power, and G. Whitty. (1999). *The Grammar School Question*. London: Institute of Education.

Currie, Janet, and D. Thomas. (1999). "Early Test Scores, Socio-economic Status and Future Outcomes." Working Paper No. 6943, National Bureau of Economic Research.

Dearden, L. (1999). "The Effects of Families and Ability on Men's Education and Earnings in Britain." *Labour Economics* 6(4): 551–567.

Dearden, L., J. Ferri, and C. Meghir. (2003). "The Effect of School Quality on Educational Attainment and Wages." *Review of Economics and Statistics* 84(1): 1–20.

Dearden, L., S. Machin, and H. Reed. (1997). "Intergenerational Mobility in Britain." *Economic Journal* 107(440): 47–64.

Department for Education and Science. (1965). *The Organisation of Secondary Education* (Circular 10/65). London: Her Majesty's Stationery Office).

Department for Education and Skills. (2004). *Statistics of Education: Schools in England*. London: Her Majesty's Stationery Office.

Feinstein, L., and J. Symons. (1999). "Attainment in Secondary School." *Oxford Economic Papers* 51(2): 300–321.

Figlio, D., and M. Page. (2000). "School Choice and the Distributional Effects of Ability Tracking: Does Separation Increase Equality?" Working Paper No. 8055, National Bureau for Economic Research.

Fogelman, K. (ed.). (1983). *Growing Up in Great Britain*. London: Macmillan.

Fogelman, K. (1984). "Problems in Comparing Examination Attainment in Selective and Comprehensive Secondary Schools." *Oxford Review of Education* 10(1): 33–43.

Galindo-Rueda, F., and A. Vignoles. (2005). "The Declining Relative Importance of Ability in Predicting Educational Attainment." *Journal of Human Resources* 40(2): 335–353.

Gorman, A. (1996). "Curriculum Standardization and Equality of Opportunity in Scottish Secondary Education: 1984–90." *Sociology of Education* 69(1): 1–21.

Harmon, C., and I. Walker. (2000). "Selective Schooling, School Quality and Labour Market Returns." *Economica* 67: 19–36.

Haveman, R., and B. Wolfe. (1995). "The Determinants of Children's Attainments: A Review of Methods and Findings." *Journal of Economic Literature* 33(4): 1829–1878.

Jesson, D. (2000). "The Comparative Evaluation of GCSE Value-Added Performance by Type of School and LEA." Discussion Paper 2000/52, University of York.

Kerckhoff, A. C. (1986). "Effects of Ability Grouping in British Secondary Schools." *American Sociological Review* 51: 842–858.

Kerckhoff, A. C., K. Fogelman, D. Crook, and D. Reeder. (1996). *Going Comprehensive in England and Wales: A Study of Uneven Change*. London: Woburn Press.

Manning, A., and S. Pischke. (2006). "Comprehensive versus Selective Schooling in England and Wales: What do we know?." IZA Discussion Paper 2072.

Marks, J., C. Cox, and M. Pomian-Srzednicki. (1983). *Standards in English Schools*.

London: National Council for Educational Standards.

McCulloch, A., and H. Joshi. (2000). "Neighbourhood and Family Influences on the Ability of Children in the British National Child Development Study." *Social Science and Medicine* 53(5): 579–591.

Meghir, C., and M. Palme. (2003). "Ability, Parental Background and Education Policy: Empirical Evidence from a Social Experiment." Working Paper 03/05, Institute of Fiscal Studies.

Reynolds, D., M. Sullivan, and S. J. Murgatroyd. (1987). *The Comprehensive Experiment*. Lewes: Falmer Press.

Rosenbaum, P., and D. Rubin. (1983). "The Central Role of the Propensity Score in Observational Studies for Causal Effects." *Biometrika* 70(1): 41–55.

Saunders, P. (1997). "Social Mobility in Britain: An Empirical Evaluation of Two Competing Explanations." *Sociology* 31(2): 261–288.

Schoon, I., J. Bynner, H. Joshi, S. Parsons, R. Wiggins, and A. Sacker. (2002). "The Influence of Context, Timing, and Duration of Risk Experiences for the Passage from Childhood to Mid-adulthood." *Child Development* 73(5): 1486–1504.

Steedman, H. (1983). *Examination Results in Selective and Non-selective Schools: Findings from the National Child Development Study*. London: National Children's Bureau.

West, A., and H. Pennell. (1997). "Educational Reform and School Choice in England and Wales." *Education Economics* 5(3): 285–305.

6

学校分层教育的最佳时间:一个以德国为例的一般模型

Giorgio Brunello,Massimo Giannini 和 Kenn Ariga

贾一彤 译

6.1 引言

大多数发达国家的中小学系统都包括这样一个过程——起初学生们接触相同的课程，随后课程开始多样化，学校设置不同的课程轨道。在欧洲，有职业和普通类或学术类课程轨道，而分配到不同轨道往往是基于学生以前的表现或能力测试水平（参见 Shavit 和 Muller，1998；Green，Wolf 和 Leney，1999）[1]。分层教育开始相对较早——德国、荷兰是在小学以后进行，法国还要晚一些。在美国，中学是综合性的，但也常会依据某些考试或课程成绩所反映出的学业成就或技能水平，将学生分进不同的课程或课程体系（课程轨道）（见 Gamoran，1987；Epple，Newlon 和 Romano，2002）。在日本，学生分层是从后义务教育阶段的高中开始，上至顶端的精英学校，下至最底层的职业学校（见 Ishida，1998）。

在本章中，我们建立了一个简单的模型，用来确定学校分层教育的最佳时间，它是在提倡尽早分层以培养专业化优势与提倡较晚分层以节省早期选拔成本之间进行折中的结果。最佳学校分层教育时间，指的是能让除去教育成本后的总产出最大化的时间。我们特意以德国为例校准此模型，研究了相对需求如何朝着更加普通的技能迁移，（外生性）技术进步速度的变化如何影响最佳分层时间以及学生向学校的分配。

我们的模拟显示，这些外生性变化增加了来自普通学校毕业生的相对份额，这与德国中学学术迁移的现有证据相吻合；并将学校分层教育的时间比基准值提早了近23个百分点，与1970年以来德国学校分层教育的明显延迟形成鲜明对比。我们将这种模拟与现实之间的反差解释为实际政策已经偏离了效率考量的证据，这也许是因为分布方面的关切。

本章重点关注效率问题，它对学校和平等机会之间的关系有着深远的意义。通常情况下，学生会基于被测度的能力而被归入不同的课程轨道；而学生的能力既取决于天赋，也取决于其父母的背景。如果拥有优于一般家庭背景的学生获得更大的机会被分配进"更好"的课程轨道，那么分层时间的选择，就不仅仅是个效率的问题。

本章内容安排如下：6.2 节中，我们讨论技术性进步与学校设计之间的关系。在6.3 节，我们概述了产生最佳分层教育时间的专业化、错位分配和技能淘汰之间的关键性权衡。6.4 节描述了该一般模型，6.5 节专门将此模型针对德国的情况进行校准。最后是结论。

6.2 技术性变革与学校设计

近期的经济学文献普遍将学校设计的国际性差异与各国经济状况联系在一起。例如，Krueger 和 Kuman(2004)认为，欧洲国家对专业化职业教育的重视可能会降低技术采用率，从而导致经济增长慢于美国，因为美国的教育制度提供了更为普通和综合的教育。人们普遍认为普通教育更能诱发（有针对性的）技术变革的产生（见 Acemoglu, 2000）。鉴于普通教育更加灵活多变，它也鼓励了生产中的组织变革和高性能整体组织的采用（参见 Lindbeck 和 Snower, 2000；Aghion, Caroli 和 Penalosa, 1999）。

该文献探究了学校设计对技术和组织变化的影响。然而，人们难免会问，这些变化是否且将如何反过来影响内生的学校设计。第二次世界大战后，好几个欧洲国家的学校分层教育时间发生了变化。在英国，20 世纪 60 年代中期，将对学生进行分层教育的年龄从 11 岁改为 16 岁（见 Heath 和 Cheung, 1998）。在德国，依据能力进行分层教育的时间较早，20 世纪 70 年代的改革将义务教育从 8 年延长至 9 年，以便让教育系统更加综合（参见 Muller, Steinmann 和 Ell, 1998）。法国在 20 世纪 80 年代废除了两年初中教育后直接进行的学徒教育（Goux 和 Maurin, 1998）。所有改革都倾向于推迟分层教育的时间。此外，战后大部分欧洲国家出现了职业中等教育学生比例与普通中学教育学生比例相比不断下降的现象（Bertocchi 和 Spagat, 2003）。

技术进步导致技能贬值。而技能如果太细分，并与某一整套具体技巧捆绑在一起，则更加容易过时。虽然在职业学校学到的技能让学生很容易在劳动力市场上找到相应的职业，但他们的灵活性和可转移性远比不上通用技能（Shavit 和 Muller, 1998）。正如 Aghion, Caroli 和 Penalosa(1999)所论述的，组织变革往往偏重技能，无层级企业"依靠的是工人之间的直接、横向的沟通和任务多样化，而非专业细分。因此，他们需要多方面技能的办事人员，这些人员既可以执行各种任务，也可以从其他人员的活动中学习到东西"。

此类组织变革的一个后果，是相对需求向着通用技能和多面技能（技能提升）的方向转移,而这些恰恰是普通教育的强项。

6.3 专业化、分配错位和技能淘汰之间的权衡

分层教育与选拔相关,而选拔过程中的关键因素就是可见能力[2]。鉴于应试能力既有先天因素又受后天影响,因此来自受过良好教育的家庭的学生更有可能通过测试并被选中加入"最好的"课程分层。此外,受过更好教育的家庭往往更加重视教育投资,同时也不会面临可能妨碍投资的财力限制(见 Dustmann,2004)。

在一个信息不完美的世界中,选拔这一行为则向劳动力市场传递了关于个人能力的对应信息。分层教育也导致能力分组,把能力更高的学生与能力较低的学生分离开来。将学生分入不同的课程轨道进行教育,是否优于将不同能力的学生进行混合教育,仍然是一个没有答案的问题。Epple,Newlon 和 Romano(2002)在简要回顾了实证文献后得出结论:相对于混合教育的结果,分配到低等轨道的学生因分层教育而受损,而分配到高等轨道的学生则受益。而这些发现与我们的模型是一致的。

如 Hoxby(2001)所示,同伴效应产生分配效应,但如果个人产出,如人力资本,受到该变量中同伴结果的平均线性影响,则对效率的影响不大。对效率的影响只会产生于同伴的平均成就非线性模型或其他同伴分配有关的模型(Hoxby,2001:2;参见 Epple 和 Romano,1998)。

在我们的模型中,非线性同伴效应的存在意味着分层教育可以产生积极的"专业化细分"效应[3]。然而,在没有制衡因素出现的情况下,积极专业化将导致分层教育立即出现。我们注意到对个人进行分层教育时,会受选拔过程中的噪声影响,且分层教育进行得越早,噪声的相对重要性就越高,因此我们可以确定一个新的因素。由于测试不完善而导致的错误分配不仅降低了学校向劳动力市场提供的信号的质量,同时也降低了同伴效应对人力资本形成的影响。正如 Judson(1998:340;还见 Allen 和 Barnsley,1993)所说:"人的天赋才能很难测度的,但随着教育的进行,会测得越来越清楚。任何测试都将是一种噪声信号,且教育程度越低,这种信号就更吵闹。在上小学之前,难以判别人们的才智水平;但上了几年的小学后,才智的识别就变得比较容易;中学以后会更加容易,以此类推。"

选拔进行得越早,课程轨道的错误分配的风险就越高。我们称之为分层教育的噪

声效应。积极有利的专业化和负面消极的噪声效应之间折中,产生内生最优的分层教育时间。

另一个制衡因素是技能淘汰。在实施早期分层教育的系统中累积的技能,比在分层教育较晚的系统中获得的技能更具体,且在技术更新存在的情况下,这些技能贬值得更快。

关于能力分层教育对学生在校表现的重要性,文献中早有研究。最近则是由Epple,Newlon和Romano(2002)进行的研究。然而,这些作者忽略了选拔过程中的噪声,并把对学生进行分配所需的最低能力要求和分层教育时间作为外部参数来研究。对学生进行的分层分配可以通过价格(学费)或数量限制(如测试)来进行。通过测试进行分层教育意味着,如果测试成绩高于录取门槛,则被录入高等课程轨道,较低分数者则被分配到低等课程轨道。Fernandez(1998)表明,当个人财力受到限制时,应优先选择通过测试进行分配,而不是按价格分配。然而,在没有财力限制的情况下,两种选拔方法是等价的。

尽管该模型结构非常简单,但其随机性却导致可提供的分析结果相对较少。因此,我们诉诸校准,重点关注德国教育机构的设置,研究最优分层教育时间和普通学校毕业生的相对份额如何随同伴效应的大小、甄选过程中的噪声因素、技术进步(外在)速度,以及劳动力技能从单一到普通到多能任务的提升而变化。

6.4 模型

6.4.1 设置

设想一种拥有大量外来人员和岗位的简单经济模式。每个人的人生可以分为两个阶段:在第一个(初步)阶段,人们要上学;在第二阶段,人们要去提供了相应工作岗位的企业上班。外来人数正规化为1。有固定数量的公立学校 M 所,每所学校有1名教师和 $\frac{1}{M}$ 名学生。每所学校的经济成本 Z 不随学校布局变化。在本章的剩下部分中,为了简单起见,我们将此成本归一化为零。

从小学到高中阶段,对大多数国家公立学校的猜想是相当准确的,但是在高等教育阶段,这个猜想就不那么准确了。虽然我们的模型延伸至大学阶段,但我们更倾向于把注意力集中在小学和中学教育阶段。在许多发达国家,小学和中学恰恰是义务教育时期,这支持了我们关于一段在校度过的外生性时光的假设。

若把学生的在校时间看作一个单位,并将 $\tau \in [0,1]$ 定义为学生分层教育的时间。那么 τ 也表示在一所综合性学校学习的时间,$(1-\tau)$ 是在分层教育的学校学习的时间。综合学校为每个人提供相同的课程,但在分层教育的学校,学生被分配进两个不同的课程轨道,H(高能力)和L(低能力),每个轨道都有自己的专业课程。在美国,H和L两个轨道是在同一综合学校内共存的不同班级。在大多数欧洲国家,它们则相当于普通(学术)类学校和职业教育学校。

当 $\tau=1$ 时,这 M 所学校则一直都是综合性的。当 $\tau<1$ 时这 M 所学校在时间长度 τ 内是综合性的,其余时间则被分为L轨道的 MX 班(或学院)或H类中的 $M(1-X)$ 班,其中 X 是分入L轨道的学生的百分比。假设各种类型的学校都不进一步分层。

处于风险中心的人只关心(预期)工资,且能力水平参差,但这点企业在招聘时往往无法发现。不同类型的能力虽有很多,但在本章中,我们仅关注认知能力,并假设个体在这种单一类型中的禀赋不同[4]。这些差异反映了先天和后天的差异。就天赋而言,父母背景更优秀的(父母受教育程度更高,拥有更多财富)的人可能得到更好的培养,拥有更高的能力水平。因此,可观察的能力分布部分反映了机会的不平等。

企业只知道每个人毕业于哪所学校,而个人的能力是无法通过观察得知的,因此每个人只能按预期的生产力获得酬劳[5]。在这种环境下,企业的预期利润为零,学校设计则会产生高效的社会成果,而这一社会成果使得扣除教育成本后的总体产出最大化[6]。

一旦H和L类学校全面免费并由个人进行选择,且个人价值只取决于毕业后的预期工资得以实现时,如果H轨道的毕业生工资预计会高于L轨道毕业生的话,所有人都会申请加入H轨道。假设学生无法自行选择进入哪类轨道,而必须通过有噪声的能力测试:测试中表现出高于或等于所需标准能力时,候选人可以进入更高能力的轨道,而表现较差则意味着进入较低能力轨道。实际中,通过考试筛选不应该是通过入学考试,而是可以根据上一所学校毕业证书的含金量、学校教师的导向和评估以及入学后的第一年的选拔情况进行。

6.4.2 学校

使用小写字母表示对数,让真实能力的范围 $A \in (0, \infty)$ 在个体之间对数分布,并

定义 $\alpha = \ln(A) \sim N(0, 1)$。让测试发生时观察到的能力对数 θ 与真实能力对数相关，

$$\theta = \alpha + \varepsilon. \tag{6.1}$$

其中 ε 是独立于 α 的外生冲击，通常分布于零均值和方差 b^2 之间。

$$b = \mu(1 - \tau), \tag{6.2}$$

其中 μ 是一个合适的参数[7]，我们认识到测试进行得越早，噪声越多。随之，可观察能力正常分布于零均值和方差 $1+b^2$ 之间。由于 α 和 ε 都是正态分布的，所以给定 θ 条件 α 的密度 ψ 是

$$\psi(\alpha \mid \theta) = \left(\frac{2\pi b^2}{1+b^2}\right)^{-1/2} \exp\left[\frac{-\frac{1}{2}\left(\alpha - \frac{\theta}{1+b^2}\right)^2}{\frac{b^2}{1+b^2}}\right] \tag{6.3}$$

条件均值是观察能力 θ 的线性函数（参见 Anderson 和 Moore，1979）：

$$E[\alpha/\theta] = \frac{\theta}{1+b^2} \tag{6.4}$$

如果可观察能力的对数是正的，则噪声的方差越小，预期真实能力的对数越高。另一方面，如果观测到的能力对数为负时，随着噪声方差下降，预期真实能力的对数也下降。

如果政府制定测试标准 θ^* 来将个人分配进不同轨道，则 H 和 L 轨道中个人的预期真实能力的对数是 $E[\alpha \mid \theta \geqslant \theta^*]$ 和 $E[\alpha \mid \theta < \theta^*]$。使用迭代预测的定律，我们得到：

$$E[\alpha \mid \theta \geqslant \theta^*] = E[E[\alpha \mid \theta] \mid \theta \geqslant \theta^*] = \frac{1}{1+b^2} \frac{\int_{\theta^*} \theta \phi(\theta) d\theta}{1 - \Phi(\theta^*)} \tag{6.5}$$

$$= \frac{1}{1+b^2} E[\theta \mid \theta \geqslant \theta^*] = m_h$$

及

$$E[\alpha \mid \theta < \theta^*] = E[E[\alpha \mid \theta] \mid \theta < \theta^*] = \frac{1}{1+b^2} E[\theta \mid \theta < \theta^*] = m_l. \tag{6.6}$$

通过假设 α 的无条件均值等于零，且 m_h 和 m_l 分别为正和负。我们可以建立如下推论：

推论 6.1 H 和 L 两类轨道的中学生预期真实能力的对数在阈值 θ^* 上增加。

证明 请见第 6.7 节附录。

提高选拔标准 θ^* 则从 H 轨道筛掉一组可观察能力最低的人,将他们分进 L 轨道,他们在 L 轨道中属于可观察能力最高的一组(见 Betts,1998)。因此,两组人的预期的有条件可观察能力都在增加。鉴于可预见有条件真实能力随着可预见有条件可观察能力的增加而增加,前者和两组的真实能力都在增加。

每所学校将个人能力与教学效果结合起来,产生人力资本。由于假设给出了学校和教师的数量和质量,我们假设有效性随着班级的平均能力的变化而变化(同伴效应)[8]。班级能力越强,某一特定教学质量的教师的指导有效性就越强。如果一个人在一所综合学校($\tau=1$)中度过整个第一阶段时间,那么在这段时间结束时,他的人力资本就是:

$$H_c = A \exp[\beta E(\alpha)], \tag{6.7}$$

其中 $\beta E(\alpha)$ 是同伴效应。在选定的设定中,同伴效应是凸型的,对更优秀个人的个体人力资本影响更大。因此,H 轨道中的获胜者取得的胜利远超过 L 轨道中失败者的失败所遭受的损失,且分层教育对双方均会产生平均收益。这类学校积累的人力资本(对数)是:

$$h_c = \beta E(\alpha) + \alpha = \alpha. \tag{6.8}$$

接下来,设想把学校分成不同轨道。H 轨道的学生具有比 θ^* 高的可观察能力 θ。如果他们花费所有的时间在这样的轨道中,他们个人人力资本的对数是:

$$h_h = \beta E[\alpha \mid \theta \geqslant \theta^*] + \alpha = \beta m_h + \alpha > \alpha. \tag{6.9}$$

类似地,对于 L 轨道的个人人力资本的对数是:

$$h_l = \beta E[\alpha \mid \theta < \theta^*] + \alpha = \beta m_l + \alpha < \alpha. \tag{6.10}$$

注意 $h_h > h_c > h_l$ 因此,分层教育的一个影响就是高能力学生的人力资本增加,而低能力学生的预期人力资本则低于不进行分层教育的情况。该模型的特征与引言部分回顾的已有实证文献一致。

学生在混合能力班上花的时间的初期比例为 τ,在由两个轨道组成的分层教育学校的时间的补充比例为 $(1-\tau)$。个人在学习期结束时人力资本的对数为:

$$h_H = \tau h_c + (1-\tau)h_h = \alpha + (1-\tau)\beta n_h \tag{6.11}$$

如果该学生被分配到 H 轨道,对于分配到 L 轨道的学生也是一样,除了在低能力轨道中积累的技能以 g 的比率贬值这一事实(其中 g 是外部技术进步率)[9]。

技术进步的不对称淘汰效应可以证明如下。首先,能力弱化了技术变革带来的不利影响(见 Galor 和 Moav,2000)。第二,如果说在 L 轨道中获得的技能是职业性技能,那么这些技能则不如 H 轨道中获得的通用技能那么灵活可调,且贬值得更快。在第二个时期,就读 L 轨道个人的人力资本是:

$$H_L = H_c^\tau [H_l(1-\delta g)]^{1-\tau},$$

其中 δ 是一个合适的参数。使用对数和近似值 $\ln(1-x) \cong -x$[10],我们可以得到

$$h_L = [\alpha + (1-\tau)\beta n_l] - (1-\tau)\delta g. \tag{6.12}$$

在第二阶段,毕业生进入劳动力市场,受雇于不同企业,这些企业会关注他们的学校类型(如果学校属于完全综合性学校,则属同类型,如果学校在某个时间点划分为不同轨道,则为 H 或 L 轨道),并以此推断毕业生的能力。假设毕业生已经在一所综合学校($\tau=1$)完成了所有的教育,在这种情况下,他预期的人力资本就是:

$$Eh_c = E(\alpha) = 0. \tag{6.13}$$

如果该毕业生将他的一部分时间花在一所综合性学校,另一部分时间花在 H 轨道中,他的预期人力资本则是:

$$Eh_H = E(h_H \mid \theta \geqslant \theta^*) = (1-\tau)\beta n_h + E(\alpha \mid \theta \geqslant \theta^*) \\ = [1+(1-\tau)\beta]m_h. \tag{6.14}$$

因为能力不随时间改变,企业知道毕业生必须具有高于 θ^* 的测度能力才能进入 H 轨道。同样,对于 L 轨道的毕业生,其预期人力资本为[11]:

$$Eh_L = [1+(1-\tau)\beta]m_l - (1-\tau)\delta g. \tag{6.15}$$

任何一类轨道的预期人力资本对数都随分层教育时间的变化而变化。(6.14)的差异化相对于 τ 得出:

$$\frac{\partial Eh_H}{\partial \tau} = -\beta n_h + [1+(1-\tau)\beta]\frac{2b\mu}{1+b^2}m_h \\ -[1+(1-\tau)\beta]\frac{\mu}{1+b^2}\frac{\partial E(\theta \mid \theta \geqslant \theta^*)}{\partial b}. \tag{6.16}$$

分层教育时间开始较晚减少了高能力学生的预期人力资本。这是由于这些学生在一起的时间相对减少了，故同伴效应的积极影响少了。另一方面，分层教育时间较晚减少了选拔过程中的噪声，对人力资本产生了积极影响（右边第二项）。最后，分层教育时间较晚也改变了可观察能力的有条件分布情况，但对预期人力资本产生的影响尚不确定。同样地，等式(6.15)的差异化得出：

$$\frac{\partial Eh_L}{\partial \tau} = -\beta m_l + [1+(1-\tau)\beta]\frac{2b\mu}{1+b^2}m_l \\ -[1+(1-\tau)\beta]\frac{\mu}{1+b^2}\frac{\partial E(\theta \mid \theta < \theta^*)}{\partial b} + \delta g. \quad (6.17)$$

对能力较差的学生而言，分层教育时间较晚则减少了同伴效应($m_l<0$)的负面影响，对预期的人力资本产生积极影响。

6.4.3 企业

经济活动中往往有一定数量相似的企业，这些企业通过两种类型的工作或任务（任务 G 和任务 V）进行产出。任务 G 是一般性的，要求多方面能力和高能力。而任务 V 是非常具体的、职业性的，才智一般的人便可完成的任务。在不进行分层教育的情况下，这两个任务可以无差别地布置给所有毕业生。但随着分层教育，专业细分使 H 轨道的毕业生更适合完成任务 G，L 轨道的毕业生更适合完成任务 V。因此，分层教育既造成了不同的同伴群体，又创造了专门的教育[12]。为了方便起见，我们将企业数量归一化为 1。Cobb-Douglas 生产技术可以通过如下等式表达：

$$y = a + \lambda(n_G + Eh_H) + (1-\lambda)(n_V + Eh_L). \quad (6.18)$$

其中 a 是技术级别的对数，y 是实际产出的对数，$\lambda \in (0,1)$，以及 n_G 和 n_V 是任务 G 和任务 V 中员工人数的对数。则利润最大化得出：

$$w_G = \ln\lambda + y - n_G;\ w_V = \ln(1-\lambda) + y - n_V. \quad (6.19)$$

其中 w 是工资率的对数。该种经济模式下的相对工资应满足以下条件：

$$w_G - w_V = \ln\frac{\lambda}{(1-\lambda)} + n_V - n_G. \quad (6.20)$$

按 Katz 和 Murphy(1992)的理论，$\ln\frac{\lambda}{(1-\lambda)}$ 用量化单位对数测量了相对需求变化

量,或者技能提升量(upskilling)。朝着通用技能的需求迁移(λ 价值更高),可以通过增加相对工资、增加通用技能的相对供应量或两者的结合加以满足。相对供应量则取决于选择阈值 θ^* 以及由政府为求最大化净产出而设定的最佳时间 τ。

图 6.1 是模型结构(将时间划分为学校在读时间和进入劳动力市场时间)。阴影区域便是在综合学校的时间。剩下的时间则表示在两类轨道度过的时间,每类轨道对应着劳动力市场上的一种工作类型[13]。

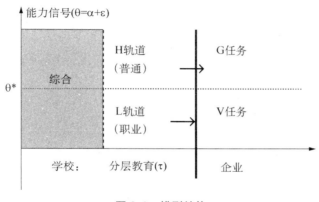

图 6.1　模型结构

6.4.4　最优政策

如果学校是综合性的($\tau=1$),则毕业生拥有相同的预期人力资本,可以无差别地完成任何一类任务。由于劳动力市场的完美竞争使得 $w_G - w_V = 0$,相对就业就可以简单表示为:

$$n_G - n_V = \ln \frac{\lambda}{(1-\lambda)}. \tag{6.21}$$

劳动力供给则被定义为:

$$\ln(N_G + N_V) = 0. \tag{6.22}$$

因此,$n_G = \ln \lambda$,产出的对数 y_c(其中下标 c 指综合)是:

$$y_c = y = a + \lambda \ln \lambda + (1-\lambda)\ln(1-\lambda). \tag{6.23}$$

通过选拔,H 轨道有 $1-\Phi(\theta^*)$ 名毕业生,而 L 轨道有 $\Phi(\theta^*)$ 名毕业生,输出对数

y_s（其中下标 s 指分层）可以被重写为：

$$\begin{aligned} y_s &\equiv \chi(\tau, \theta^*, \lambda, g, \mu, \delta) \\ &= a + \lambda \ln[1-\Phi(\theta^*)] + (1-\lambda)\ln \Phi(\theta^*) \\ &\quad - [1+(1-\tau)\beta][\lambda m_h + (1-\lambda)m_l] - (1-\lambda)(1-\tau)\delta g. \end{aligned} \quad (6.24)$$

政府通过选拔 τ 和 θ^* 的最优值来将净产出最大化。首要条件是：

$$\begin{aligned} \chi_\tau(\tau, \theta^*, \lambda, g, \mu, \delta) &: -\beta[\lambda m_h + (1-\lambda)m_l] + (1-\lambda)\delta g \\ &\quad + [1+(1-\tau)\beta]\frac{2\mu b}{1+b^2}[\lambda m_h + (1-\lambda)m_l] \\ &\quad - [1+(1-\tau)\beta]\frac{\mu}{1+b^2}\left[\lambda \frac{\partial E[\theta \mid \theta \geq \theta^*]}{\partial b} + (1-\lambda)\frac{\partial E[\theta \mid \theta < \theta^*]}{\partial b}\right] \\ &\quad + \left[\frac{1-\lambda}{\Phi} - \frac{\lambda}{1-\Phi}\right]\frac{\mu b \Phi}{1+b^2}\left(1 - \frac{E[\theta^2 \mid \theta < \theta^*]}{1+b^2}\right) = 0 \end{aligned} \quad (6.25)$$

$$\begin{aligned} \chi_{\theta^*}(\tau, \theta^*, \lambda, g, \mu, \delta) &: -\frac{\lambda \phi}{1-\Phi} + \frac{(1-\lambda)\phi}{\Phi} \\ &\quad + [1+(1-\tau)\beta]\left[\lambda \frac{\partial m_h}{\partial \theta^*} + (1-\lambda)\frac{\partial m_l}{\partial \theta^*}\right] = 0. \end{aligned} \quad (6.26)$$

我们建立以下引理：

引理 6.1 阈值 $\theta^* \in (-\infty, \infty)$ 是有限的。

证明 由于 $N_G = 1 - \Phi(\theta^*)$ 且 $N_V = \Phi(\theta^*)$，为确保产出为正，阈值必须是一个有限的数字。

因为 θ^* 是有限的，所以 (6.26) 可以使用推论 6.1 来得出：

$$-\frac{\lambda\phi}{1-\Phi} + \frac{(1-\lambda)\phi}{\Phi} < 0.$$

此条件可以被重写为：

$$\frac{\lambda}{(1-\lambda)} > \frac{1-\Phi}{\Phi} = \frac{N_G}{N_V}. \quad (6.27)$$

这意味着由 (6.20) 推出 $w_G - w_V > 0$。因此，通过分层教育和筛选，H 轨道（平均可观测能力和真实能力更高）的毕业生的平均工资比 L 轨道的毕业生更高。我们使用这个结果建立以下引理：

引理 6.2 $[\lambda m_h + (1-\lambda)m_l]$ 为正。

证明 见第 6.7 节,附录。

这个引理意味着,在选择阈值 θ^* 的最优值时,H 和 L 轨道毕业生预期能力的线性组合(其权重相当于每组的相对工资单)高于综合学校毕业生的预期能力(根据定义等于零)。我们称之为分层教育的专业细分效应(specialization effect)。关于 τ 的一阶条件由五个项组成。第一个项是负的,并且表明分层教育进行较晚减少了专业化的收益。第二个项是正的,因为分层教育进行得晚减少了职业技能的贬值。第三个项也是正的,因为分层教育进行较晚可以减少选拔过程中的噪声。最后两个项则显示 θ 随着 τ 变化的有条件分布的变化,且两个迹象都可能体现。在没有噪声的情况下,$\mu = 0$,(6.25)可归结为:

$$-\beta\{[\lambda E[\theta \mid \theta \geqslant \theta^*] + (1-\lambda) E[\theta \mid \theta < \theta^*]]\} + (1-\lambda)\delta g = 0. \quad (6.28)$$

无技能贬值时,左边是负的,最优的 τ 等于零。在没有噪声和贬值的情况下,专业化的积极影响起主导作用,且分层教育自一上学就进行。另一方面,由于没有同伴效应($\beta = 0$),左侧为正,最佳分层教育时间为 $\tau = 1$(无分层教育)。我们可以建立以下命题和推论:

命题 6.1 如果贬值影响小,则分层教育是最优的。

证明 见第 6.7 节,附录[14]。

推论 6.1 当噪声参数 m 足够大时,如果分层教育为最佳,则 $\tau^* \in (0, 1)$。

证明 见第 6.7 节,附录。

命题 6.2 当内部解 (τ, θ^*) 存在时,TFP 增长率 g 对最佳分层教育时间 τ 的加速效应为正。

证明 见第 6.7 节,附录。

命题 6.1 是关键,因为它建立了当 $\tau < 1$ 时的一个有效解决方案存在的条件。推论 6.1 显示,如果测试的噪声足够大并且命题 6.1 成立时,用于分层教育时间 τ 的内部解存在。增长的加速,可加快职业类学校提供的技能进一步贬值。政府的最佳回应方式包括推迟分层教育时间。不幸的是,由于(6.25)十分复杂,唯一可以从模型中得出的分析结果是以上两个命题和一个推论。因此,我们转向校准,通过关注德国早期分层教育系统来对模型的属性进行说明。

6.5 校准

德国的能力分层教育从 10 岁开始，学生被分配进入 H 轨道（文理中学，德语：Gymnasium）或 L 轨道（职业预校和实科中学，德语：Hauptschule 和 Realschule）。H 轨道的教育是普通教育，L 轨道在大多数情况下是职业教育和培训（见 Schnepf, 2002）。该模型的校准要求我们为参数 β, δ 和 λ 分配数值。从 β 开始，我们需要认识到，大多数有关同伴效应大小的实证研究证据都是基于美国的数据。最近对美国实证文献的调查中，Hoxby(2001) 报告称，β 的估计值在 0.15 和 0.4 之间。我们假设这些估计也适用于德国，并保守地设定 $\beta = 0.2$ [15]。

接下来考虑参数 δ。我们从工作假设开始，假定第二阶段的平均工作年限为 30 年，并借用 Nickell 和 Layard(1999) 的数据，即从 1976 年到 1992 年，德国私营部门的全要素生产率增长率平均为 0.019 1。我们使用德国 1994 年至 2000 年 16 年的 ECHP 数据[16]，并将 G 任务与专业人员、技术人员、文员等工作等同，V 任务与技术人员、工厂和机器操作员等工作等同。我们选择 29 至 59 岁、在私营部门全职工作的男性工人为对象，得出适合每个职业群体的以下 Mincerian 方程：

$$\ln w = \alpha + \beta X + \gamma AGE + \eta AGE^2 + u.$$

其中 w 是时薪，X 是标准对照的向量，而 AGE 是个体年龄。拟合回归分别用于预测 29 岁和 59 岁的年龄工资情况。定义

$$Z_j^i = \bar{\gamma} AGE_j^i + \bar{\eta} AGE_j^{i2}$$

为年龄 i 的拟合工资，$i = 29, 59$，职业组 j，$j = H, L$，比率：

$$\frac{\frac{Z_L^{59}}{Z_L^{29}}}{\frac{Z_H^{59}}{Z_H^{29}}} = \omega.$$

可以被认为是 L 30 年后在劳动力市场上，相对于 H 技能，技能贬值的指标。我们的估计表明 $\omega = 0.862$。δ 的值必须得使 30 年后的 L 轨道中的人力资本的相对值等于 ω。因此，我们通过求解

$$(1 - 0.019\,1\delta)^{29} = 0.862,$$

来估测δ的值,得出δ=0.267。由于模型中的一个时期相当于30年的工作时间,所以在校准中,不适合使用生产率年度增长率(指的是每一年)。我们将30年间技术进步的平均速度 g_{30} ,定义为30年工作生命中人力资本的平均值在每一年当中产生的贬值的速度。则通过解

$$1-0.267g_{30} = \frac{1+(1-0.267*0.0191)+\cdots(1-0.267*0.0191)^{29}}{30},$$

得出 $g_{30} = 0.264$.

按照 Cobb-Douglas 的生产函数,λ 是 G 工作中向工人支付的工资总额的份额。因此,

$$\lambda = \frac{W_G N_G}{WN}.$$

我们使用2000年的ECHP波,估计德国的λ值为0.625。利用这些关键参数值,我们在图6.2至6.5中说明了最佳分层教育时间τ和最优选择阈值 θ^* 如何针对同伴效应β和噪声参数μ的变化而调整。在图6.2和6.3中,我们通过保持β常数且允许μ在0和3之间变化来绘制τ和 θ^* 的最优值。反之,在图6.4和6.5中,我们将μ设为0.495,此值将产生一个内部解决方案,使τ等于观察值,并允许β在0和1之间变化。

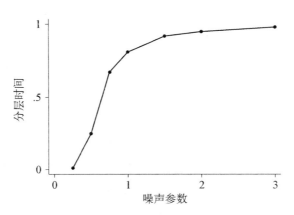

图6.2 随着噪声参数μ的增加,分层教育时间τ的变化(同伴效应参数β=0.2)

图 6.2 显示,随着 μ 从零增加,τ 的最优值也随之增加并相当快地到达其上限值,其中学校为完全综合性。图 6.3 显示,随着 μ 的上升,τ 的增加伴随着最佳阈值 θ^* 的降低。最后,图 6.4 和 6.5 显示,考虑到测试中的噪声,同伴效应的增加减少了最佳分层教育时间,并增加了选择阈值。

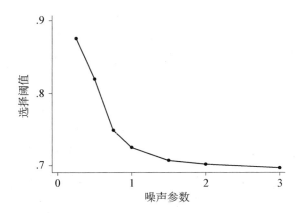

图 6.3 随着噪声参数 μ 的增加,阈值 θ^* 的变化(同伴效应参数 $\beta=0.2$)

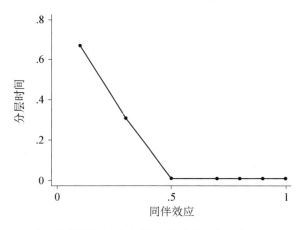

图 6.4 随着同伴效应参数 β 的增加,分层教育时间 τ 的变化(噪声参数 $\mu=0.495$)

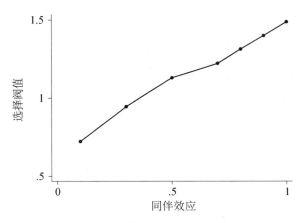

图 6.5　随着同伴效应参数 β 的增加,最佳阈值 θ^* 的变化(噪声参数 $\mu = 0.495$)

尤其,同伴效应的值至少等于 0.5,才能使得分层教育起始最优。这些数字表明,最佳的 τ 和 θ^* 趋向于相反的方向移动:分层教育较晚与进入 H 轨道选拔性测试较少有关,因此与这类轨道中学生的比例高也有关。因此,两项政策工具成为最大化净总产出的替代品。

β 和 λ 的校准导致两个内生变量 τ 和 θ^*,和另外一个可以测量测试中相对于真实能力 α 方差的噪声相对方差的参数 μ。显然,μ 的值很难确定[17]。因此,我们假设德国的 τ 的实际值等于最优值,并求解(6.25)—(6.26)中的 θ^* 和 μ。由于分层教育时间可能会持续并随时间而缓慢变化,所以我们认为这个工作假设是合理的。

在德国 τ 的实际值为 0.31,并按选择发生前,在综合性体制下的总学年数(4 年)和小学到高中的总学年数(13 年)的比例计算。μ 的相应值为 0.495。选择阈值的值和与分配参数的相关度值,以及就读 H 轨道的学生百分比与 τ 实际值的相关度值,分别为 0.812 和 0.221。后者的值非常接近经济合作与发展组织(OECD)1995 年报告的德国普通轨道高中毕业生百分比(0.23)(OECD 1997),这表明我们的校准基准距离观测值不远。

接下来,我们转向模拟,并考虑以下实验:(a)生产力增长率下降 25%,代表技术进步率 g30,这与(西)德国在早期 20 世纪 80 年代末和 90 年代末所经历的情况相对应(见 Gust 和 Marquez,2002);(b)相对需求转移参数 λ 增加 10%,是 1970 年至 1990 年期间非生产劳动工人实际工资单份额增加的良好近似值(见 Berman 和 Machin,

2000);(c)同伴效应 β 增加 10%;(d)噪声参数 μ 增加 10%。结果报告在表 6.1 节[18]中。表中的数字是与上述基线解决方案的百分比偏差。

由于生产率增长率 g_{30}(如命题 6.1 所预测)下降,相对需求转向更普通、通用的工作(由 λ 测度),最佳分层教育时间 τ 受到负面影响。具体来说,我们发现 g_{30} 下降 25% 导致了最佳分层教育时间提早 16.1%。此外,λ 每增加 10%,分层教育时间提早 12.9%。如果我们模拟 g 和 λ 对 τ 的组合效应,我们得到最优分层教育时间应该提早 22.6%。

从开始分层教育前的四年制综合性学校开始(相当于 20 世纪 70 年代初德国的情况),这些模拟意味着,到本世纪末,最佳分层教育时间应该进一步提早到大约在综合性学校的第三年,以适应生产率增长放缓,相对需求转向更普遍、通用的工作的情况。然而实际上,在这个时期,"改革试图通过将义务教育从八年延长到九年,并将额外的科目纳入课程,来缩小职业预校(德语:Hauptschule,译者注)和其他轨道之间的差距(Muller,Steinmann 和 Ell,1998:145)。这些改革可以被视为综合教育时期的延长,以及分层教育时间的推迟。

将我们所做的模拟与观察到的德国学校设计的趋势进行协调有两种方法。最自然的方法是提出同伴效应的下降,或选拔过程中噪声的增加,都可能是移民大量涌入造成的。如表 6.1 所示,高效的分层教育时间 τ 对这两个参数的变化非常敏感。另一种方法是将目前的趋势解读为由于对分配和公平的关切,有效政策出现了偏差。

表 6.1 模拟结果(与基准偏差的百分比)

	阈值 θ^*	分层时间 τ	H 轨道人力资本 Eh_H	L 轨道人力资本 Eh_L	G 工作雇佣人数 N_G
−25% 技术进步速度 g_{30}	0.70	−16.10	0.10	0.80	0
+10% 需求转移参数 λ	−13.10	−12.90	−10.60	−6.50	18.10
+10% 同伴效应参数 β	2.80	−29.03	3.30	−0.20	−0.50
+10% 噪声参数 μ	−2.10	38.71	−2.80	0.50	1.40

如果观察到的均衡状态是由多数人投票造成的政治均衡,那么当大多数学生接受的是职业教育时,分层教育时间可能会推迟。多数人的压力也可能影响最佳分层教育时间的阈值,因为较高的阈值改善了同伴群体,同时只降低了被迫进入较低类轨道学生的人力资本[19]。

模拟结果还表明,取决于选拔标准 β^* 的严格程度的普通轨道毕业生的相对份额,极少受到 g_{30} 变化的影响,却会随着 λ 的变化而发生显著变化。特别是当 λ 增加 10% 时,入学门槛将大大降低,H 轨道的毕业生比例将增至 18.1%。因此我们得出结论,德国和其他发达国家出现的典型的广泛的学术迁移,其实是为适应相对需求向更普遍、通用技能转变,学校设计所作出的反应[20]。

表 6.1 还包括了每个模拟对每类轨道预期个人人力资本的影响。我们发现参数 λ 增加 10% 时,与两类轨道关联的预期人力资本大幅下降。劳动力技能的提高增加了学术轨道的相对规模,因此能力相对较弱的个人也进入了这类轨道,这就降低了人力资本的平均水平。同样,较低能力类轨道失去了能力最高的学生,最终导致人力资本的平均水平降低。相对工资则可高可低,因为 λ 的更高值,被 N_G 的增加所补偿。

6.6 结论

我们展现了一个简单的中学内生性的分层教育模型。在该模型中,分层教育具有两个特征:不同轨道中耗费的时间,以及不同轨道规模的相对大小(取决于入门测试的难度)。最优分层教育是专业化优势与早期选择和技能淘汰成本之间权衡的结果。我们将此模型校准为反映德国情况的模型,模拟内生性学校设计如何随着技术进步速度的显著变化以及在 20 世纪最后 20 年德国发生的对技能性、通用性工作的相对需求的变化而变化。

我们的校准凸显了德国和其他地方中学的学术迁移,这是随技术变革而发生的劳动力技能提高的结果。此番校准还显示,随着劳动力技能提高和生产率增长的放缓,德国学校的分层教育时间应该是可以提前的,但是这却不是过去 20 年德国发生的情况。我们推测,不是其他关键参数在所需方向上发生了变化(同伴效应减小,或者是测试噪声因素增加),就是由于分配问题,造成观察到的政策已经偏离了效率考量了。

我们的简单模型完全可被视为内生分层教育建模的第一步。简单来说,一个模型需要假设。在将来的研究中,可以对本章中使用的一些假设进行删除或修改。例如,我们假设了无摩擦的劳动力市场,假设了未来普通或职业性任务的分配是确定的。如果没有这些假设,我们就可以考虑技能供需不匹配的可能性,并对诸如过度教育等重要问题进行讨论。

此外，当未来不确定时，劳动力市场的摩擦导致无法对供需进行即时调整时，给推迟分层教育找一个额外理由似乎是名正言顺的。

在该章中，我们重点关注了效率问题，并将注意力集中在最大化净产出的政策上。将这种方法与基于政治均衡概念的方法进行对比十分有意思。在本章中，我们推测，多数投票的压力可能会对分层教育时间和选择阈值产生显著影响。

最后，我们仅限于关注中学，同时忽视了大学选拔。在该模型中引入大学，会使得事情在多方面愈发复杂。首先，我们需要考虑到有一定比例的学生不会上大学。第二，由于职业类学校的学生可以申请进入普遍教育类大学，从而减少专业化，因此综合性及分层教育（以义务教育最为典型）的顺序可能发生有趣的变动。在未来的研究中，我们将考虑这些问题和其他扩展的问题。

6.7 附录

推论 6.1 的证明

$$\frac{\partial m_h}{\partial \theta^*} = \frac{1}{1+b^2} \frac{\phi(\theta^*)}{1-\Phi(\theta^*)} \{E[\theta \mid \theta \geqslant \theta^*] - \theta^*\}$$

是正的，因为括号内的表达是正的。同样地，

$$\frac{\partial m_l}{\partial \theta^*} = \frac{1}{1+b^2} \frac{\phi(\theta^*)}{\Phi(\theta^*)} \{\theta^* - E[\theta \mid \theta \leqslant \theta^*]\}$$

也是正的。

引理 6.2 证明 表达式 $[\lambda m_h + (1-\lambda)m_l] > 0$ 可以写成：

$$\lambda \int_{\theta^*}^{\infty} \theta f(\theta)d\theta \int_{-\infty}^{\theta^*} f(\theta)d\theta + (1-\lambda) \int_{-\infty}^{\theta^*} \theta f(\theta)d\theta \int_{\theta^*}^{\infty} f(\theta)d\theta > 0.$$

从上述表达式的左侧加和减：

$$\lambda \int_{-\infty}^{\theta^*} \theta f(\theta)d\theta \int_{\theta^*}^{\infty} f(\theta)d\theta$$

以及事实上 $E(\theta) = 0$ 和 $m_l < 0$，我们可以将其重写为：

$$(1-\lambda)[1-\Phi(\theta^*)] < \lambda\Phi(\theta^*),$$

这与(6.27)正文相对应。

命题 6.1 证明 假设在(无分层教育)极限中 $\tau \Rightarrow 1$。随着 τ 无限接近于 1，$w_G = w_V$ 且

$$\frac{\Phi(\theta^*)}{1-\Phi(\theta^*)} = \frac{1-\lambda}{\lambda},$$

使得(6.26)变为正,且分层教育阈值增加但仍为有限数。接下来,可以很容易地重写为

$$\lambda m_h + (1-\lambda)m_l = \frac{E[\theta \mid \theta \leq \theta^*]}{1+b^2}\left[1-\lambda - \lambda\frac{\Phi(\theta^*)}{1-\Phi(\theta^*)}\right].$$

方法是通过

$$E[\theta \mid \theta \geq \theta^*] = \frac{E(\theta) - \Phi(\theta^*)E[\theta \mid \theta \leq \theta^*]}{1-\Phi(\theta^*)}$$

且 $E(\theta) = 0$。因此,在 $\tau = 1$ 附近,移动平均值 $\lambda m_h + (1-\lambda)m_l$ 等于零,这在没有分层教育的情况下是有意义的。回想一下,在 $\tau = 1$ 附近,方差 b^2 趋于零,可观察能力 θ 的分布与真实能力 α 的分布相趋近,而真实能力 α 与 β 和 τ 无关。因此,在 $\tau = 1$ 附近,一阶条件(6.25)可归结为 $x_\tau = (1-\lambda)\delta g$。注意 $(1-\lambda)\delta g$ 数值一定很小,才能保证(6.12)中的概算是正确的。最后,以 $\chi = \chi(\tau, \theta^*(\tau))$ 的形式明确写入总的净产出。那么在 $\tau = 1$ 附近的最佳时间由

$$\frac{\partial \chi}{\partial \tau}\bigg|_{\tau \cong 1} = \chi_\tau + \chi_{\theta^*} \cdot \frac{\partial \theta^*}{\partial \tau}$$

给出。左边的第一个元素是正的,但数值很小。第二个元素包含两部分。第一部分是正的是因为(6.26)和

$$\frac{\Phi(\theta^*)}{1-\Phi(\theta^*)} = \frac{1-\lambda}{\lambda}.$$

第二部分是负的,因为

$$\chi_{\theta^*} = -\beta\left[\lambda\frac{\partial m_h}{\partial \theta^*} + (1-\lambda)\frac{\partial m_l}{\partial \theta^*}\right].$$

因为 χ_τ 是正的,但是数值较小,而 $\chi_{\theta^*}\frac{\partial \theta^*}{\partial \tau}$ 是负的,我们可以得到

$$\frac{\partial \chi}{\partial \tau}\bigg|_{\tau \cong 1} < 0,$$

这保证分层教育($\tau<1$)是最优的。

推论6.1证明 我们需要证明：

$$\frac{\partial \chi}{\partial \tau}\bigg|_{\tau \cong 0} = \chi_\tau + \chi_{\theta^*}\frac{\partial \theta^*}{\partial \tau} > 0.$$

在 $\tau = 0$ 附近。我们首先注意到这一点：

$$\chi_\tau(\tau, \theta^*)|_{\tau=0} = (1-\lambda)\delta g + \frac{(2+\beta)\mu^2-\beta}{1+\mu^2}[\lambda m_h + (1-\lambda)m_l]$$
$$- [1+\beta]\frac{\mu}{1+\mu^2}\left[\lambda\frac{\partial E[\theta \mid \theta \gtreqless \theta^*]}{\partial b} + (1-\lambda)\frac{\partial E[\theta \mid \theta < \theta^*]}{\partial b}\right]$$
$$+ \left[\frac{1-\lambda}{\Phi} - \frac{\lambda}{1-\Phi}\right]\frac{\mu^2\Phi}{1+\mu^2}\left(1 - \frac{E[\theta^2 \mid \theta < \theta^*]}{1-\mu^2}\right).$$

因为 $b|_{\tau \cong 0} = \mu$。如果允许 μ 足够大，则上述表达趋向于：

$$\chi_\tau(\tau, \theta^*)|_{\tau \cong 0} = (1-\lambda)\delta g + (2+\beta)[\lambda m_h + (1-\lambda)m_l] + \left[\frac{1-\lambda}{\Phi} - \frac{\lambda}{1-\Phi}\right]\Phi.$$

由于 μ 数值很大，(6.26)的第二行消失，

$$\left[\frac{1-\lambda}{\Phi} - \frac{\lambda}{1-\Phi}\right]\Phi$$

趋于零，且上述表达式变为正。同样地，当 μ 变大时，χ_{θ^*} 变为零。因此当测试的噪声足够大时，

$$\frac{\partial \chi}{\partial \tau}\bigg|_{\tau \cong 0} > 0.$$

命题6.2证明 当 μ 为常数时，一阶条件的总差分产生：

$$\chi_{\tau\tau}\,\partial\tau + \chi_{\tau\theta^*}\,\partial\theta^* = -\chi_{\tau g}\,\partial g - \chi_{\tau\lambda}\,\partial\lambda$$

$$\chi_{\theta^*\tau}\,\partial\tau + \chi_{\theta^*\theta^*}\,\partial\theta^* = -\chi_{\theta^* g}\,\partial g - \chi_{\theta^*\lambda}\,\partial\lambda.$$

由此通过克拉默法则我们得到：

$$\frac{\partial \tau}{\partial g} = \frac{-\chi_{\tau g}\chi_{\theta^*\theta^*} + \chi_{\theta^* g}\chi_{\tau\theta^*}}{\Delta},$$

其中

$$\Delta = \chi_{\tau\tau}\chi_{\theta^*\theta^*} - \chi_{\tau\theta^*}\chi_{\theta^*\tau}$$

为正,如果二阶条件为最大值。二阶条件也意味着 $\chi_{\tau\tau} < 0$ 且 $\chi_{\theta^*\theta^*} < 0$。此外,$\chi_{\theta^*g} = 0$ 且 $\chi_{\tau g} > 0$。这保证了该结果。

致谢

感谢各位编辑,两位匿名推荐人,Gianni De Fraja,Kyota Eguchi,Fumio Hayashi,Charlotte Lauer,Paolo Manasse,以及米兰、京都、罗马(Tor Vergata)和东京的读者,还有在慕尼黑举办的 CESifo/PEPG 现场的观众,感谢你们的意见和建议。特别感谢 Richard Romano 的非常有建设性的意见,以及提供一份关于命题 6.1 的详细证明。通用免责声明适用本文。

注释

1. 职业教育与具体职业直接相关,大部分课程用于学习毕业后立即可用的实际技能。普通教育与任何职业没有直接关系,但提供了可用于学习不同职业的基础知识(见 Bertocchi 和 Spagat,2003)。
2. 在德国,"关于入学学校分层课程的决定,由家长和当地教育机构来做出……但儿童可测量的能力,仍是选拔过程中最重要的决定因素。这种能力,一般的表现形式是一份来自小学写给中学分层教育课程的推荐信,通常基于学生在德语和数学等核心科目中的成绩"(Schnepf,2002:8)。
3. 专业化不需要同伴效应。另一种途径是假设在更均质的班级中,教育的生产率更高(参见 Bedard,1997)。
4. 对于具有两种能力类型的模型分析,参见 Brunello 和 Giannini(2004a, 2004b)。
5. 这个假设大大简化了该模型。原则上,企业可以通过招聘测试来更多地了解个人能力。Bishop(1992)认为,在美国,由于法律环境不允许潜在的歧视行为,因此这些测试没有得到广泛实施。
6. 这种设计也使一种实用主义的福利功能得以最大化。
7. (6.2)的设定应被视为噪声的大小与选拔发生时间之间的关系的一种方便的线性化。而真正的关系却不一定是线性的。
8. Zimmer 和 Toma(2000);Hoxby(2001);Zimmermann(2003);Hanushek 等(2003)提供了一份最近对同伴效应研究做出贡献的不完整清单。
9. 由于我们只关心技术变革对职业技能和通用技能的相对影响,所以我们觉得将通用技能的淘汰归一化为零更加方便。
10. 由于 δg 数值很小，故这个概算是合理的。
11. 对世界各地教育的随机观察表明，小学教育和初中教育往往是综合性的，随后就开始分层教育。然而，原则上我们可以从一开始就分层教育，随后进行一段时间的综合性教育。例如，假设分层教育在 $(1-\tau)$ 期间进行，然后是剩余时间 τ 期间接受综合性教育。假设企业可以获得整个学校课程的信息，预期的人力资本将如(6.14)和(6.15)所示，贬值也是一样。先分层教育和后分层教育的唯一的关键性区别就在于，先分层教育的噪声和错位分配可能性更高。
12. 虽然对分层教育的大多数理论性研究强调了同伴效应，但我们的研究是率先引进将同伴效应和专业教育细分相结合的方法。
13. 感谢 Kyota Eguchi 提供的数据。
14. 感谢 Richard Romano 提出关于该命题的建议，特别是还出具了一份证明。
15. 注意：我们注意到有实证研究表明没有同伴效应（参见如 Hanushek，Kain 和 Rivkin，2002）。
16. ECHP 数据（2003 年发布）存于帕多瓦大学经济系，合同 4/99 处。
17. 一种可能性是使用从一类轨道转到另一类轨道的学生的实际份额。原则上，这个份额越高，分配测试中的噪声就越高。然而，如 Schnepf(2002)所示，德国系统相当僵化，只有少部分学生更换轨道，许多错误分配的学生仍然待在原来的轨道内。
18. 在每个模拟中，我们明确地解出了 e^*，并执行详细的网格搜索来寻找 τ 以便得到最大化总净产出的那一对。
19. 感谢 Richard Romano 向我提出这几点。
20. Green，Wolf 和 Leney(1999)详细讨论了学术迁移。

参考文献

Acemoglu, D. (2000). "Technical Change, Inequality and the Labor Market." Working Paper No. 7800, National Bureau for Economic Research.

Aghion, P., E. Caroli, and G. Penalɔsa. (1999). "Inequality and Economic Growth: The Perspective of the New Growth Theories." *Journal of Economic Literature* 37(4): 1615-1660.

Allen, J., and R. Barnsley. (1993). "Streaming and Tiers: The Interaction of Ability, Maturity and Training in Systems with Age Dependent Recursive Selection." *Journal of Human Resources* 28(3): 649-659.

Anderson, B., and J. Moore. (1979). *Optimal Filtering*. Englewood Cliffs, NJ: Prentice-Hall.

Bedard, K. (1997). "Educational Streaming, Occupational Choices and the Distribution of Wages." Mimeo, McMaster University.

Berman, E., and S. Machin. (2000). "Skill-Biased Technology Transfer around the World." *Oxford Review of Economic Policy* 16(3): 12-22.

Bertocchi, G., and M. Spagat. (2003). "The Evolution of Modern Education Systems." *Journal of Development Economics* 73: 559-582.

Betts, J. (1998). "The Impact of Educational Standards on the Level and Distribution of

Earnings." *American Economic Review* 88(1): 266-275.

Bishop, J. (1992). "The Impact of Academic Competencies on Wages, Unemployment and Job Turnover." *Carnegie Rochester Conference Series on Public Policy* 37: 127-194.

Brunello, G., and M. Giannini. (2004a). "Selective Schools." *Bulletin of Economic Research* 56(3): 207-226.

Brunello, G., and M. Giannini. (2004b). "Stratified or Comprehensive? The Economic Efficiency of School Design." *Scottish Journal of Political Economy* 51(2): 173-194.

Dustmann, C. (2004). "Parental Background, Secondary School Track Choice, and Wages." *Oxford Economic Papers* 56(2): 209-230.

Epple, D., and R. Romano. (1998). "Competition between Private and Public Schools, Vouchers and Peer Group Effects." *American Economic Review* 88(1): 33-60.

Epple, R., E. Newlon, and R. Romano. (2002). "Ability Tracking, School Competition, and the Distribution of Educational Benefits." *Journal of Public Economics* 83(1): 1-48.

Fernandez, R. (1998). "Education and Borrowing Constraints: Tests vs. Prices." Working Paper No. 6588, National Bureau for Economic Research.

Galor, O., and O. Moav. (2000). "Ability-Biased Technological Transition, Wage Inequality, and Economic Growth." *Quarterly Journal of Economics* 115(2): 469-497.

Gamoran, A. (1987). "The Stratification of High School Learning Opportunities." *Sociology of Education* 60: 135-155.

Goux, D., and E. Maurin. (1998). "From Education to First Job: The French Case." In Y. Shavit and W. Muller (eds.), *From School to Work*. Oxford: Oxford University Press.

Green, A., A. Wolf, and T. Leney. (1999). "Convergence and Divergence in European Education and Training Systems." Bedford Way Papers, Institute of Education, University of London.

Gust, C., and J. Marquez. (2002). "International Comparisons of Productivity Growth: The Role of Information Technology and Regulatory Practice." International Finance Discussion Paper 727, Board of Governors of the Federal Reserve System.

Hanushek, E., J. Kain, J. Markman, and S. Rivkin. (2003). "Does Peer Ability Affect Student Achievement?" *Journal of Applied Econometrics* 18(5): 527-544.

Hanushek, E., J. Kain, and S. Rivkin. (2002). "New Evidence about *Brown v. Board of Education*: The Complex Effects of School Racial Composition on Achievement." Working Paper 8741, National Bureau for Economic Research.

Heath, A., and S. Y. Cheung. (1998). "Education and Occupation in Britain." In Y. Shavit and W. Muller (eds.), *From School to Work*. Oxford: Oxford University Press.

Hoxby, M. C. (2001). "Peer Effects in the Classroom: Learning from Gender and Race Variation." Working Paper 7867, National Bureau for Economic Research.

Ishida, H. (1998). "Educational Credentials and Labor Market Entry Outcomes in Japan." In Y. Shavit and W. Muller (eds.), *From School to Work*. Oxford: Oxford University Press.

Judson, R. (1998). "Economic Growth and Investment in Education: How Allocation Matters." *Journal of Economic Growth* 3(4): 337-359.

Katz, L., and K. Murphy. (1992). "Changes in Relative Wages, 1963–1987: Supply and Demand Factors." *Quarterly Journal of Economics* 107(1): 35–78.

Krueger, D., and D. Kumar. (2004). "Skill-Specific Rather Than General Education: A Reason for U. S.-Europe Growth Differences?" *Journal of Economic Growth* 9(2): 167–207.

Lindbeck, A., and D. Snower. (2000). "Multitask Learning and the Reorganization of Work." *Journal of Labor Economics* 18(3): 353–376.

Muller, W., S. Steinmann, and R. Ell. (1998). "Education and Labor Market Entry in Germany." In Y. Shavit and W. Muller (eds.), *From School to Work*. Oxford: Oxford University Press.

Nickell, S., and R. Layard. (1999). "Labor Market Institutions and Economic Performance." In O. Ashenfelter and D. Card (eds.), *Handbook of Labor Economics* (vol. 3). Amsterdam: North Holland.

Oakes, J. (1994). "Educational Matchmaking: Academic and Vocational Tracking in Comprehensive High Schools." RAND, Santa Monica, CA.

Organization for Economic Cooperation and Development. (1997). *Education at a Glance*. Paris: OECD.

Schnepf, Sylke V. (2002). "A Sorting Hat That Fails? The Transition from Primary to Secondary School in Germany." Innocenti Working Paper No. 92, UNICEF, Florence.

Shavit, Y., and W. Muller. (1998). *From School to Work*. Oxford: Oxford University Press.

Zimmer, R., and E. Toma. (2000). "Peer Effects in Private and Public Schools across Countries." *Journal of Policy Analysis and Management* 19(1): 75–92.

Zimmermann, C. (2003). "Peer Effects in Academic Outcomes: Evidence from a Natural Experiment." *Review of Economics and Statistics* 85(1): 9–23.

第三部分

解决方案B：重新聚焦资源？

7
美国如何改变教育成果的分布

Eric A. Hanushek

李 越 译

美国教育政策制定者一直在关注教育成果分布的问题。至少，他们已经掌握了无法在标准化测试中达到一定能力水平的学生的信息。这些问题引起了关注，甚至被写入了美国的联邦法律，即2001年的通过的《不让一个孩子落下法案》。但是，了解成就上的差异并不等于知道如何解决问题。事实上，一大批研究人员和政策制定者认为学校无法对改变现有的教育成果分布发挥多大作用。这篇文章主要想说明许多研究都将学校的潜在影响力和现有的基于现存学校组织的成果相混淆。

这一章评估了近期证明学校对学生学业成就的水平和模式有潜在影响的证据。主要的定量估测依托了一组对德克萨斯学校项目结果一致的分析。这组分析是我和我的同事——主要是Steven Rivkin和John Kain一起进行的。估测影响涵盖了许多独立的政策关注领域，为学校影响学业成就一说提供了强有力的证据，但是政策考量中很少同时考虑这些结果。

在本研究的开始，我们将对所观测到美国学校教育成果随时间的变化进行回顾。自从定期测验开始以来，人们就开始集中关注不同种族学生表现上的显著差异。但是政策举措似乎对考试成绩的差异影响很小。

研究结果也不是很乐观，表明学校在这方面的影响较为有限。累积证据没有以系统的调查结果的方式提出能够改善学生学业成就的明显政策。

这篇文章旨在评估国家政策对改变目前的学业成就差异模式可能存在的影响。虽然我们也会考虑其他方面的内容，但这篇文章主要讨论的是学业成就中的种族差异。不同研究尽管都和如何提高整体表现有着紧密的联系，但在教育成果的分布问题上存在一些分歧。

首先，我们会在同一个数据库和教育系统的背景下回顾这一系列不同的研究。就以往关于影响学业成就的因素的研究，我们很难作出明确的说明，因为数据和建模问题与分析结果会完全交织在一起。本文并不试图全面讨论现有的相关文献，考虑到目前已有研究的深度和广度，那会是一项艰巨的任务。本文直接关注对德克萨斯州学生表现的分析，以便对结果有一致的评估。德克萨斯州本身就很值得关注，它是一个多元化的大州，让我们能够对学生的表现进行各种详细的分析。更重要的是，采用同一种方法来研究同一个州的数据，我们可以直接比较各种学业成绩影响因素的大小。

这个分析表明,研究结果的一般解释太过悲观,因为学校的一些做法实际上具有相当大的变革潜力。这项分析通过集中研究白人学生和黑人学生间的成就差异,结果表明,改善教师质量及教师的合理分配,并改变学校中同伴群体的组成情况,可能会使学业成就的差异产生明显的变化。

7.1 学校教育成果的差异、研究和政策

大多数关于学校政策的研究要么关心学生的整体表现,要么关心教育成果的分布。本章关注的是教育成果的分布或公平问题,而本章的背景就是学生的整体成绩到底怎么样。如果公平和效率之间存在折中问题,那么对比这两方面的发展情况就很重要。

图7.1提供了国家教育进步评价(NAEP)中美国17岁学生的整体成绩。NAEP随机抽取学生样本进行不同学科的统一全国测试,因此我们可以观察到学生的学业成绩随时间的任何变化[1]。图中比较特别的一点在于,在30年间,学业成绩的曲线一直保持相对平坦。这种一致性之所以特别,一方面是因为政府投入了大量的精力来提高学生的学业成绩(根据所提供资源衡量)。

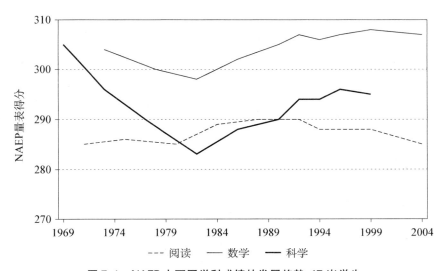

图7.1 NAEP中不同学科成绩的发展趋势,17岁学生

面对大量试图改变它的政策，平坦的成绩曲线图一直维持不变。最明显的政策变化可能是学校教育经费和教学资源的不断增添。在过去的几十年里经常讨论到的政策手段，如降低生师比、雇用更多教师，以及雇用教育水平更高的教师，都被系统地应用了。在1960年和2000年之间，美国生师比下降了三分之一，拥有硕士及以上学位的教师增加了一倍，达到总数的50%以上，且教师的平均工作经验也有所提高（见Hanushek，2003）。这些举措是昂贵的，每个学生的实际支出从1960年到2000年增至原来的三倍多。

因此，简单来说，教育政策并没有主要针对整体学业表现（至少从教育成果来看）作出调整。于是，观察教育成果的分布的情况也很重要。本文重点关注种族间的成绩差异规律，虽然下面也会涉及收入上的差异。

很长的一段时间内，由种族和家庭背景的不同造成的学业成就差异一直被作为分析的对象。从十年一次的人口普查数据中可以明显看到黑人和白人在接受教育年限上的巨大差异（例如Smith和Welch，1989；Jaynes和Williams，1989；Neal，2006）。对教育差异的分析也指出了潜在的质量差异，部分源于种族隔离学校，部分也源自除法律规定学校实行种族隔离的州以外的地方当地教育中存在的差异。关于这种差异的证据集中在关于教师资格、学年长短以及黑人和白人学生就读学校的支出差异等数据上。

然而，一篇涵盖大量数据的政府报告《教育机会平等》（根据其主要作者的名字又常被称为《科尔曼报告》）（Coleman等，1966）提高了人们对教育质量问题的关注度。《科尔曼报告》获得了1964年《民权法》的授权，《民权法》指示联邦教育部就由于种族或民族原因而缺乏教育机会的现象作报告。就这个问题，科尔曼研究小组于1965年在美国测试了约60万名学生，将人们的注意力转移到了教育成果上。

该分析的结果生动地凸显了不同种族和背景的学生巨大的学业成就差异。通过将测试成绩化为相应的年级水平，就能得到差异大小的简要总结。如果东北部城市白人十二年级学生的水平(1965年)代表了十二年级学生应该具备的知识水平，那么在东北部城市的黑人十二年级学生就只达到了九年级的水平，在南部农村的黑人十二年级学生只达到了七年级水平。然而，令人惊讶的是，这些差异的严重程度并未受到很多关注，这也许是因为大多数讨论都集中于分析学业成就的决定因素（见下文）。

不同研究得出的成就差异是一致的。例如，当按种族分类时，SAT的测试成绩显示白人学生和黑人学生的成绩差异大约为一个标准差。然而，参加SAT测试的学生群体不断变化，而且学生都是自发参加考试，因此这个解释不够明晰。

最清晰的解释还是来自于国家教育进步评价。图 7.2 显示了 17 岁白人与黑人学生在不同学科领域上的平均成绩差距。每科测试都展现了非常一致的规律：种族差距在 20 世纪 80 年代明显缩小，然后要么趋于平稳，要么在 20 世纪 90 年代扩大一些。不如说，在 20 世纪 90 年代，白人和黑人学生的成绩差距扩大了一些（尽管白人和西班牙裔学生的成绩差距——图中未显示——缩小了一些）[2]。

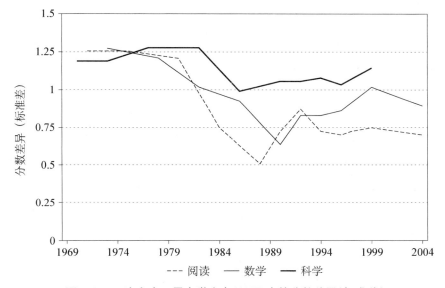

图 7.2　17 岁白人—黑人学生在 NAEP 中的分数差异（标准差）

黑人—白人学生间成就差距缩小的问题得到了广泛的研究，其中包括一份常被引用的会议论文集（Jencks 和 Phillips，1998）。然而，测试成绩趋同的一次性性质并不在预料之中，因此相比较十几年前黑人和白人学生成绩差距的显著缩小，它受到的关注较少。

之前提到的资源分配模式没有明确针对弱势学生群体，也没有针对种族和民族的成就差距。尽管如此，在这一时期，学生整体成绩始终没有提高（见图 7.1），这表明大部分学生获得的可能不仅仅是资源。此外，确实存在把资金集中于帮助弱势学生的普遍倾向，为这些学生开设的学校（特别是在市中心的学校）得到的资金多于其他学校（National Center for Education Statistics，2004）。在此期间，根据 1965 年《中小学法案》，联邦政府也在向弱势学生提供的补贴中投入了更多[3]。与此同时，联邦政府还对为弱势学生提供学前教育的开端（Head Start）计划提供了支持。

事实上，大量资源已被用于改善学校，特别是用于提高弱势学生的学业表现，但是这一切却都没有效果，这不免让人对学校项目在促进公平上的效果有些失望。除了20世纪70年代后期的项目或许有点效果以外，过去几十年以来，为弱势学生增加项目和改善学校的尝试收益甚微。

1966年《科尔曼报告》和后续研究的分析加深并拓展了这一总体情况。《科尔曼报告》通常被视为第一个系统性地评估影响学生教育成果的因素的尝试。其背景很简单。当联邦教育部接到指示来报告教育机会的不平等情况时，它没有任何通用的衡量指标来评估不同资源对学业成就差异的重要性。例如，若它对学校进行调查，发现一组学校有更好的科学实验室，但是教师的经验却少于另一组，那么哪组学校的学生处境更好呢？

为了研究这个问题，科尔曼团队对影响学生表现的决定因素进行了统计分析——现在通常被称为"教育生产函数分析"的初步尝试。《科尔曼报告》得出了令人震惊的结论，即在所有决定成绩的因素中，最重要的因素是父母，且学校发挥的作用不太大。事实上，就影响大小而言，影响因素的顺序依次是家庭、同伴，最后是学校。这引出了两个在政策辩论中十分常见的观点。第一，对于影响学业成就的最重要的因素而言，国家政策难以管控，因为除极端情况外，我们不准备干预家庭事务。第二，学校对学业成就的影响很有限。

《科尔曼报告》的研究方法受到了很多批评[4]。然而，《科尔曼报告》的许多基本结论都已经得到了证实——根据报告中使用的研究方法所得，教师和学校的许多被测量的属性尚未表现出与学生表现有系统性关联（参见 Hanushek 2003年的总结）。各种统计分析尚未找到与学生学业成就的提高一致相关的学校和教师描述符。

《科尔曼报告》的研究结果和后续研究的解读非常重要，它们为本文的剩余部分提供了指导。具体来说，发现教师的一系列被测量的特征没有系统地影响学生表现不代表教师没有起到任何作用。自《科尔曼报告》发布以来，人们一直在混淆测量结果和有效性。

测量的问题贯穿所有研究，且是我们所进行的各种分析的核心。简单来说，只有拥有恰当地测量各种影响因素的影响范围的量度，才能准确地得出学校和同伴对学生表现的影响大小。

处理学校公平性问题和学生表现的政策杠杆在于改变学校的运作模式，也可能在于改变同伴群体的构成。因此，准确识别和估量这些影响是至关重要的。具体来说，大量关于成就差异的新研究集中研究因果关系上的问题。过去大部分对学生表现的研究都未能准确地确定直接影响学生表现的因素，而是由于内在模型的错误设定而得出有误差的估计。因此，后续工作的一个关键在于确定与学业成就有因果关系的因素。

7.2 德克萨斯州的学校

这里的分析基于在德克萨斯州的经验。我们首先要了解德克萨斯州及其学校的性质，这对我们接下去的分析很有用。拥有约 300 万学生的德克萨斯州是美国的第二大州[5]。白人和西班牙裔学生均占学生人数略超 40%，黑人约占总人数的 15%。这个州既有非常城市化的地区，也有典型的农村地区；在学生人数方面，德克萨斯州在全国学生人数前 100 学区内占了 15 个。2000 年，德克萨斯州的生均教育支出为 6 288 美元，相当于全国平均水平的 91%。学生在 NAEP 数学和阅读考试中的表现大致都处于全国平均水平。

这里的分析数据来自州行政记录中记载的学生表现和学校特色。教师质量分析的基础是由德州大学达拉斯分校德克萨斯学校项目构建的独特的堆叠面板数据集。学生、教师、学校和其他人员的数据来自德克萨斯州教育局(TEA)，它对学生和教师都分别进行了行政记录，并且追踪了好几个学生群体。每一群体大约有 20 万名学生，且根据具体分析，有些学生被追踪调查了近 5 年。学生数据包含许多的学生及家庭信息，以及例如种族、民族、性别和是否有资格获得免费或降价午餐(经济劣势的指标)和 Title I(美国《中小学教育法案》中第一条款)服务的项目特征。学生转学时会被观测，并且只要他们还在德克萨斯州的任意一所公立学校内，他们仍然可以被追踪。教师和行政人员的信息包括种族/民族、取得的学位、经验年限、认证测试结果、当前区域的任期、职位以及校区等特征。

学生学业表现由德克萨斯州学习技能评估(TAAS)进行评价。它在每个春季评估三年级至八年级有资格参加的学生。这些标准参照测试衡量了学生对自己所在年级的阅读和数学知识的掌握程度。

德克萨斯州学生的相对学业表现在表 7.1 呈现。此表展示了 1995 年不同家庭收入和种族/民族的五年级学生群体的学业表现。TAAS 测试分数为德克萨斯州进行标准化后,平均值为 0,标准差为 1。然而,根据这里所采用的大部分分析,排除接受特殊教育或有限英语水平(LEP)课程中的学生以及缺少学习进展随时间推移的信息的学生后,剩余学生的平均表现为 0.14。在这个样本中,白人学生的数学成绩超过黑人学生数学成绩 0.71 个标准差,超过西班牙裔学生数学成绩 0.42 个标准差。有资格获得免费或降价午餐的学生成绩比没有资格的低了将近 0.50 个标准差。

表 7.1 按照种族/民族/家庭收入统计的德克萨斯州学生表现

	学生比例	五年级学生 TAAS 数学平均成绩	六年级学生 TAAS 数学平均成绩
总数	1.00	0.14	0.20
根据有无资格获得免费或降价午餐			
有资格	0.40	−0.16	−0.09
没有资格	0.60	0.33	0.39
种族/民族			
白人学生	0.58	0.34	0.41
黑人学生	0.13	−0.37	−0.26
西班牙裔学生	0.29	−0.08	−0.04

注:上表为 1995 年五年级学生的数据。德克萨斯州的整个五年级学生群的平均得分被标准化为零均值和标准差为 1。实验数据排除了接受特殊教育的学生和被认定为具有有限英语水平的学生,所以最后总体学生均值不为零。

通过观察学生个体的数据随着时间的推移和在不同学校的学习经历而产生的变化,我们能够对决定学业成就的因素进行独特的分析。问题在于学业表现上的差距是否受到国家政策的影响,如果是,那么受到多大影响。

7.3 教师质量

自《科尔曼报告》发布以来,一系列难以解决的方法论问题始终围绕着学校对学生表现的影响问题的答案。要想了解这些方法论问题的本质,我们首先简要描述学生的学业成就,然后继续考虑分析它的方法。

学生今日的学业成就不仅受现在的家庭、学校和同伴交往的影响,也受到以前来自这些因素的影响——它们为现在任何的学习奠定了基础。这种根本的关系在等式(7.1)中得以展现。该等式描述了 s 学校 G 年级学生 i 的学业成绩(由 A 表示):

$$A_{iGst} = \underbrace{X_{iGst}\beta_G + S_{Gst}\delta_G + \overline{P}_{(-i)Gst}\lambda_G}_{\text{当下投入}} \qquad (7.1)$$

$$+ \underbrace{\sum_{t=1}^{G-1} X_{i,\,G-\tau,\,s_{t-}}\beta_{G_\tau} + \sum_{t=1}^{G-1} S_{i,\,G-\tau,\,s_{t-}}\delta_{G_\tau} + \sum_{t=1}^{G-1} \overline{P}_{(-i),\,G-\tau,\,s_{t-}}\lambda_{G_\tau}}_{\text{累计过去投入}} + \sum_{\tau=1}^{G} ei,\,G-\tau,\,S_{t-\tau}.$$

其中 $\overline{P}$ 衡量同伴表现,X 和 S 分别代表相关家庭背景和学校投入的向量,而下标 $(-i)$ 表示在测量同伴时略去了学生 i 的属性。因为这样做有助于发展估算问题,这个表达式分离了当前和过去的影响[6]。

显然,仅凭估算目前成绩水平与当前投入之间的关系很难准确分离出各种影响学业成就的因素。可以肯定的是,目前的投入与过去的投入相关,这就带来了明显的问题。

如等式(7.2)所示,利用现在已经成为标准的方法分析学生学业成就增长大大减少了问题,但并没有解决所有问题:

$$\begin{aligned}\Delta A_{iGst} &= A_{iGst} - A_{iG-1s_{t-1}} \\ &= X_{iGst}\beta_G + S_{Gst}\delta_G + \overline{P}_{(-i)Gst}\lambda_G + e_{iGst}.\end{aligned} \qquad (7.2)$$

我们仍需要精准测量投入因素(X,S 和 $\overline{P}$)。如果在输入的过程中存在测量错误或被遗漏的投入因素,其余的估值也将会有问题[7]。

最为重要的问题是设定学校和教师的投入。我们所使用的方法是对教师和学校效应进行半参数估计。在一个简单的表达式中,试想:

$$\Delta A_{iGst} = X_{iGst}\beta_G + S^*_{iGst}\delta_G + \overline{P}_{(-i)Gst}\lambda_G + \sum_{j=1}^{N} t_j T_{ijG} + e_{iGst}. \qquad (7.3)$$

如果学生 i 在 G 年级时的老师是 j,那么 $T_{ijG}=1$,反之,则 $T_{ijG}=0$。S^*_{iGst} 表示除去个体教师因素以外的学校因素。在这里,我们纳入了个体教师的固定效应,而 t_j 是对教师质量的一个自然量度,基于个体教师提高学生学业成绩的效果[8]。

该表达式避开了识别教师独立成分的问题,但并不一定能提供没有偏差的教师质量估计。首先,与将教师和学生相匹配相关的几个选择性问题十分重要。由于社区选择和学校选择的内生性以及班级安排的行政决策的内生性,对学生学业成绩的不可测影响与教师质量的因素可能不正交。值得注意的是,拥有有助于取得更高的学业成绩的家庭背景和其他因素的学生更倾向于选择配备高质量教师的好学校。关于教师和学生班级分配的行政决定可能会放大或抑制这些家庭选择带来的相关性。将成绩优异的学生与高质量教师匹配倾向于增强家庭决策所产生的正相关性,而有意识地将高质量教师分配给成绩跟不上的学生则会削弱家庭决策所产生的正相关性。

第二,教师质量与学生情况的另一联系来自于教师与学校的匹配。除了更高的工资之外,教师对更优工作条件以及成绩好、非贫困、非少数种族/民族学生的偏好可能导致教师质量与家庭对学生学习的贡献之间呈正相关性(Hanushek,Kain,和 Rivkin,2004b)。但是请注意,如果没有聘用到现有的最佳教师人选,这种关系会大大降低(见 Ballou,1996)。在学区内,对教师的实际任命倾向于给最新的老师决定在哪里教书的最低自主权。

利用实证结果进行研究时,我们分离教师影响的综合方法是排除学生、学校和学生对应年级的固定效应。这一策略为处理严重的选择性问题和测量问题提供了很综合的方法,且能够通过我们的学生学习表现堆叠面板数据来实现。

7.3.1 潜在影响

为了界定教师质量对学生表现的潜在影响,我们可以看看学校和教师影响学生表现的两个不同的粗略估计。它们使用非常不同的方法来估计学校和教师质量的差异,以及直接使用政策干预的可能性。

方法 1 是最保守的(Rivkin,Hanushek 和 Kain,2005)。它完全集中于与教师质量差异有关的学生学业成绩校内差异。只关注学校内部的学生差异,排除了由学生及其父母对学校的选择造成的潜在偏差。通过对同年级每个班级学生表现进行聚类分析,有目的的班级分配所造成的潜在影响也被规避了。最后,学生个人和学校的固定效应也被消除了——让我们能够对家庭和学校影响因素(除了教师因素以外)进行综合研究。然后,通过考虑每所学校内各年级学生平均成绩的差异以及它与教师流动率的相关性,直接估计教师质量的差异。由于这个方法假定教师效能在多年间没有变化,并且它忽略了任何校际的教师质量差异,还存在对测量误差的处理,这种方法为学校质量的差异提供了一个下限。

对教授五年级、六年级和七年级学生教师的教师质量估算表明,教师质量差异的 1 个标准差会导致学生学业成绩的年增长上升至少 0.10 个标准差[9]。

方法 2 需要对德州一个大城市地区的学生和教师进行直接匹配（Hanushek 等，2005）。通过追踪学生和教师，我们可以估算每个班级学生的平均成绩增长。这些粗略估计往往高估了平均成绩增长，因为班级间的成绩增长差异往往含有一些测量误差因素，而这些误差又可能被剩余的选择效应和学校的组织、领导带来的影响放大[10]。然而，如果我们还调查学校内教师效能的变化，我们就能控制学生和教师对学校的选择的变量的差异。对教师效能的直接估计是通过找出多年来教师差异的共有因素得到的。

根据德克萨斯州的一个大学区内四至八年级教师所教授班级的学业成绩，我们得到的教师质量标准差的估值大约为 0.15[11]。

这些教师质量差异忽略了不同地区的教师可能存在的质量差异。幸运的是，我们还有另一种计算跨区域教师质量差异的方法。我们对学生流动性的分析（Hanushek，Kain，和 Rivkin，2004a）确定了学生转学到另一个学区后的平均成绩提高。如果学生的流动普遍基于获得更好的教育，那么这些成绩增长就表明了教师在不同学校的分布情况。然而，我们对成绩差异（0.025 个标准差）的估算实际上低估了教师平均质量差异，因为许多学生转学是出于其他的目的，如家长的工作地点或住房质量的选择。

若将学校内和学校间的教师质量估计相结合，其差异范围就会是 0.125 到 0.175 个标准差。换句话说，教师质量分布变化 1 个标准差——比如，从中位数变到第 84 个百分位数——那么学生成绩年度增长差异就会在 0.125 到 0.175 个标准差之间。这让我们了解到不同教师和学校在学生年度成绩增长方面会带来多大差异。对于任何学生来说，一连串较好或较差的教师累积起来会让他们的学业成就产生巨大的差异——下面我们会继续讨论这一点。

7.3.2 目前分布情况

之前的估值体现了，落实重新安排现有教师或改变聘用教师方式的政策将发挥多大的作用。另一种视角是考虑不同种族或收入群体之间现有差异的大小。换句话说，现有教师的分布是否真的是造成目前观察到的学生学业成就差异的原因之一？

最简单的总结来自于上一个估算中应用的大城市区域。尽管大多数关于教师和学校质量差异的研究都指向各地区之间的差异，单单考虑地区内的差异就会得到教师和学校质量差异的下限。

不幸的是，我们的方法论无法准确地评估任何黑人和白人学生之间的教师质量差异。黑人学生拥有的黑人教师数量偏高，所以黑人教师和白人教师间的质量差异非常值得观察。然而，我们很难区分黑人教师和白人教师教授的学生的就业准备差异和同区域内的教师分布差异。具体来说，在我们的总体方法论中，学生固定效应可以校正任何基于教师的学生分类，但它也限制了同黑人和白人教师都教授过的学生的比较。因此，不同种族的教师质量问题存在着固有歧义[12]。

7.4 同伴影响

  学校影响学生表现的第二条途径是通过学校里同伴的影响。居住地区和学校决定了一个人的朋友和熟人圈子。如果其他的学生可以影响一个学生的态度和行为，那么他们也可以直接影响学业成果。

  但是，同伴影响的分析很困难。其中的难点在于确保所观察到的关系能够确实反映因果关系——而不仅仅是其他恰好与同伴差异一样的因素。做这个分析时会出现三个普遍且显著的问题。

  首先，大多数同伴效应的研究依赖于学校自然产生的学生教育成果和同伴群体的数据。但是，这些可见的学校教育情况是择校（也包括择友）的结果，即个别家庭，以及从某种程度上来说，学校管理人员的选择。首先我们来看家庭的选择。家庭选择通常是由家庭住址的选择决定的，我们可以肯定地说，这种选择不是随机的。这些选择，虽然多数情况下受到学校以外因素的影响，如收入或工作地点，但也会反映出个体家庭的偏好和他们所面临的机会。这个简单的事实——个体家庭的选择中带有目的性的因素——意味着学生学业成就的一部分结果可能源于影响家庭决策，却无法观测到的家庭属性。例如，对孩子教育最上心的父母既会为孩子的学习提供最佳的家庭环境，也会特别注意学校位置的选择。在这种情况下，我们通常难以分离影响学生表现的不同因素，也很难识别同伴本身的影响，尤其是当一所学校的学生家长倾向于作出类似的选择时。同样，学校管理人员作出资源决策和班级构成决策时通常也会有一些潜在的目的。他们可能会将最优秀的教师分给最需要帮助的学生，或者通过估算学生的入校能力水平对学生进行分组。

  第二，区分个人和学校因素的单独影响与同伴的单独影响的能力主要来自观察和测量对学生表现的重要投入。然而，一般的分析没有家庭背景或学校投入的准确测量数据。例如,从家庭对学生学业成就的投入来看,研究人员通常只对家庭背景作粗略的估量——甚至缺少父母的教育水平这样的基本特征。同样,他们对学校质量和学校投入的信息也掌握得不全面。另一方面,不同家庭选择学校的一致性意味着特征相似的家长很有可能会选择同一所学校,而且学校质量对同伴的影响也很可能和对个别学生的影响相似。因此,同伴背景及其学业表现的测量结果可能会为个人的特征(个人特征通常有测量误差)提供相当准确的替代品。这样一来,即使同伴没有任何真正的影响,他们也显得很重要,因为对同伴的测量结果有效地为个体学生提供了更多的附加信息。

最后,我们必须梳理因果影响。光知道同伴的特征与个人特征和学业表现有关是不够的。我们需要知道这种关联是否由导致所观察到的学生表现差异的同伴属性和同伴交往造成。原因也很简单,要想确定同伴的影响和同伴组成的潜在变动带来的影响,我们有必要了解同伴造成的学业成就差异的大小,而不是简单地选择具有某些特征的同伴或由于相似的决策过程而聚集在一起的同伴。这个因果关系问题遍及多数关于学生表现的分析,但在分析同伴时最为突出[13]。具有类似属性和动机的同龄人会聚集在一起的固有趋势使得同伴间的成就非常可能有所关联,并在我们推断各种相关因果关系方面造成很大的困难[14]。

引入这些问题是为了强调许多关于同伴效应的分析具有不确定性。我们在整个分析中所使用的方法是利用我们的堆叠面板数据来处理显著的测量问题。通过使用堆叠的面板数据,我们基本上可以去除个体固定效应,在计算个人特定增长率时考虑到非常综合的背景和能力因素。我们通常也排除了学生在其对应年级中的差异,如课程、领导层、学生老化模式等一切可能与年级相关的内容。

7.4.1 潜在影响

7.4.1.1 种族或民族

意义重大的立法规定的公民权利在《关于教育机会平等》(Coleman 等,1966)中得以报告,其后续研究(U. S. Commission on Civil Rights,1967)提供了实证证据,证明种族隔离对学业成就有危害作用。Crain 和 Mahard(1978),Boozer,Krueger 和 Wolkon(1992),以及 Grogger(1996)的后续研究也都发现,学校种族结构会影响学生的学术、社会以及经济成果。与之相反,Cook 和 Evans(2000)得出的结论是,在小学数学和阅读成绩方面,废除种族隔离几乎没有产生任何影响;而 Rivkin(2000)则认为没有证据表明同白人学生一起学习提高了1982级黑人男性、女性高中生的学业成就或收入。总体上,人们就废除种族隔离所带来的好处的性质和程度问题仍然存在很大的分歧,更别提其带来的损失了(参见例如Crain,1970;Armor,1995;Schofield,1995对此进行的总结)[15]。

就学校种族组成的重要性,各学者得出的研究结果截然不同,且结论没有达成共识,这在很大程度上是因为分离同伴特征的因果效应太过困难。

在Hanushek,Kain和Rivkin(2002)的研究中,我们采用了与上一个建模研究相一致的方式,估算了学校种族结构对黑人、白人和西班牙裔学生的影响。具体来说,我们采用了非常综合的固定效应方法来消除其他测量有误的投入因素所带来的偏差。

我们发现学校种族结构对白人和西班牙裔学生的影响很小,但学校黑人学生的比例对黑人学生学业表现的影响很大。黑人学生比例系数的大小为−0.25,这表明,若学校黑人学生的比例下降10个百分点,黑人学生的年度学业成绩增长就会提高0.025个标准差。这些估算的影响适用于年度成绩的增长,因此在各年级间积累,这意味着学校种族结构在决定种族成绩差距方面发挥着显著作用。

7.4.1.2 社会经济地位(SES)

关于社会经济地位的研究,主要的关注点是社区贫困问题,特别是贫困的集中度是以何种形式影响个人的成就的。这种对社区贫困问题的探讨主要强调其造成的个人就业和犯罪后果,但也有人研究了其对教育成果的影响[16]。例如,Mayer(1991)发现学校的社会经济地位(和种族组成)会对白人学生和黑人学生的高中毕业率带来共同的影响——但是该研究缺少除学生群体构成以外的学校特征的测量数据。

针对低收入同伴成就效应的直接分析(Hanushek, Kain, Markman和Rivkin, 2003)并没有表明贫困集中度对学生学业表现有明显的消极影响。虽然所测量的收入数据相对不那么精确,但这些结果表明,之前对学校贫困集中度影响的估算没有在社会经济地位和学生学业成绩间发现因果影响。

7.4.1.3 同伴能力

从统计学的角度来看,同伴能力对学业成就影响的分析一直特别棘手[17]。同一班级的学生有着许多共同的教育经历,所以学生提问的质量和课堂秩序扰乱的次数会对所有的学生造成影响。从分析的角度来看,每个学生都会影响课堂体验,同时自己也受到这些体验的影响。此外,一些共同的因素,诸如特别优秀的老师的影响,会更加改善共同体验,而如果教师质量的测量数据不准确,那么就会导致对这些同伴影响的理解有偏差。这些情况让我们实际上无法把当下班级表现对个人学业成就的影响分离出来。在我们考虑其他学生的学习能力和成就对个体学生的影响时这一点尤为重要。

然而,如果我们对同伴的能力和他们当下的表现进行区分,我们就能对同伴能力给学业成就带来的影响有更深入的了解。通过将同伴以前的成就作为衡量他们能力的标准,我们可以斩断同伴能力与任何当下同伴间的交互作用,以及教师质量等因素的关系。这样一来我们就能够了解其他学生的成就水平会怎样影响个体学生的成就。

以这种方式估算同伴效应对教育成果影响的研究相对较少。Hanushek(1972,1992)在研究个别班级的学业成就增长时,没有发现任何同伴—成就效应。另一方面,Henderson,Mieszkowski 和 Sauvageau(1976),Summers 和 Wolfe(1977),以及 Zimmer 和 Toma(2000)的研究称,至少对一些学生来说,成绩优异的同伴会带来积极影响。Summers 和 Wolfe(1977)发现同伴效应对来自低收入家庭的学生影响更大。对学校能力分层的研究也同样得出了多种结果。(例如,Oakes,1992;Argys,Rees 和 Brewer,1996)。

我们也尝试调查同伴能力,但所得结果较为模糊。我们的初步研究表明,班级中其他人的学习成绩水平对个体学生表现有着小而显著的影响(Hanushek 等,2003)。它还表明,任何效应对于不同学业成就水平的学生所产生的影响都较为一致[18]。然而,在我们对学校种族结构有了更详细的描述(Hanushek,Kain 和 Rivkin,2002)之后,我们发现其对学生成就没有影响。在一定程度上,我们的方法综合了一个年级所有班级的学业表现——因为数据有限,所以我们必须这样做,同时这种方法在评估选择性效应时又很有用。然而将所有班级学生学业表现综合研究的做法在研究能力差异时会显得尤其有用,因为班级中的交互作用将会是研究的一个焦点。

总而言之,我们的最佳估算认为,同伴学业成就对个人学习不存在强烈影响,但估算的困难带来了一些不确定性。

7.4.1.4 学生流动性

学生流动与低学业成就有关,但更值得关注的是其对其他学生的附带影响。这一点的重要之处在于,流动率较高的学校在教学结构方面往往具有较差的连贯性。包括 Alexander,Entwisle 和 Dauber(1996)以及 Kerbow(1996)在内的许多研究都提出,学生流动对未转学学生和转学的学生都存在影响的可能性,尽管这两个研究都没有试图估算学生流动的附带影响。

我们的估算再次依赖于我们的固定效应策略。我们除去学生对应年级以及对应年份的因素,然后观察学生对不同程度的年度流动作出什么样的反应(Hanushek, Kain,和 Rivkin,2004a)。高流动率降低学习量,即使对于不转学的学生也是如此。在更完整的设定中,新学生总体比例系数的大小表明,新学生比例每增加 1 个标准差(11 个百分点的变化),学校学生学业成就将降低超过 0.013 个标准差。虽然在一年的范围内这一幅度的影响力并不大,但 10 年或 12 年累计的高流动率对于那些年复一年就读于高流动率学校学生的学习将产生重大的累计效应。

7.4.2 当前分布

前一节描述了各种影响学生学业成就的潜在因素,特别是对于不同种族和不同经济水平学生而言。这为文章开头提到的学生表现差异提供了深刻的见解。在同伴效应方面,如果学生对同伴投入的反应各异,或者在效应一样的情况下学生的同伴分布有所不同,那么不同学生群体的教育成果可能会出现差异。本节将讨论各同伴因素能否对教育成果的分布造成影响。

黑人学生比例所造成的影响大小至关重要,并且反映了同伴效应的两个基本影响因素。首先,黑人学生受种族结构的影响要比白人学生和西班牙裔学生的大。第二,典型的黑人学生(不考虑成绩四分位数)比典型的白人学生多 30% 的黑人同学,比全州黑人学生完全平均分布的情况下多 25% 的黑人同学。这种差异与种族结构对各种族学生的不同影响相结合,在仅将整个州的五年级黑人学生平均分配的情况下就会意味着黑人学生的成绩增长 0.06 个标准差[19]。

学校的学生流动是我们发现的第二个对教育成果分布有着直接影响的重要同伴影响。不同收入家庭学生的流动率相差 1.5 个百分点,而黑人和白人学生的流动率相差 6.2 个百分点。学校的高学生流动率会导致低收入家庭学生比高收入家庭的学生每年成绩增长低大约 0.005 个标准差;黑人学生的成绩水平比白人学生的大约低 0.015 个标准差。通过类似的计算可得,就读于高流动率学校的西班牙裔学生,相对于白人学生,成绩水平会低 0.005 个标准差。随着黑人学生、西班牙裔学生和来自低收入家庭的学生继续就读于流动率高的学校,这些年度差异将会累积。

另一方面,没有太多证据表明同伴能力或学校内不同社会经济层的混合会带来很大的影响。尽管如此,对这两项因素的研究仍有很大的不确定性。唯一可用的社会经济状况衡量标准是对学生是否有资格获得免费或降价午餐的不精确描述。尽管如此,学生的社会经济状况分布似乎并没有对目前观察到的学生学业成果分布产生很大的影响。同样,虽然我们无法完全确定任何同伴能力影响的程度大小,但我们的最佳估算表明,同伴能力对教育成果的分布问题没有太大的影响。

7.5 学校资源和其他投入

之前的讨论集中于根据学生表现确定的教师质量问题,而传统意义上对学生表现和成果分布的研究更侧重于对学校和教师特征的研究。具体来说,大量政策的焦点在于分析教师经验、学历和教师资格以及学生所面临的班级规模。

关于学校投入的讨论颇有争议(参见 Hanushek,2003)。投入特征仍然是争论的焦点之一。具体有三个原因。首先,他们是很多政策考量和争论的对象。第二,相对于我们对教育成果分布的讨论,一个更常见的假设认为,收入或种族定义上的弱势学生对投入的差异更为敏感。因此,简单地确保相同的投入水平就可以对分布结果产生有益的影响。第三,教师自身对他们所任教的学校有偏好[20]。通常,教师似乎偏向于选择有着成绩优异的学生和较少少数族裔学生的学校。

学校投入的一些争论在于因果关系问题,以及未测量的学生和学校特征可能会造成数据污染。例如,如果班级规模以补偿的形式设定,从而使更多教育弱势学生被安排在较小的班级中,我们会发现学业成就水平与班级人数呈正相关。因此,通常可得的关于班级规模影响的估算可能会就其影响给出一个误导性的观点。

研究者已经采取各种方法来规避这些问题,特别是在班级规模方面。方法包括分离出班级规模的外生变量(Angrist 和 Lavy,1999;Hoxby,2000;Woessmann 和 West,2005),还包括随机分配实验的使用(Word 等,1990;Krueger,1999)。然而,在每一种情况下,分离因果关系时还会遇到与所掌握数据质量有关的其他问题,从而导致结果的不确定性。

在我们研究框架内的一个替代方案是更直接地控制各种可能与所涉及投入相关的影响的差异,以便于分离它们的影响。考虑班级规模政策及其与估算结果的潜在交互作用。如果学校积极地根据学生的需求决定班级规模,而学生的需求在分析中没有被准确评估,那么标准估算将产生明显的偏差。我们的方法遵循上述的发展形式。我们研究学生学业成绩的增长情况,通过应用固定效应将个体单位增长率考虑在内,并将学校投入的一般化测量数据与年级固定效应相结合。然后,我们考虑除以上情况以外产生的班级规模变化情况——主要是随时间的人口变化——如何影响学生的学习成绩。通过类似的方法,在考虑了影响成绩增长的因素的系统变化后,我们还研究了其他被测量的教师和学校投入。

我们对德克萨斯州的学校成绩调查证实了先前对投入的分析的大部分结论,同时也进一步揭示了这里讲的分布问题。Rivkin,Hanushek和Kain(2005)的分析中提出了四个重要发现。首先,在传统的投入测量数据中,最重要的是教师在早期职业生涯中的教学经验。教师在头几年里的教学表现要比那些处于职业生涯后期的教师差,而这造成的影响在其教学的第一年最为突出。换句话说,无论随后的表现如何,新手教师在课堂上的平均表现都比他们以后的表现差。第二,班级规模对学生表现的影响很小,但具有一定的显著性。第三,没有证据表明,根据家长收入定义的弱势学生相比那些更具优势的学生,对学校投入更敏感。最后,包括教师学历、教师认证考试成绩以及教师认证本身在内的其他常见投入对学生成绩都没有系统性的影响。

从教育成果分布的角度来看,这些发现中最重要的也许是关于教师早期职业表现的发现。新手教师第一年的执教似乎表现为学生成绩增长的 0.1 个标准差(即学生成绩增长在教师第一年任教期间平均下降了十分之一个标准差)[21]。当我们把这种影响放在教师流动性的背景下,可能会造成较大的影响。由于教师们似乎倾向于寻找学生成绩较好,弱势和少数族裔群体学生比例较低的学校(Hanushek, Kain 和 Rivkin, 2004b),这可能会导致少数族裔的学生遇到更多的新教师。然而,在我们的样本中,不同族裔的学生被分配到仅有一至三年工作经验的教师的比例差距不大(白人为 0.16,黑人为 0.19,西班牙裔为 0.20),而白人学生同黑人学生和西班牙裔学生间的净影响差距仅为 0.001 至 0.002 个标准差。

7.6 分布政策

总结之前的证据的一个方法是总结那些被认定既影响学生表现,又有可能影响我们所研究的成果分布的主要因素。表 7.2 将上述讨论中关键因素的两个维度,放入白人和黑人学生成绩差异的维度里研究。首先,基于所研究特征的分布和影响,我们粗略计算了潜在成绩因素的年度差异对白人学生相对较高的学业成绩作出了多大的贡献。第二,潜在的影响只是简单地反映了每个因素的"分布性敏感"变化可能会如何影响学生成绩的差距,即任何想要直接改善成果分布的政策的潜在力量。之前的讨论旨在凸显影响分布问题的政策选择的各个方面。例如,虽然自《科尔曼报告》的发布以来,家庭背景的重要性已被充分理解,但政府从来没有把对家庭的干预当作政策议程的重要部分[22]。另一方面,虽然改变学校的资源分配和组织方式以及学生同伴的特征在政策议程上,但是一直以来,人们都怀疑政策没有效力,并且通过政策操纵来大幅度地缩小学生差距是不可能的。

表 7.2 对影响学生学业成果种族分布的各种影响的一致评估进行了定量总结[23]。这张表格,紧接着上文的陈述,直接表明了什么因素对学生学业成果的影响最大。教师质量可以大大改变学生的学业成果:教师质量每提高 1 个标准差(按班级平均成绩增长的变化衡量)就会使学生成绩发生 0.125 到 0.175 个标准差的变化(估算的范围反映了所用的评估教师质量差异的方法,如前所述)。同样,学校的种族结构和学生流动率对学业成果分布有很大的影响——反映了它们对黑人学生和白人学生的不同影响。

表 7.2 估算得出影响白人—黑人学生学业成就差距的当下影响因素和潜在影响因素

	分析来源	每年对现有差距的影响(白人—黑人学生学业成就差距)	潜在每年影响
教师质量:			
总质量[a]	Rivkin, Hanushek 和 Kain (2005); Hanushek 等(2005); Rivkin, Hanushek 和 Kain (2004a)	−0.025 至 0.08	0.125 至 0.175
同伴影响:			
种族构成[b]	Rivkin, Hanushek 和 Kain (2002)	0.038	−0.14 至 −0.25
同伴社会经济地位	Hanushek 等(2003)	—	—
同伴能力	Hanushek 等(2003)	—	—
学生流动性[c]	Hanushek, Kain 和 Rivkin (2004a)	0.06	−0.18 至 −0.3
学校资源/其他投入:			
教师经验[d]	Hanushek 等(2005)	0.001	−0.10

续 表

	分 析 来 源	每年对现有差距的影响（白人—黑人学生学业成就差距）	潜在每年影响
班级规模[e]	Rivkin，Hanushek 和 Kain（2005）	—	每个学生 0.0 至 −0.01
教师学历水平	Hanushek 等（2005）	—	—
教师认证	Hanushek 等（2005）	—	—

a. 教师质量是根据教师分布的标准差来衡量的，例如 0.1 表示教师质量的 1 个标准差意味着学生成就增长 0.1 个标准差。

b. 种族结构代表较高的黑人学生比例对黑人学生学业成就增长的影响，如其中 −0.14 表示黑人学生比例若增加 10%（0.1）就意味着学生年度学业成就增长下降 0.014 个标准差。目前差距一栏是根据现有学校间不平等分配向均等分配转变的影响而计算得出的。

c. 学生流动性代表较高的学生流动比例对成绩增长的影响，如其中 −0.18 表示学生流动率每增长 10%（0.1）就意味着学生年度学习成绩增长下降 0.018 个标准差。潜在影响的范围取决于学年前和学年中的学生流动水平。

d. 教师经验是根据任教经验三年以下的教师衡量的。潜在的影响表明，第一年任教的教师会造成学生学习成绩增长下降 0.1 个标准差。

e. 班级规模效应给出了班级中增加或减少一个学生会对班级学生总体成带来的变化。不同年级的估计影响不同，其中四年级最大，七年级最小。

之前的分析侧重于分析分布问题的数据。根据种族和收入定义的优势和弱势学生群体间学业成果巨大而明显的差距，引发了人们的大量关注，成为政策重点关注的对象。旨在解决分布问题的政策干预的全面影响既取决于任何一个政策的规模，也取决于其对不同群体的影响。

关注分布问题的政策的一个明显特征是其与针对整体成绩和效率的政策间的交互作用。一类政策考虑对现有资源进行简单的再分配。因此，如果我们把目前的教师群体设置为常量，并根据学生特征简单地将教师重新分配，这可能会导致一个零和局面：成绩高的学生可能会被成绩低的学生抵消。如果现有的资源分配有利于所谓的优势群体，那么这样的政策或许会被人们所接受。如果目前的分布不存在不公平现象，那么这些政策也会显得比较合理，但是就目前而言，人们普遍认为政策应该侧重于弱势群体的利益。然而，关键在于，改善教育成果分配——以及受影响群体之间的公平——的行动影响到了其他群体，这就从而变成了一个政治问题。

之前举过的例子，即目前的教师分配对来自收入较高家庭的白人学生有利，就很明显地体现了这个情况。在这方面，旨在实现更公平的教师分配的政策可能具有很大的政治上的吸引力[24]。但证据表明改变这种状况需要很大的影响力。根据我们的估计,如果黑人学生能够在 4 到 6 年间统一被分配给高于平均教师水平 1 个标准差,处于第 85 个百分位数的教师,那么白人学生与黑人学生 0.7 个标准差的成绩差距(表 7.2)就能被消除。在这样的一段时间内,第 70 个百分位数的教师可以让这个差距缩小一半。显然,这意味着我们所研究的城区教师质量需要经历显著的提高,但研究结果强调的是消除差距不是不可能的[25]。

表 7.2 显示,目前学生成绩中的差距不是源于教师经验的不同。另一方面,可以让弱势学校留住优秀教师,并减少招聘新教师的必要性的政策将会是有益的。

如果弱势学生恰好对某些投入比更具优势的学生更加敏感,那么这将会是一个美好的偶然。例如,如果弱势学生对较小的班级规模反应更强烈,那么为弱势学生提供较小班级的政策将同时达到两个目标——通过获得更有效的投入分配和努力减少教学成果分配中的差异来改善整体教育成果(如果更有优势的学生反应更强烈,那么分配问题将会更加严重)。

德克萨斯州的学校在两个不同的方面存在这样的情况:种族结构和学校流动性。首先,黑人学生学业成就与黑人学生比例的提高成反比,但白人和西班牙裔学生都不会受到类似的影响。表 7.2 中的估计显示,这些影响对黑人学生的确很大。目前黑人学生的分布与黑人学生在整个州的平均分布相比有着 0.038 个标准差的成绩增长差异。这种增长差异会随着时间累积,表明它是导致现有种族差距的直接因素之一。与此同时,从政策的角度来看,似乎很难明确怎样改善学校的种族结构。大多数学校的种族集中都是由某些地区的黑人集中造成的。在大多数地区内,黑人学生在学校之间的分布是很平均的——这是布朗诉教育委员会案(Rivkin,2000 年)后废除学校种族隔离行动的结果。对学生进行跨区的转移没有任何法律依据(Armor,1995),而且,即使有法律依据,分布问题依旧因为德克萨斯州不同区域的定居状况而难以解决。在郊区开放住房的可能会在一定程度上解决这个问题,尽管这样的行动所需要的政策共识难以实现。

第二,黑人学生对他们所在学校的学生流动更为敏感,并且就读学校的流动率往往比白人学生的要高。因此,如果政策能使黑人学生就读的学校学生稳定下来,学生的成就就有可能实现实质性的增长。迄今为止,试图影响学生流动水平或学生流动带来的影响的政策很少。尽管如此,鉴于这些影响的严重性,对其投入更多关注似乎很有必要。

我们对教育成果分布问题的研究概括起来很简单,即基于种族和收入的巨大学业成就差距可以被政策改善。然而,或许能真正起作用的政策和现有的一些普遍的政策举措有着很大的差异。均衡标准教师投入或为弱势学生缩小班级规模,几乎无法减小我们所观察到的学业成就差距,原因很简单,因为这些因素对学生教育成果不会有系统性的影响。另一方面,采取行动为弱势学生提高教师质量会带来较大的影响。此外,学校的一些同伴因素,即种族结构和学生流动水平,对现有的教育成果差距有显著的影响。如果可以减轻这些影响,就会为改善学校教育公平提供新的途径。然而,同伴组成的这些方面很少获得政策关注。

之前的讨论也采取了"仁慈的独裁者"的政策观。如果谁真的想对上述所讨论的任何变化产生影响,那他就有必要考虑其内在的政治问题。如何才能实现这些变化?这都是大的政治问题,也是十分关键的问题。

此外,我们的研究基本上将当前的教育系统,及其运作方式和可能性,作为所谓一切变化的前提条件。然而,很多其他的分析明确表明当前教育系统存在很大的低效率问题(参见 Hanushek 2003 的总结)。另一种审视整个问题的方法基于改进整个教育系统。事实上,如果我们有办法改善教育系统的整体表现,那么,促进教育公平的政策就会更容易达成实施。换句话说,对一个更大的派进行重新分配,总体而言比通过零和的政策对一个大小不变的派进行重新分配要容易。

尽管超出了本章的讨论范围,但值得关注的是,有些选择方案有一定的可能改善学校教育。基本想法在于改变与学校有关的激励措施。如果与目前的状况相反,我们能够奖励学校教学质量的提高,那么我们将更可能向更好的方向发展。

改革的两个主要候选方向包括同时改善学校绩效问责制和加强父母对学校的选择(参见 Hanushek 和 Raymond,2005;Peterson,2003)。这些选项提供了刺激真正提高学生学业成就的创新和变革的可能性,使利用更大的派来改善教育系统的公平性成为可能。

注释

1. 测试分别在 9 岁、13 岁和 17 岁时进行。这里使用的趋势数据旨在提供一个直接的总结,说明成绩如何随时间而变化。
2. 测试对象 17 岁获得的成绩是过去 10 年所受教育的产物。当我们观察测试对象 13 岁的学习成绩差距时,我们会发现 20 世纪 80 年代年纪最大的学生的成绩增长可以追溯到 20 世纪 70 年代。最近,9 岁学生在阅读和数学方面的学习成绩差距缩小了。一些流行的说法将差距的缩小归功于国家问责制的加强,特别是 2001 年通过的《不让一个孩子落下法案》。

然而还没有研究对此进行过正式的分析。

3. 这一法案最新更新为《不让一个孩子掉队法案(2001)》。
4. Bowles 和 Levin(1968);Cain 和 Watts(1970);Hanushek 和 Kain(1972)。
5. 在美国教育部(2003)中可以找到德州的总体数据。
6. 呈现学生成绩时,只根据学生的在校经历,而不考虑学前经历,仅仅是为了便于说明。考虑到我们的估算策略,这对结果没有影响。
7. 依据简单的成绩差异来确定投入与成绩间的潜在关系是备用的估算方式之一(参见 Hanushek,1979)。这种构想假定,随着时间的推移,之前的效应不会贬值(Rivkin,2005)。首要的备选估算方式将滞后的学业成绩置于等式的右侧。滞后学业成绩的系数若为1,则表明文中的简单差值模型是正确的;若系数小于1,则表示之前的效应有所贬值。文中放宽等式的估算结果与这里显示的定性结果是非常相似的,虽然精确的定量结果有所不同(Hanushek 和 Rivkin,2006)。
8. 欲了解此前的这类分析,参见 Hanushek(1971,1992);Murnane(1975);Armor 等(1976);Murnane 和 Phillips(1981);Aaronson,Barrow 和 Sander(2007)以及 Rockoff(2004)。Rivkin 等(2005)就各种选择因素的问题进行了研究,并以这种方式提供了教师质量差异的下限。
9. 在具体估算中,尽管我们主要关注数学成绩,我们的结果显示教师质量差异的1个标准差会导致学生阅读成绩的年增长上升0.09个标准差,而数学成绩的上升0.11个标准差。
10. 该分析的一个重要方面是对学生学习成就测试的特征进行调整。测试集中研究了成绩较低的学生的表现。因此,测试分数较低人群更容易取得巨大的学业表现变化。为了方便分析,我们在每个十分位数内根据他人学业成绩的提高将个人学业成绩提高标准化为测试成绩。
11. Hanushek,Kain,O'Brien 和 Rivkin(2005)中的估计分析了从校内和校外比较中获取的估值。它还集中关注了标准化的成绩提高(见上一注释)。这里所给出估算的界限将成绩提高转化为原始成绩提高,并使用地区内估计(其中包括该地区学校间的差异)。
12. 我们确实发现,将学生和教师的种族相匹配有积极的作用(Hanushek 等,2005)。
13. 例如,通常采用收入来代表家庭背景的差异,这些家庭背景差异对学生学习或其他方面的成果可能很重要,那么有关的原因到底是收入本身还是与收入相关的一些其他属性呢?这是个严重的问题(参见 Mayer,1997)。
14. 另外,我们在这里没有深究的问题是个别学生和同伴之间的相互关系。同伴影响背后的根本思想是,班级和学校里的其他人会影响学习的特征。但是,如果真的是这样,那么自然而然,个别学生也会影响到他的所有同学——这意味着任何观察到的因果关系的方向都是模糊的。这个问题在某些分析中至关重要,且许多研究证明它不易解决。这一问题有时被称为"反射问题",Manski(1993)和 Moffitt(2001)中有专业的描述。
15. 在学业成就以外领域的发现更加难以描述,部分原因在于其背后的研究质量参差不齐。Schofield(1995:607,609)在回顾对非学业成就结果的分离效应评估时得出的结论是,"废除种族隔离"对非洲裔美国人的自我概念和自尊心"没有明确一致的影响",并且"整合起来的证据表明,废除种族隔离对于学生群体间的态度没有明显的可预测的影响"。虽然这些结论中的每一项都是有凭据的,但研究表明,目前获得的证据并不能表示这些更广泛的成果是系统的影响因素。

16. 在 Jencks 和 Peterson(1991),Jargowsky(1997),以及 O'Regan 和 Quigley(1999)的研究中,我们可以找到与社区贫困集中度有关的诸多问题的讨论。在 Rosenbaum(1995);Rosenbaum 和 Popkin(1991);Katz,Kling 和 Liebman(2001);以及 Ludwig,Duncan 和 Hirschfield(2001)的研究中,我们可以找到对随机选择的离开不良社区的人展开的最新调查。
17. 主要的问题是在课堂上同班同学同时对所有同学的学业成绩造成影响。这个问题的正式说明可以在 Manski(1993)和 Moffitt(2001)中找到。
18. 一个常见的政策思路是,成绩较差的学生与成绩较好的学生一起上课时成绩会有所提高,但成绩较好的学生不受课堂学生组成的影响。如果情况是这样,异质的班级分配将是最好的政策,因为它可以不产生任何代价地最大限度地提高成绩较差学生的表现。然而,这一设想受到了挑战,其反对者认为对教育进行分层或是取消分层是零和游戏,其中输家和赢家会相互抵消(Argys,Rees 和 Brewer,1996)。
19. 当这些结果转化为潜在的国家效应时,如由国家教育进步评估(NAEP)用国家差距所衡量的时,据估计,过去美国学校种族结构的变化——即便不是全部——也对 20 世纪 80 年代不同种族学生的学业成就差距的缩小(Hanushek,2001)作出了极大的贡献。
20. 几项早期分析表明,教师都会系统地寻找学生更富裕的学校(Greenberg 和 McCall,1974;Murnane,1981)。这些分析推动了这里的综合讨论。
21. 这个估计是从两种非常不同的方法中获得的。在 Rivkin,Hanushek 和 Kain(2005)对教师质量下限的分析中,间接估算——通过考虑教师调动和教师经验对学生表现的方差的影响——与直接生产函数的估算非常一致。此外,在评估完用于质量估算的德克萨斯州大城区个别教师的逐年表现(Hanushek 等,2005)之后,我们获得了几乎相同的估计。
22. 在不同的时期,有的政策认为应该提高家庭育儿质量,尽管很少有证据表明这些政策举措中的任何一个是很成功的。
23. 在 Hanushek 和 Rivkin(2006)中,可以找到使用不同的估算方法得到的一套相似的估值。
24. 即使在这里,政策目标的不同也会使问题复杂化。在美国许多的城市地区,高收入的白人家庭已经离开中心城市,搬入周边郊区。这一举动给城市造成了财政压力,因为城市失去了纳税主力,导致中心城市纷纷寻求吸引中等收入家庭的途径。优质学校的保障通常被认为是最重要的方法。
25. 值得注意的是,该地区只有 15% 的白人学生,所以仅把白人学生的优质教师换给黑人学生是不可行的。目前,白人学生拥有的优质教师人数不足,无法为黑人学生带去利益。

参考文献

Aaronson, D. , L. Barrow, and W. Sander. (2007). "Teachers and Student Achievement in the Chicago Public High Schools." *Journal of Labor Economics* 25(1): 95–135.

Alexander, K. L. , D. R. Entwisle, and S. L. Dauber. (1996). "Children in Motion: School Transfers and Elementary School Performance." *Journal of Educational Research* 90(1): 3–12.

Angrist, J. D. , and V. Lavy. (1999). "Using Maimondides' Rule to Estimate the Effect of Class Size on Scholastic Achievement." *Quarterly Journal of Economics* 114(2): 533–575.

Argys, L. M. , D. I. Rees, and D. J. Brewer. (1996). "Detracking America's Schools: Equity at Zero Cost?" *Journal of Policy Analysis and Management* 15(4): 623-645.

Armor, D. J. (1995). *Forced Justice: School Desegregation and the Law*. New York: Oxford University Press.

Armor, D. J., P. Conry-Oseguera, M. Cox, N. King, L. McDonnell, A. Pascal, E. Pauly, and G. Zellman. (1976). *Analysis of the School Preferred Reading Program in Selected Los Angeles Minority Schools*. Santa Monica, CA: Rand Corp.

Ballou, D. (1996). "Do Public Schools Hire the Best Applicants?" *Quarterly Journal of Economics* 111(1): 97-133.

Boozer, M. A., A. B. Krueger, and S. Wolkon. (1992). Race and School Quality since Brown v. Board of Education. *Brooking Papers: Microeconomics*. M. N. Baily and C. Winston. Washington, DC: Brookings Institution.

Bowles, S., and H. M. Levin. (1968). "The Determinants of Scholastic Achievement: An Appraisal of Some Recent Evidence." *Journal of Human Resources* 3(1): 3-24.

Cain, G. G., and H. W. Watts. (1970). "Problems in Making Policy Inferences from the Coleman Report." *American Sociological Review* 35(2): 328-352.

Coleman, J. S., E. Q. Campbell, C. J. Hobson, J. McPartland, A. M. Mood, F. D. Weinfeld, and R. L. York. (1966). *Equality of Educational Opportunity* [the Coleman Report]. Washington, DC: U. S. Government Printing Office.

Cook, M. D., and W. N. Evans. (2000). "Families or Schools? Explaining the Convergence in White and Black Academic Performance." *Journal of Labor Economics* 18(4): 729-754.

Crain, R. (1970). "School Integration and Occupational Achievement of Negroes." *American Journal of Sociology* 75(4, Part II): 593-606.

Crain, R. L., and R. E. Mahard. (1978). "Desegregation and Black Achievement: A Review of the Research." *Law and Contemporary Problems* 42(3): 17-53.

Greenberg, D., and J. McCall. (1974). "Teacher Mobility and Allocation." *Journal of Human Resources* 9(4): 480-502.

Grogger, J. T. (1996). "Does School Quality Explain the Recent Black/White Wage Trend?" *Journal of Labor Economics* 14(2): 231-253.

Hanushek, E. A. (1971). "Teacher Characteristics and Gains in Student Achievement: Estimation Using Micro Data." *American Economic Review* 60(2): 280-288.

Hanushek, E. A. (1972). *Education and Race: An Analysis of the Educational Production Process*. Lexington, MA: Lexington Books.

Hanushek, E. A. (1979). "Conceptual and Empirical Issues in the Estimation of Educational Production Functions." *Journal of Human Resources* 14(3): 351-388.

Hanushek, E. A. (1992). "The Trade-off between Child Quantity and Quality." *Journal of Political Economy* 100(1): 84-117.

Hanushek, E. A. (2001). "Black-White Achievement Differences and Governmental Interventions." *American Economic Review* 91(2): 24-28.

Hanushek, E. A. (2003). "The Failure of Input-Based Schooling Policies." *Economic Journal* 113(485): F64-F98.

Hanushek, E. A., and J. F. Kain. (1972). "On the Value of 'Equality of Educational Opportunity' as a Guide to Public Policy." In Frederick Mosteller and Daniel P. Moynihan (eds.), *On Equality of Educational Opportunity*. New York: Random House.

Hanushek, E. A., J. F. Kain, J. M. Markman, and S. G. Rivkin. (2003). "Does Peer Ability Affect Student Achievement?" *Journal of Applied Econometrics* 18(5): 527–544.

Hanushek, E. A., J. F. Kain, D. M. O'Brien, and S. G. Rivkin. (2005). "The Market for Teacher Quality." Working Paper No. 11154, National Bureau of Economic Research.

Hanushek, E. A., J. F. Kain, and S. G. Rivkin. (2002). "New Evidence about *Brown v. Board of Education*: The Complex Effects of School Racial Composition on Achievement." Working Paper No. 8741, National Bureau of Economic Research.

Hanushek, E. A., J. F. Kain, and S. G. Rivkin. (2004a). "Disruption versus Tiebout Improvement: The Costs and Benefits of Switching Schools." *Journal of Public Economics* 88(9–10): 1721–1746.

Hanushek, E. A., J. F. Kain, and S. G. Rivkin. (2004b). "Why Public Schools Lose Teachers." *Journal of Human Resources* 39(2): 326–354.

Hanushek, E. A., and M. E. Raymond. (2005). "Does School Accountability Lead to Improved Student Performance?" *Journal of Policy Analysis and Management* 24(2): 297–327.

Hanushek, E. A., and S. G. Rivkin. (2006). School Quality and the Black-White Achievement Gap. Working Paper No. 12651, Cambridge, MA: National Bureau of Economic Research.

Henderson, V., P. Mieszkowski, and Y. Sauvageau. (1976). *Peer Group Effects and Educational Production Functions*. Ottawa: Economic Council of Canada.

Hoxby, C. M. (2000). "The Effects of Class Size on Student Achievement: New Evidence from Population Variation." *Quarterly Journal of Economics* 115(3): 1239–1285.

Jargowsky, P. A. (1997). *Poverty and Place: Ghettos, Barrios, and the American City*. New York: Russell Sage Foundation.

Jaynes, G. D., and R. M. Williams. (1989). *A Common Destiny: Blacks and American Society*. Washington, DC: National Academy Press.

Jencks, C., and P. E. Peterson (eds.). (1991). *The Urban Underclass*. Washington, DC: Brookings Institution.

Jencks, C., and M. Phillips (eds.). (1998). *The Black-White Test Score Gap*. Washington, DC: Brookings Institution.

Katz, L. F., J. R. Kling, and J. B. Liebman. (2001). "Moving to Opportunity in Boston: Early Results of a Randomized Mobility Experiment." *Quarterly Journal of Economics* 116(2): 607–654.

Kerbow, D. (1996). "Patterns of Urban Student Mobility and Local School Reform." *Journal of Education for Students Placed at Risk* 1(2): 147–169.

Krueger, A. B. (1999). "Experimental Estimates of Education Production Functions." *Quarterly Journal of Economics* 114(2): 497–532.

Ludwig, J., G. J. Duncan, and P. Hirschfield. (2001). "Urban Poverty and Juvenile Crime:

Evidence from a Randomized Housing-Mobility Experiment." *Quarterly Journal of Economics* 116(2): 655–679.

Manski, C. F. (1993). "Identification of Endogenous Social Effects: The Reflection Problem." *Review of Economic Studies* 60: 531–542.

Mayer, S. E. (1991). "How Much Does a High School's Racial and Socioeconomic Mix Affect Graduation and Teenage Fertility Rates?" In C. Jencks and P. E. Peterson (eds.), *The Urban Underclass*. Washington, DC: Brookings Institution.

Mayer, S. E. (1997). *What Money Can't Buy: Family Income and Children's Life Chances*. Cambridge, MA: Harvard University Press.

Moffitt, R. A. (2001). "Policy Interventions, Low-Level Equilibria, and Social Interactions." In S. D. and H. P. Y. (eds.), *Social Dynamics*. Cambridge, MA: MIT Press.

Murnane, R. J. (1975). *Impact of School Resources on the Learning of Inner City Children*. Cambridge, MA: Ballinger.

Murnane, R. J. (1981). "Teacher Mobility Revisited." *Journal of Human Resources* 16(1): 3–19.

Murnane, R. J., and B. Phillips. (1981). "What Do Effective Teachers of Inner-City Children Have in Common?" *Social Science Research* 10(1): 83–100.

National Center for Education Statistics. (2004). *The Condition of Education 2004*. Washington, DC: U. S. Department of Education.

Neal, D. (2006). Why Has Black-White Skill Convergence Stopped? In E. A. Hanushek and F. Welch (eds.), *Handbook of the Economics of Education*, Volume 1. Amsterdam: Elsevier.

O'Regan, K. M., and J. M. Quigley. (1999). "Accessibility and Economic Opportunity." In C. Winston, J. A. Gomez-Ibanez, and W. Tye (eds.), *Essays in Transportation Economics*. Washington, DC: Brookings Institution.

Oakes, J. (1992). "Can Tracking Research Inform Practice? Technical, Normative, and Political Considerations." *Educational Researcher* 21(4): 12–21.

Peterson, P. E. (ed.). (2003). *Our Schools and Our Future: Are We Still at Risk?* Stanford, CA: Hoover Institution Press.

Rivkin, S. G. (2000). "School Desegregation, Academic Attainment, and Earnings." *Journal of Human Resources* 35(2): 333–346.

Rivkin, S. G. (2005). Cumulative Nature of Learning and Specification Bias in Education Research, Amherst College.

Rivkin, S. G., E. A. Hanushek, and J. F. Kain. (2005). "Teachers, Schools, and Academic Achievement." *Econometrica* 73(2): 417–458.

Rockoff, J. E. (2004). "The Impact of Individual Teachers on Student Achievement: Evidence from Panel Data." *American Economic Review* 94(2): 247–252.

Rosenbaum, J. E. (1995). "Changing the Geography of Opportunity by Expanding Resi-dential Choice: Lessons from the Gautreaux Program." *Housing Policy Debate* 6(1): 231–269.

Rosenbaum, J. E., and S. J. Popkin. (1991). "Employment and Earnings of Low-Income Blacks Who Move to Middle-Class Suburbs." In C. Jencks and P. E. Peterson (eds.), *The

Urban Underclass. Washington, DC: Brookings Institution.

Schofield, J. W. (1995). "Review of Research on School Desegregation's Impact on Elementary and Secondary School Students." In J. A. Banks and C. A. McGee Banks (eds.), *Handbook of Research on Multicultural Education*. New York: Macmillan.

Smith, J. P., and F. Welch. (1989). "Black Economic Progress after Myrdal." *Journal of Economic Literature* 27(2): 519–564.

Summers, A. A., and B. L. Wolfe. (1977). "Do Schools Make a Difference?" *American Economic Review* 67(4): 639–652.

U. S. Commission on Civil Rights. (1967). *Racial Isolation in the Public Schools*. Washington, DC: Government Printing Office.

U. S. Department of Education. (2003). *Digest of Education Statistics, 2002*. Washington, DC: National Center for Education Statistics.

Word, E., J. Johnston, H. P. Bain, B. D. Fulton, J. B. Zaharies, M. N. Lintz, C. M. Achilles, J. Folger, and C. Breda. (1990). *Student/Teacher Achievement Ratio (STAR), Tennessee's K–3 Class Size Study: Final Summary Report, 1985–1990*. Nashville: Tennessee State Department of Education.

Woessmann, L., and M. R. West. (2005). "Class-Size Effects in School Systems around the World: Evidence from between-Grade Variation in TIMSS." *European Economic Review* 50(3): 695–736.

Zimmer, R. W., and E. F. Toma. (2000). "Peer Effects in Private and Public Schools across Countries." *Journal of Policy Analysis and Management* 19(1): 75–92.

8

荷兰人力资本政策对弱势群体的有效性

Edwin Leuven 和 Hessel Oosterbeek

李奕星　译

8.1 引言

世界各国政府都强调，教育投资对公民未来的幸福生活很重要。然而，仅仅是增加国营部门（和私营部门）的教育支出也许并不是一个明智的选择。有效地分配资源是至关重要的，而要想合理地分配教育预算，我们需要了解各种干预措施和政策自身的有效性。这方面的知识非常有限，因为可信的教育干预评估很有限。

本章总结了荷兰近期对教育干预措施的一些评估研究。所有研究的共同点在于它们都以一个准实验性的识别策略为基础。准实验方法的特点在于其将观察单位（这里指学生或学校）分配给实验组和对照组的方式某种程度上和随机分配很相似。因此，水平十分相似的学生（或学校）会得到非常不平等的待遇。各研究也都明确要求，那些估计效应需要一些假设，来对其作出因果解释，而这些假设相对来说是无限制的。正因为如此，这些研究产生了比较令人信服的结果。

各研究的另一个常见的共同点是它们特别注意对弱势学生的影响。对于其中一些干预措施，这是不可避免的，因为它们是特别针对弱势群体而提出的。有些干预措施没有针对特定群体，但是我们仍考虑其对不同群体学生的影响。

本研究回顾的评估研究文献涉及以下政策措施和干预措施：缩小班级规模、增加额外人手资源、增加额外计算机资源、降低义务教育入学年龄、提高义务教育离校年龄。荷兰教育部已开始实施其中的四项措施。小学的班级人数已经减少，人员和计算机方面也得到了更多资金，并且现在也投入大量资源用于提高过早离开学校的学生的素质。只有降低义务教育入学年龄（从五岁到四岁）的建议政府尚未实施。讽刺的是，我们的研究结果表明，尚未付诸实践的这项干预措施，以其对弱势学生学业成就的影响来说，恰恰是最有前景的。而对于政府继续扩大的其他干预措施而言，实质性的积极影响可以排除。

接下来的一节，总结了这些研究的方法和发现。对于一些（技术上的）细节，我们参考了相关的研究论文。这个总结有两个目的，第一是展现一些值得关注的、有政策意义的研究结果。虽然这些研究无法涵盖所有可能的干预措施，但研究结果表明并非所有干预措施都同样有效。作为一个附带结果，关于最近研究的这个总结展示了识别各种政策影响的不同的可靠的识别方法。我们将在最后一节讨论这些问题。

8.2 评估研究的总结

8.2.1 额外学校学习时间对早期考试成绩的影响

允许或要求学生入学的年龄,各国之间各不相同,一个国家在不同时期也是不同的。在斯堪的纳维亚半岛的国家中,通常入学年龄为七岁。大多数经合组织国家(包括加拿大、比利时、法国、德国、意大利,以及西班牙和美国的大多数州)是六岁,在英国和新西兰则为五岁。入学年龄最小的国家有荷兰,儿童入学年龄为四岁。

跨国差异反映出入学年龄是一种政策变量,但对于较小入学年龄对学生学业成就的影响我们还知之甚少。几项研究表明早期儿童教育计划确实能产生实质性的积极效应(Currie,2001;Garces,Thomas 和 Currie,2002)。然而,这些研究涉及的是针对特定群体的计划,而这些计划的影响并不一定会支持额外学习时间对常规教育的影响。

识别额外在校时间影响的关键问题,是要有一个可靠的在校时间外源性差异来源,此差异与诸如先天能力和父母的愿望等因素无关。在一个值得关注的研究中,Cahan 和 Cohen(1989)评估了以色列学生额外在校学习时间对早期成绩的影响。与许多其他国家一样,一个整年同期群(whole-year cohort)同日入学。通过比较年级接近的学生的学业成就,Cahan 和 Cohen 对于学生额外在校学习时间与年龄对学业成就的影响两者进行了区分。他们的关键发现是,在学校多学习一年的影响是年龄大一岁影响的两倍。其他相关研究未能区分不同年龄入学和在不同年龄接受学业成就测试的不同影响。

Leuven 等(2004b)通过分析荷兰小学入学有关法规的两个具体特征,调查了额外在校时间对早期考试成绩的影响。第一个特点是孩子在他或她的四岁生日后有资格立即上学。这与大多数其他国家情况不同,通常所有同期群的孩子在同一天入学。第二个特点是,一个同学年的同期群由本年的10月1日到次年的9月30日之间出生的孩子组成。这样一来,在暑假之前、之中和之后年满四岁的儿童就被放进了同一个班级。这两个特征一起产生的结果就是,取决于孩子年龄差异,孩子在其学业生涯中的任何给定日期,其已在校天数都是最多的。

Leuven 等(2004b)的研究显示,额外在校时间对弱势二年级学生[1]的语言和算术分数有明显的积极影响。少数族裔学生以及父母教育程度较低的荷兰学生受益于更多在校时间。这个额外在校时间的影响非常显著：潜在入学时间多一个月，可以使得早期测试成绩提高一个标准差的 6%。就比如，没有任何弱势学生的学校，和只有少数族裔学生的学校的平均考试成绩差异，就是一个标准差[2]。非弱势孩子无法从早期额外在校时间中获益。

本章认为，现有研究中指出的额外在校时间的影响，其实是额外在校实际时间的影响的下限。增加实际在校时间的一个办法是降低义务教育入学年龄。结果表明，我们也许期待降低弱势儿童义务教育的入学年龄能带来有益影响。然而，这里面暗含了一个假设，即对于遵守者而言，所获得影响可能转化为迫使学生在更小的年龄入学。反过来也存在一个假设，即那些到了孩子被允许上学的年龄而并不急于送其上学的家长，从使其子女的学业成就最大化的角度，乃是作出了一个错误决定。

鉴于荷兰最近的政策讨论，降低义务教育入学年龄可能产生的影响的研究结果，很引人注目。几年前，教育部副部长建议将义务教育入学年龄从五岁降低到四岁。但是，当这个副部长所在的内阁被一个新的内阁取代之后，新任教育部长的首要行动之一就是撤回这个提案。据新任部长说，该拟议的改变会过于干扰父母的选择自由。

8.2.2 小学班级规模缩小对于学业成就的影响

班级规模对学业成就的影响最近得到了研究人员的极大关注。这里有一个典型的案例。该例子表明，仅简单地比较小规模班级学生和大规模班级学生的学业成就，可能会导致因果效应的评估偏差。这种偏差在两个方向都可能发生。如果更重视其子女学业成就的父母选择小班教学的学校的话，此类简单化的比较可能会导致高估班级规模对学业成就的真正影响。相反，如果学校将问题较多的学生放在小班进行教学时，同样的比较可能会导致对重要影响的低估。

20 世纪 80 年代中期在田纳西州进行的 STAR 现场实验的结果是众所周知的。幼儿园至三年级的学生及其教师被随机分配到不同规模的班级。Krueger(1999)报告了对其结果的仔细分析(另见 Krueger 和 Whitmore,2001)。他们的主要发现是，不论是从短期还是长期结果方面来看，被分配到小班的学生的表现都优于在大班中的学生。来自弱势背景的学生似乎特别受益于被安排在较小规模的班级。

有两个原因影响了 STAR 实验结果的外部效度。首先，正如 Hoxby(2000)所言，教师们了解他们被分配到实验组或控制组的含义，他们可能会意识到该计划能否延续取决于该项目的成功与否。这可能会给实验组的教师更多的动力去努力工作，同时使控制组的教师放缓工作。第二,这个实验是在 20 世纪 80 年代中期在田纳西州进行的,因此该结果对其他人群或时间段未必成立。虽然小班教学的平均处理效应为正,但弱势群体孩子受益更多的事实早已表明存在异质性处理效应。Krueger(1999:526,图二)通过展示学校平均处理效应的分布,说明了这一点。对于大多数学校来说,处理效应的点估计给出的是错误的信号。这两个事实都说明,小班的总体积极影响取决于学生的整体构成和学校的构成。在另一个背景下(不同的州、国家,或时期),学生和学校的组成可能不同,以至于平均处理效应可能会大于或小于 STAR 实验报告的效果。

Angrist 和 Lavy 于 1999 年进行了一项研究,该研究不存在参与者事先了解整个实验背景的缺陷。该论文采用了基于以色列小学资助规则具体特征的断点回归设计。根据所谓的迈摩尼德斯定律(Maimonides' Rule),一旦某年级学生人数超过了 40 的倍数,就会增加一名老师。因此,当学校某年级有 40 名学生时,平均班级规模就为 40,而当该年级有 41 名学生时,平均班级规模为 $20\frac{1}{2}$。通过比较刚刚高于和低于临界值的学校学生的成绩,就可以得出班级规模对学业成就的因果影响的可信估计。识别假设是,父母不能根据学校在临界值上下的位置来选学校;且班级规模恰好为 40 时,不会发生什么特殊事件。正如 Krueger(1999)一样,Angrist 和 Lavy 发现了小班授课的正面效应,并发现弱势学生比例较高的学校,正面效应更大。相比之下,Hoxby(2000)发现班级规模减小并没有产生正面效应,她甚至排除了微弱效应。

在最近的一项研究中,Woessmann 和 West(2006)评估了 11 个不同国家的班级规模效应。他们发现了两个国家小班教学有积极影响。对于其他国家来说,他们没有发现这样的影响。对于四个国家,他们排除了小至班级规模减少一名学生带来的变化,即 1% 标准差大小的效果。

考虑到小班教学的这些积极结果,调查其他国家是否也能实现类似的影响是非常值得关注和重要的。受到 Angrist 和 Lavy 研究的启发,Dobbelsteen、Levin 和 Oosterbeek(2002)利用荷兰对小学的资助计划(和荷兰数据)的特点进行了类似的分析。此荷兰小学资助计划在学生人数(在学校层面上)和教师构成两者关系上也存在不连续性,但不连续性不如以色列小学那样显著。这样做的缺点是实验组的规模太小,很难足够精确地识别存在的影响。优点是,荷兰小学资助计划的不连续性大小与荷兰近年来实施的班级规模缩减相当接近。

Dobbelsteen 等报告了四年级、六年级和八年级班级规模对语言和算术成绩的分别影响(八年级是小学的最后一年,此时学生是11岁或12岁)。大多数基于工具变量技术的点估计都是正向的,这意味着较小班级规模的学生表现得比较大班级规模的学生差。对这种违反直觉的结论背后的因素,他们通过在学业成就回归中增加一个额外的变量做了研究。这个额外的变量测量每个学生其班级学生(绝对)人数,所有班级具有几乎相同的能力水平(依据IQ)。该变量旨在测量社会认知学习理论预测的同伴效应(参见 Bandura,1986;Schunk,1987)。根据这些理论,学生从具有相同认知能力水平的同伴中受益最多。变量"相似同学数"存在学习理论预测的积极迹象,同时纳入该变量可以减少正向的班级规模效应。因此,荷兰小学的班级规模与学业成就之间的非负性和一些甚至正相关关系,至少可以部分归因于缩小班级规模(预计)会减少班级中有相似能力水平的学生人数。这种缩小显然限制了学生从同学那里学习的范围。

虽然以上报道的结果很引人注目,但应强调的是此类分析只是探索性的。它试图解释小班教学的正面效应。我们应谨慎解释关于"相似同学数"的影响的研究结果,因为我们从没有尝试过清除这些内生性的影响。

在一份后续研究中,Levin(2001)使用了相同的设定,但本次使用了分位数回归技术。这产生了有条件学业成就分布的不同百分位数的效果估计。四年级、六年级和八年级语言和算术成绩在第10、第25、第50,第75和第90百分位数的影响分别被报告。针对语言和算术,他分别对四、六、八年级学生进行了测试。所得到的不包括相似同学数量的结果,显示出了一种不稳定的模式。有时,在低百分位数,班级规模对学业成就的估计影响较大;某些时候,情况则相反。当包含相似同学数的因素时,单纯的班级规模效应则是无规律的。而关于相似同学人数影响的结果比较直截了当。对于所有年级来说,Levin报告认为,在有条件学业成就分布估值水平较高时,所预测的同伴效应有显著单向的下降。这意味着处于有条件学业成就分布下端的学生,与能力相似的学生在同一个班级则受益更多。

8.2.3 额外人员资助对少数族裔学校的影响

为了提高少数族裔学生比例高的学校的教学质量,荷兰教育部于2000年决定为至少有70%的少数族裔学生的学校提供额外资助。所有少数族裔学生占比超过70%的学校,都得到了相当于每名教师13 000荷兰盾的额外资助[3]。这笔资助分两年发放,其数目相当于学校每年人员费的百分之十略低。只要有助于改善教师的工作条件,学校就可以自主支配这笔额外补助。少数族裔学生少于70%的学校(含69.9%)都不符合该资助条件。为了防止学校的策略性行为,少数族裔学生的比例计算按 2000 年该政策公布前几年的学生人数数据计算。

该政策的这一特点制造了两个不同的群体:少数族裔学生占比超过 70% 的学校和少数族裔学生少于 70% 的学校。Leuven 等(2004a)用这个特点来评估此政策的影响。通过分析限于接近达标线的学校,很可能两组之间不存在系统性的差异。Leuven 等又将分析限于少数族裔学生占比至少 60%、至多 80% 的学校。这种选择带宽平衡了拥有更多可比学校和更多观察数量之间的取舍。假设在达标线附近不存在系统性差异,那么这个补贴计划就像一个将学校随机分配给两个组的实验。接近达标的学校在可观察到的特征方面是相似的,这一事实支持,但不证明这些学校在不可观察的特征方面也是相似的。实证分析也控制了少数族裔这部分学生对学业成就直接影响的差异。这是一个区别对待相似情况的政策案例。

作为结果测度,本研究分析了八年级学生在一次全国统考中的语言、算术和信息处理的成绩。在荷兰,80% 的小学参加了这次考试。这是一个重要的、被称为 Cito-test 的考试(Cito 是开发了该测试的研究院名称,曾经是 Centraal Instituut voor Testontwikkeling,即"荷兰考试开发研究院"的首字母缩略词)。考试结果用于将学生分配到不同水平的中学去。水平高的中学有关于本次统考的具体成绩水平的要求。此外,学校学生在这次考试中的平均分数会被用来评估学校的教学质量。这一切都意味着在这次考试中考得好,对于学生和学校都是重要的。我们可以查到 1999 年、2000 年、2002 年和 2003 年的考试测度。前两项是干预前测度;后两项是干预后测度。因此,本分析侧重于学业成就的变化而不是学业成就的水平。

在第一次和最后一次发放补助之间,Beerends 和 Van der Ploeg(2001)采访了接受这些补助的学校的校长。这些采访的结果显示,接受额外补助的学校中,90% 收到的补助都按教育部的要求支出了。招聘和雇用额外人员,额外人员的薪酬和额外设施的支出似乎是这笔补助的主要组成部分。额外资金的百分之十没有立即被使用,而是放入了学校的储备金。值得注意的是,我们还试图评估该计划的有效性。这是通过询问学校校长该计划是否有效而得以实现的。超过 80% 的受访者给出了一个确定的答复。该方法未达到一个合格评估研究的最低标准。

Leuven 等选择学业成就作为一个相关的结果测度,反映了这样一个观点:即归根结底,额外人员、额外酬劳和额外设施都应该转化成更高的学生学业成就。这似乎是合理的,鉴于额外的资源是针对有大批弱势学生的学校的;而这些学生被视为弱势学生,是因为他们学习更不好(特别是在全国考试中)。

为了解释这一结果,重要的是要认识到荷兰的小学重点资助计划已经向有大批弱势学生就读的学校提供了数量可观的补偿资源。在这个重点资助计划中,少数族裔学生入学时,接受了一名非弱势学生1.9倍的加权。这意味着少数族裔学生超过70%的学校,比没有弱势学生的学校已经多收到了50%资源。评估研究的结果表明,这些学校已经达到了资源充足水平甚至已经资源过剩了。

8.2.4 额外信息通信技术(ICT)资金对弱势学生学校的影响

刚描述到的干预措施之一是一项补贴计划,向所有(少数族裔学生超过70%的)学校按每个学生209荷兰盾的固定数额进行补贴。弱势学生主要包括少数族裔学生和父母受教育程度低的学生两大类。弱势学生占比小于70%的学校(包括弱势学生占比为69.9%的学校)没有资格获得资助。为了防止学校的策略性行为,弱势学生的份额是基于2000年政策公布前的学生构成人数计算的。Leuven等也对此干预政策进行了评估(2004a)[4]。

这项政策的设计创造了两个不同的群体:弱势学生占比70%及以上的学校和弱势学生占比不到70%的学校。这项研究同样将分析结果限制在少数族裔学生占比至少60%、至多80%的学校上。同样假设在达标线附近不存在系统性的差异,这种补贴计划就像一场几乎是把学校随机分配给两个组的实验。实证分析也限制了弱势学生这部分学生对学业成就的直接影响的差异。同样,相似案例的对待方式也是不同的。

结果测度还是Cito对八年级学生语言、算术和信息处理课程最终测试的分数,可以查询到的是1999年、2000年、2002年和2003年的测试结果。前两个是干预前测度;后两个是干预后测度。因此,研究重点是学生学业成就的变化而不是成就的水平。

Leuven等(2004a)报告的所有评估结果均为负,在某些情况下它们与零存在显著的不同,尤其是在语言和算术方面。ICT的额外补助似乎对学生的学业成就有不利影响。Leuven等还报告了发放给学校的调查问卷的结果,这些学校少数族裔学生占比为65%~75%。问卷的项目包括计算机—学生比,计算机使用时长,计算机的一般使用强度,以及在语言和算术课程方面的使用强度。结果显示,计算机—学生比与计算机使用时长这两项无显著差异。在实验组和控制组中,这一比例平均为1∶5,高于小学的标准比例(1∶10)。然而,学生在校使用计算机的时间有显著差异。实验组学校的学生每周比控制组的学生平均多50分钟以上的使用时间。这个额外时间的一部分为语言和算术教学。因此，计算机和软件方面的额外资源可以增加在校计算机使用时间，但是会降低考试成绩。

在该荷兰研究中发现的计算机使用对测试成绩的负面影响结果，与最近其他两项研究结果一致。Angrist 和 Lavy(2002)评估了以色列国家彩票中心在以色列中小学资助新计算机计划的影响。他们使用了几种评估策略，并发现了由该项计划导致的计算机使用对四年级学生数学成绩有略微显著的负面影响。对于八年级学生和希伯来语成绩来说，评估结果大部分为负数，但与零无显著差异。Rouse，Krueger 和 Markman(2004)研究了计算机教学程序 Fast For Word(FFW)的影响。他们没有发现使用 FFW 可以导致语言习得或实际阅读能力提升的证据。使用 FFW 花费的时间是学生在正常阅读教学之外花费的时间。虽然 Rouse 等没有发现负面效应，在教学中更广泛地使用计算机可能会取代传统教学方式。如果基于计算机的学习与传统的课堂教学形式相比不那么有效的话，那么负面影响不能被排除。

8.2.5　将职业技术教育从三年延长至五年的影响

通常人们认为，低技术工人应该接受更多的普通教育或培训，因为这能使他们更好地参与所谓的知识经济。一个重要的问题是这些针对低技能人群的、有针对性的教育计划在多大程度上是有效的。

最近的一些研究报告了与该问题相关的一些结果。Aakvik，Salvanas 和 Vaage(2003)利用对挪威将义务教育从七年延长到九年的研究，探讨了一年额外在校教育的薪酬效应。报告称，一年额外最低水平的职业教育获得 0.7% 的回报。Meghir 和 Palme(2003)评估了一个瑞典的社会实验。该实验的一个组成部分是将七到八年的义务教育增加到九年。结果表明，能力较差的人的额外教育对收入影响不大。Oreopoulos(2003)分析了美国、加拿大和英国的离校法律的变化，重点研究了对退学的影响。在英国，由于改革的缘故，学历低于高中的学生的薪酬增长了 5.2%。提高最低离校年龄对美国辍学者的就读年数以及加拿大辍学者读的最高的年级来说，具有重大的正面效应。此外，两国辍学者的工资效应都很大[5]。

20 世纪 70 年代中期，荷兰政府实施了一项改革，当时所开展的和如今的这场改革所倡导的一样。在那以前，低级职业教育课程的时长是三或四年。这项改革将所有三年期课程的时间延长至四年，并保持四年期课程时间不变。额外一年学习的重点是一般技能而不是职业技能。课程长度的变化是伴随着荷兰义务教育从 9 年增加到 10

年而产生的,从而将最低离校年龄从 15 岁提高到 16 岁。

Oosterbeek 和 Webbink(2004)评估了增加课时长度对该扩展课程毕业生工资的影响。他们使用了差异(DD)方法,其中时长不变的低职业课程的毕业生组成了对照组。该分析与以前的研究相关,这些研究利用了义务教育法律的变化,以获得额外教育年限工资效应的可靠估计。

Oosterbeek 和 Webbink 未能发现这一改革产生显著的积极影响。他们的最佳估计为－0.018,标准误差为 0.019,从而排除了 0.02 以上,95％概率的正效应。这个结果不能解释为需要一段时期才能全面实施这一变化。由于对照组的组成变化,因此结果可能有偏差。在这种情况下,结果可能为真实效果的上限。简单差异设定和 DD 设定的不同结果表明,基于简单差异设定的以前的结果是有偏差的。

这些调查结果似乎与许多研究报告相抵触,那些研究报告了一年教育高显著性的、实质性的回报。原因可能是额外的一年学习并没有改变获得的最高学位,并且很显而易见,过去的三年的课程,如今变为四年课程,只不过是内容稀释而已。Pischke(2003)提供了较少的学习时间不会对收入产生负面影响的对比研究解释。Oosterbeek 和 Webbink 的发现与 Pischke 的结果一致。Meghir 和 Palme(2003),Aakvik、Salvanas 和 Vaage(2003)也有类似的发现,他们报告了对与受改革影响群体可比的群体的可忽略的影响。

Oosterbeek 和 Webbink 的调查结果表明,参加了低级职业课程的个人无法受益于额外的普通教育(就后期工资而言)。这一发现与目前旨在为年轻人提供少量普通技能的政策举措大相径庭。结果涉及不同的时期和不同的情况,并限制了其外部效度。然而,这些结果至少对目前举措的有效性提出了质疑。

8.3 讨论与结论

上一节总结了五种不同教育干预措施的评估研究结果,所有评估都是基于一些准实验设计,这些设计产生的结果具有很高的内部效度。也就是说,人们可以从这些研究中有效地得出结论,即这些结果差异是由处理方式的差异而引起的(参见 Meyer,1995:152)。这些研究发现受到内部有效性威胁的影响,如忽略变量、结果趋势、同时性、选择或消耗的可能性,似乎可忽略不计。表 8.1 列出了每项研究的主要特点。

表 8.1 影响总结

干预措施	结果变量	平均影响	不利群体	对于不利群体的影响
将入学年龄降低一个月	早期语言成绩和数学成绩	0.024(0.016)标准差(语言);0.022(0.016)标准差(数学)	父母教育程度较低的荷兰学生;少数族裔学生	0.062(0.034)标准差(语言);0.061(0.034)标准差(数学);0.060(0.028)标准差(语言);0.071(0.029)标准差(数学)
班级规模增加一个学生	四、六、八年级的语言和数学成绩	−0.261(0.270)百分点(六年级语言)至0.857(0.367)百分点(八年级数学)	成绩低下的学生(第25百分位)	−0.245(0.424)百分点(六年级语言)to 1.050(0.414)百分点(六年级数学)
人员额外资源	八年级的语言、数学和信息处理成绩		少数族裔学生	−0.055(0.043)标准差(语言);−0.023(0.047)标准差(算术);−0.035(0.043)标准差(信息处理)
计算机额外资源	八年级的语言、数学和信息处理成绩		父母教育程度较低的荷兰学生;少数族裔学生	−0.079(0.030)标准差(语言);−0.061(0.033)标准差(算术);−0.032(0.030)标准差(信息处理)
延长低级职业课程	20年后的收入		就读于初中职业培养计划的学生	−0.018(0.019)工资变化百分点

然而,这些结果的一个重要限制是它们在多大程度上能够推广到其他情况中。弱势学生占比为70%左右的荷兰小学未能将额外计算机资源转化为更高考试成绩的事实并不能证明额外的计算机资源对于没有弱势学生的学校没有影响。然而,荷兰关于计算机额外资源负面影响的调查结果与其他国家和其他背景下最近的调查结果相辅相成。与此同时,荷兰的调查结果也为其他研究提供了更多参考。

当我们只关注荷兰的教育环境时,那么我们能从对这五个干预措施的评估中清晰地看到这样一个现象,即额外人员或计算机资源对于弱势学生占比较大学校的学生成就没有影响。荷兰小学最近实施的小班教学对学生成就也不存在有利影响。

对调查结果的总结也具有重要的方法论上的优势。由于已实施政策的具体特点，五项干预措施之中的两项可以采用一种令人信服的方法进行评估。小学人员补贴对少数族裔学生占比不少于70%的学校与少数族裔学生少于70%的学校非常不同。同样，计算机补贴政策也是如此。在这两种情况下，政策的具体设计都意味着简单明了的研究设计，但在这两种情况下，这都非有意为之。政策制定者并不了解他们创造的评估机会，于是导致我们要提出两个建议。首先，更多不连续实施的政策并不是为了用于评估，因此研究人员应尽可能使用这些特点。第二，这些例子表明，差别实施那些对待相似案例的政策是可能的。无论是在人员补贴的情况下，还是信息通信技术补贴的情况下，学校、教师、家长或他们的组织对于不平等的待遇都没有投诉。政策制定者应该考虑利用这一点，将这些特点包含在新计划的设计中。这些特点也可用来评估政策。

8.4 附录

表8.2简要介绍了本文献中总结的研究论文中使用的数据源。

表8.2 数据源

评估研究	数据源名称	人口	测度结果年份	数据采集类型
入学年龄	PRIMA	二年级学生	1994,1996,1998,2000	成就测试＋问卷调查
缩小班级规模	PRIMA	四、六、八年级学生	1994	成就测试＋问卷调查
额外人员补助	CTO＋行政数据	1998年有60%~80%少数族裔学校的八年级学生	2002—2003	全国毕业考试＋行政数据
额外ICT补助	CTO＋行政数据	1999年有60%~80%弱势学生学校的八年级学生	2002—2003	全国毕业考试＋行政数据
延长低等职业学校年级学习时间	劳动力调查	入学低等职业学校的1953年到1963年的出生同期群	1995	问卷

注释

1. 本章的附录简要介绍了以上述研究论文作为基础的各种数据来源。
2. 荷兰的教育政策区分了两个主要弱势群体：父母受教育程度低的非少数族裔学生和少数族裔学生。在小学资助计划中，父母受教育程度低的非少数族裔学生的学校能获得25%的额外资金，有少数族裔学生的学校，额外资助则为90%。在不久的将来，这个系统即将被改为一个在幼年时测度的语言能力不足的基础上进行补偿的计划。
3. 荷兰盾在退出流通之前的官方汇率为2.2∶1欧元。
4. 对于申请额外人员补助的评估，使用的是少数族裔学生占比为60%～80%的学校的信息（A组）。对于申请额外ICT补助的评估，使用的是弱势学生占比为60%～80%的学校的信息（B组）。A组的所有学校也都获得ICT补贴，因为少数族裔学生占比为60%～70%的学校中，至少有10%的非少数族裔学生的父母受教育程度低。另一方面，B组几乎没有学校收到额外人员补贴，因为弱势学生占比为70%～80%的学校通常少数族裔学生少于60%。因此，额外人员补助的申请是在这样的情形下评估的：所有学校（实验组和控制组）也接受ICT补贴。而ICT补助申请的评估是在这样的情况做出的：没有学校（实验组和控制组）可以领取额外人员补贴。
5. Harmon 和 Walker(1995)，Vieira(1999)以及 Pischke(2003)也进行了相关研究。

参考文献

Aakvik, A., K. Salvanas, and K. Vaage. (2003). "Measuring Heterogeneity in the Returns to Education in Norway Using Educational Reforms. Discussion Paper No. 815, IZA.

Angrist, J. D., and V. Lavy. (1999). "Using Maimonides' Rule to Estimate the Effect of Class Size on Scholastic Achievement." *Quarterly Journal of Economics* 114: 533–575.

Angrist, J. D., and V. Lavy. (2002). "New Evidence on Classroom Computers and Pupil Learning." *Economic Journal* 112: 735–765.

Bandura, A. (1986). *Social Foundations of Thought and Action: A Social Cognitive Theory*. Englewood Cliffs, NJ: Prentice Hall.

Beerends, H., and S. Van der Ploeg. (2001). "Onderzoek vergoeding schoolspecifieke knelpunten." Report OA-230, Regioplan.

Cahan, S., and N. Cohen. (1989). "Age versus Schooling Effects on Intelligence Development." *Child Development* 60: 1239–1249.

Cunha, F., J. Heckman, L. Lochner, and D. Masterov. (2005). "Interpreting the Evidence of Life Cycle Skill Formation." Working Paper No. 11331, National Bureau for Economic Research.

Currie, J. (2001). "Early Childhood Interventions." *Journal of Economic Perspectives* 15: 213–238.

Dobbelsteen, S., J. Levin, and H. Oosterbeek. (2002). "The Causal Effect of Class Size on Scholastic Achievement: Distinguishing the Pure Class Size Effect from the Effect of Changes in Class Composition." *Oxford Bulletin of Economics and Statistics* 64: 17–38.

Garces, E., D. Thomas, and J. Currie. (2002). "Longer-term Effects of Head Start." *American Economic Review* 92: 999–1012.

Harmon, C., and I. Walker. (1995). "Estimates of the Economic Return to Schooling for the United Kingdom." *American Economic Review* 85: 1278 – 1286.

Heckman, J. J. (1999). "Policies to Foster Human Capital." Working Paper No. 7288, National Bureau for Economic Research.

Hoxby, C. M. (2000). "The Effects of Class Size on Student Achievement: New Evidence from Population Variation." *Quarterly Journal of Economics* 115: 1239 – 1285.

Krueger, A. B. (1999). "Experimental Estimates of Education Production Functions." *Quarterly Journal of Economics* 115: 1239 – 1285.

Krueger, A. B., and D. Whitmore. (2001). "The Effect of Attending a Small Class in the Early Grades on College-test Taking and Middle School Test Results: Evidence from Project STAR." Economic Journal 111: 1 – 28.

Leuven, E., M. Lindahl, H. Oosterbeek, and D. Webbink. (2004a). "The Effect of Extra Funding for Disadvantaged Pupils on Achievement." Review of Economics and Statistics, forthcoming.

Leuven, E., M. Lindahl, H. Oosterbeek, and D. Webbink. (2004b). "The Effect of Potential Time in School on Early Test Scores." Working paper.

Levin, J. D. (2001). "For Whom the Reductions Count: A Quantile Regression Analysis of Class Size and Peer Effects on Scholastic Achievement." *Empirical Economics* 26: 221 – 246.

Meghir, C., and M. Palme. (2003). "Ability, Parental Background and Education Policy: Empirical Evidence from a Social Experiment." Working Paper 5/03, IFS, London.

Meyer, B. D. (1995). "Natural and Quasi-Experiments in Economics." *Journal of Business and Economics Statistics* 13: 151 – 161.

Oosterbeek, H., and D. Webbink. (2004). "Wage Effects of an Extra Year of Basic Vocational Education." Economics of Education Review, forthcoming.

Oreopoulos, P. (2003). "Do Dropouts Drop Out Too Soon? International Evidence from Changes in School-Leaving Laws. Working Paper No. 10155, National Bureau for Economic Research.

Pischke, J.-S. (2003). "The Impact of Length of the School Year on Student Performance and Earnings: Evidence from the German Short School Years." Working Paper No. 9964, National Bureau for Economic Research.

Rouse, C. E., A. B. Krueger, and L. Markman. (2004). "Putting Computerized Instruction to the Test: A Randomized Evaluation of a 'Scientifically Based' Reading Program." *Economics of Education Review* 23: 323 – 338.

Schunk, D. H. (1987). "Peer Models and Children's Behavioural Change." *Review of Educational Research* 57: 149 – 174.

Vieira, J. A. C. (1999). "Returns to Education in Portugal." *Labour Economics* 6: 535 – 542.

Woessmann, L., and M. West. (2006). "Class-Size Effects in School Systems around the World: Evidence from Between-Grade Variation in TIMSS." *European Economic Review* 50: 695 – 736.

9

通过教育—财政改革为美国的种族和社会经济群体提供平等机会

Julian R. Betts 和 John E. Roemer

张 群 译

9.1 引言

教育可能是民主国家用来试图实现国民经济机会平等化的主要工具。人们通常认为这种层面上的机会平等是通过为所有学生提供平等的教育资源来实现的。我在此论证并非如此，并且试图算出美国公立学校应如何分布教育支出才能实现赚钱能力方面的机会平等，因为赚钱能力是一种衡量经济水平的方式。

在美国，近35年来有许多诉讼案件对多数州公立教育财政系统的合宪性提出了质疑。法庭随后颁布的指令普遍着手缩小贫穷和富有学区间生均教育经费的差距，并赋予各州政府更多权力控制支出[1]。此外，随着时间的推移，这些诉讼案件的关注重点往往会从上述较为简单的机会均等视角，即资源的均匀分布，转向另一个推行"教育成果"（即考试成绩和毕业率）平等化的视角。

该方法与本章所定义的机会平等的概念更为接近，但仍不完全相同。从资源的平等分配到教育成果平等化的转变十分受"学校经费适足性"运动的欢迎。该运动在诉讼案件中提出所有学校都应该遵循一个最低成果标准。在许多诉讼案件中，适足性的支持者都成功地论证了用一套绝对平等的标准去要求所有学校就意味着社会必须在那些为低收入学生服务的学校上投入更多。Hoff（2004）写道："原告在有关经费适足性的学校财政诉讼案件中取得胜利始于1989年肯塔基州最高法院通过的决议。该决议宣布肯塔基州的学校系统不合宪法，并命立法机关给出充足的拨款，从而'让肯塔基州的每一个孩子都能受到充分的教育'。该决议使法律辩论的关注点从'平等'资助，即资金在学区间均等分配，转向'适足'资助，即各州的支出是否充足。"

在著名的"财政公平运动诉纽约州案"这一适足性案件中，原告就当时的现状未能给纽约市学生提供州宪法所承诺的"完善、基础的教育"而提出诉讼。2004年下半年，一个法庭仲裁小组建议加大对纽约市各学校的投入，增加56亿美元的开支，即增加原支出的45%（Hoff，2004）。

在过去的30年间，乃至整个上世纪，公立学校系统也大幅度提高了生均实际支出（见 Hanushek 和 Rivkin，1997 或者 Betts，1996）。大量的实证分析研究了教育经费对成人收入的影响。虽然这类文献得出的结论各式各样，但多数都指出增加教育经费最多只能小幅度地提高成人的收入[2]。相对来说，很少有研究用该类文献来估计到底需要多大力度的教育改革才能使背景各异的工作者获得平等的机会。要对此作出分析，需要我们估计财政改革对不同类型工作者收入的影响，同时，还需要我们分析有多少教育资金需要再分配或是上涨，从而创造公平的环境。本章旨在估计提升生均教育经费能在多大程度上带来机会的平等。

我们的研究旨在通过实证分析提出不同的可能性，而不是通过规范分析确定应该采取什么措施。实际上，无论是机会平等化的支持者还是反对者，都应当关心教育资金的转向到底会取得怎样的成效，以及随之而来的花销会有多少。

通过使用全国青年纵向追踪调查（NLSYM）的数据集，我们发现要实行不同种族间机会平等的政策，即把教育资金作为工具，并保证任何种族所得的份额都不会低于全国平均水平，则需在每个黑人学生身上平均投入白人学生九倍的资金。即便是政策估算中自举置信区间的下限也表明需要大幅调整种族间的资金分配。若对有着不同社会经济背景的男性实行机会平等化的政策，却忽略种族因素，那么该政策对种族间工资的平等化几乎不会起到任何作用。另一个机会平等的定义认为，所有学校都应获得相同的资助，且应任由工资的发展情况顺其自然。这种主张同样无法缩小不同种族间的工资差距，原因主要在于"让学校获得相同资助"的政策没有考虑到人力资本和社会资本在年纪非常小的孩子中，甚至在学龄前的儿童中，都存在着巨大的差异[3]。

关于种族间的分配，有迹象表明平等和总输出之间存在着折中关系，即资金的重新分配将人们的工资水平降低了百分之五。相比之下，对于基于父母教育程度的重新分配而言，资金分配的平等化将工资水平提升了约百分之二，因为教育开支对于那些父母教育程度较低的人而言影响偏大一些。

9.2节概括了机会平等的理论，并讨论了美国过去30年来机会平等的演变。9.3节对数据进行了描述，并就教育经费估计能产生多大影响进行了探讨。9.4节总结了用来分组计算机会平等政策和最佳生均教育经费的算法，同时还研究了一个忽略种族差异（race-blind）的机会平等政策会对于黑人和白人间的工资差距带来怎样的影响。9.5节对比了教育开支再分配的利与弊。9.6节对本章提出的政策建议进行总结。

9.2 机会平等的理论

我们的目的是算出怎样重新分配教育支出才能保证学生将来在赚钱能力方面机

会平等。为了达到这个目的,我们首先需要简单回顾一下一个最近被我们中的一员扩充了的机会平等理论(Roemer,1998)。这一理论试图使"拉平竞技场"的隐喻具有法律效力。隐喻中竞技场上的凹槽,指的就是不同的个人在想要达到相同的目标(这里指获得赚钱能力)时因为那些社会认为不由他们自身决定的"环境因素"如他们的种族或是父母的社会经济地位而遭受的不利。相对于环境因素,机会平等的理念认为那些由个人付出的"努力"程度不同所造成的达到某目标的程度不同就道德而言没有什么问题。至关重要的是,我们这里所说的"努力"不单指一个人自身花费多少精力,还包括所有被我们排除在"环境因素"之外,但仍会影响他或她成功的背景因素。将原因划分为环境因素和个人努力的做法是区分机会平等理念和成果平等理念的核心。虽然成果平等的理念本身不要求个人为自身的成功与否负责,机会平等的理念却强调个人只有在付出足够多的努力时才可以将不理想的成果归咎于社会[4]。

该理论有五个相关词汇,即:环境、类型、精力、目标和手段。所谓"类型"就是指一组拥有相同环境的人。"目标"指的是需要实现机会平等化的条件,而"手段"则指的是用于实现这种平等的政策干预(在这里指教育财政)。粗略地说,机会平等的政策是确保行为主体所期待的目标值仅为其自身付出努力——而非其环境因素——的因变量的政策手段值。因此,如果教育财政政策想要为学生们创造未来赚钱能力的平等,那么就需要确保一个年轻人预期中的工资只是其自身付出努力的因变量——而非其环境因素。

假设我们确定了一系列环境因素以及精力 e 的标量度量。首先,我们将相关人口分成 T 种类型。而后我们用函数 $u^t(x, e)$ 表示类型 t 中人们的目标期待值,其中 x 代表政策手段分配给个人的"资源"。那么,现在假设类型 t 中的所有成员所得到的资源分配额为 x^t ——资源在这里指教育经费。我们用一个概率分布函数 $F^t(., x^t)$(x^t 代表分布的系数)来表示在该类型中接下来的精力分布。这些分布在不同类型间会有所差距,即使不同类型获得等量的资源。注意,分布函数 F^t 代表着类型的特征,而非任何个人的特征。这句看似无关紧要的话实际上非常重要。

机会平等的理论认为个人不应为其所处的环境,即他们的类型负责。在建立一个能够对精力进行类型间对比的衡量标准时,我们必须认识到有些人来自精力分布中"良好"的类型,而有些人则来自精力分布中"较差"的类型,而来自精力分布较差的类型不应成为对一个人不利的因素。因此,我们将这个可进行类型间对比的衡量标准所产生的结果作为一个人在所在类型的精力分布中所处的分位数。我们认为,在各类型间,所有处于精力分布的第 π 个分位点的人都付出了同样多的努力[5]。

我们想重申一下,单凭不同类型的人们精力的净支出去评判他们所付出努力的质量是不合理的,因为那些净能力水平来源于我们不愿归咎于个人的精力分布,因此受到污染(至少根据我们的理论)。精力在一个类型中的分布代表着某一类型特征,而非任何个人的特征,因此,对于个人而言它是一种环境因素。当一个人付出精力的绝对值由于他来自平均付出精力较低的类型而较低时,这个责任不应由个人承担。因此我们说一个人付出精力的最佳衡量标准是他所付出的精力相对于所属类型中其他人付出的精力,即依据在该类型中精力分布的等级和分位点来判断。于是,我们将属于不同类型,却处于所属类型精力分布的相同分位点的两个人,视作付出了同样的努力。

于是我们的任务就是找到政策中能使在每个分位点,目标在类型间的期待值都"平等"的值。既然平等永远无法真正实现,那么我们刚刚所说的"平等"实际上指的是"小中取大"。遗憾的是,即使这个说法也是不合理的,因为它相当于同时将许多目标最大化,因此我们不得不退而求其次,采取其他措施。我们作出了以下妥协。

若类型 t 分配到的资源是 x^t,那么在类型 t 精力分布的第 π 个分位点,我们设 $v^t(\pi, x^t)$ 是 t 类型中个人目标的(平均)值。(在我们研究的政策应用中,若 x^t 的资源投入了类型 t 中个人的教育,那么 $v^t(\pi, x^t)$ 就是该类型中工资分布的第 π 个分位点上的工资对数)。对于在区间 $[0, 1]$ 内所取的定值 π,会有对应的政策 $x(\pi) = (x^1, x^2, \cdots, x^T)$,解出

$$\underset{x^1, x^2, \cdots, x^T}{Max} \underset{t}{Min}\, v^t(\pi, x^t).$$

当 $(x^1, \cdots, x^T) \in X$ 时,这里 X 为可行政策的集合。$x(\pi)$ 是能够让所有类型中精力分布达到第 π 个分位点的所有个体实现目标的最小值最大化的政策。如果 $x(\pi)$ 对于所有达到第 π 个分位点的人,都是同一个政策,那么它很显然就是机会平等政策。但是在实际应用中,这种情况几乎不可能发生,因此我们的折中方案就是取所有 $x(\pi)$ 政策的平均值,也就是说我们最终得到的机会平等政策将会是

$$x^{EOp} = \int_0^1 \underset{(x^1, \cdots, x^T) \in X}{ArgMax} \underset{t}{Min}\, v^t(\pi, x^t) d\pi. \tag{9.1}$$

若 X 为凸集,则 x^{EOp} 可行。

假设我们从每个类型中取 10 个工资的十分位数,我们就会算出不同类型间将

所取十分位数中每一个所在十分位点的最低工资最大化的资助政策。这样我们基本上就能得到 10 个不同的资助政策。我们将这 10 个政策的平均值作为机会平等政策。

因此，有了计算 v 函数所需的环境因素、精力量度、目标和手段的设定，以及必要的数据，我们就能解出机会平等的政策了。注意，这个公式所计算的机会平等化永远是相对于由可行 X 集限定的有限资源成立的。接下来，我们会将此理论应用于美国的教育政策。欲对此理论进行深入了解，读者可见 Roemer(1998)。该研究对这个理论作出了详尽并且合乎哲理的阐释。

9.2.1 机会平等的应用

Roemer(1998)这样论证，非歧视的原则是对机会平等的一种理解。这种理念认为雇主不应从种族或国籍特征入手去评判求职者，而只应关注他们的生产效率。这个条件是 1964 年《民权法案》的核心。但是机会平等的另一种定义，也是我们在本章中所用到的，认为不歧视不足以实现机会平等。我们需要补偿历史上的不平等，直到能够逆转性地改变活在当下的人们的处境。

Donohue(1994)有力地论证了美国的劳动法已经由"无歧视"的观念转向另一个与我们的观念相似的机会平等观念。他首要的例证就是 1991 年通过的《美国残疾人法案》(ADA)。这个法案要求雇主为残疾员工额外提供资源，使他们投入的精力能够更好地被反映在他们的生产效率上。

第二个例证是 1975 年通过的《全美残疾儿童教育法案》，该法案开始要求学校为残疾儿童提供额外的教育服务。这个法案就是机会平等立法的一个很好的例子，因为它通过在有学习障碍或是身体残疾的学生身上投入高于平均的资源来试图为他们创造公平的环境[6]。

第三个例证源自美国联邦政府对幼儿园到十二年级教育的补助。《中小学教育法案》第一条款(Title I)中的资金拨给了那些有着不成比例的弱势学生群体的学校。近期，2001 年由联邦政府通过的《不让一个孩子落下法案》引导各学区拨出资金来提供"补充服务"(补课)，给那些一连好几年未能达到所在州所定义的合理年度进展的学校中的学生提供服务。

美国大学的录取政策是证明机会平等已成为普遍适用理论，而不是非歧视理论的第四个例证。大学通常会为少数民族设置较低的录取标准，来弥补前大学生阶段种族间人力资本获得上的差距。近期的一些法庭决议和投票倡议使加利福尼亚州和德克萨斯州的公立大学结束了依据种族决定录取方案的政策。这两个州的大学现在录取学生时采用的都是平权行动(affirmative action)的其他形式,如,顾及学生家长是否有一方接受过大学教育的政策。我们的研究显示,从基于种族机会平等的计划向基于社会经济特征——如父母受教育程度——的机会平等计划的转变会引出截然不同的政策倡议。

9.3 生均教育经费的相关数据及回归分析结果

9.3.1 数据

我们将个人青年时期周薪的对数定为目标。我们根据 NLSYM 中的数据模拟周薪的对数,即算出每周工作的小时数与每小时工资之积,并根据消费者物价指数调整至 1990 年的物价水平。1968 年有一项针对中学进行的问卷调查,其中包含学生所在学区当时的生均教育经费。我们也将这个数据作为政策手段纳入回归分析中。Betts(1996)发现,现存基于 NLSYM 得出的生均教育经费对学生工资的估计影响大约处于已出版实证分析所预估影响的中间范围[7]。另外,我们所获黑人和白人估值的置信区间涵盖了大部分已出版文献的研究结果。每个种族的回归分析样本都包含 1966 年至 1981 年间年满 18 周岁,并且不就读于任何大学或专科院校的工作者工资的所有观测值。若根据 1990 年的物价标准,一个人一周的工资低于 50 美金或高于 5 000 美金,那么我们就舍弃他的工资观测值。本文所用到的回归分析模型可在之前注释所提到的论文中查找[8]。

9.3.2 生均教育经费的实证估计概述

我们研究了使周薪机会平等所必要的生均教育经费重新分配。这样的再分配在过去的 25 年中一直是法庭强制学校改革的核心。我们首先关注的是,在教育经费固定的情况下,不同类型学生间的再分配。然而由于资金的重新分配无疑会使某些学生类型的生均教育经费减少,我们还计算了在限制因素不是固定的经费,而是每个学生类型被分配到的生均教育经费都不得少于预先固定的金额的要求时,能够实现机会平等的方案。鉴于在绝对意义上,第二个方法不会对任何学生造成不利,那么它或许在政治层面上更为现实,但同时潜在的开销也很大。

还记得之前我们将每个人的特征分为了两大类——我们想要为之给予补偿的(环境因素),以及我们认为他们需承担责任的(付出精力)。前者用于将人们分类,后者被视为人们的选择变量。如果我们定义了很多类型(将人们按照种族及其他如父母受教育程度的特征分类),那么我们的机会平等政策将需要用更有区分度的方式来分配资金。

有了这一想法,我们首先采用一个较为保守的方法,只将人们分为两类——黑人和白人。这样一来,我们便能让他们为其他的所有特征负责,如家庭背景和地理位置(包在国家内的哪个地区以及在乡村、城市还是郊区居住)。只采用两种类别同时也方便直观地讨论最佳政策。接着,我们将父母受教育程度作为附加或者额外的决定类别的因素,以此来研究学生的教育成果。

之前概述的理论强调教育经费对特定工作者收入的影响可能会根据其在收入分布中所处的位置而有所差异,而这又取决于教育经费。分位数回归法与该理论几乎完美契合。我们对周薪对数模型进行估算,其中周薪取决于该工作者就读学区的生均教育经费。我们对给定类型的工作者进行了一系列分位数回归估算:

$$\log w_i^t = \alpha^{tq} + \beta^{tq} x_i^t + Z_i^t \theta^{tq} + \varepsilon_i^t, \quad q = 0.1, 0.2, \cdots, 0.9. \quad (9.2)$$

其中,t 表示工作者类型,i 代表表示观测值,q 是离散型分位数,对应之前理论中的连续变量 π,w_i^t 代表周薪,x_i^t 是观测值 i 与 t 类工作者的生均教育经费,Z_i^t 是其他回归量的行向量,ε_i^t 是误差项,而其他希腊符号均表示系数下面这个等式

$$Quan_q(\log w_i^t \mid x_i^t, Z_i^t) = \alpha^{tq} + \beta^{tq} x_i^t + Z_i^t \theta^{tq} \quad (9.3)$$

表示给定分位数 q 的条件分位数。我们用该模型进行九次估算,对每一类工作者取分位数为 $q=0.1, 0.2, \cdots, 0.9$。分位数回归使我们得以估算条件性工资分布中,生均教育经费对处于不同点工作者会产生什么样的影响。我们所说的条件性工资分布指的是在考虑了个体工作者的生均教育经费以及 Z_i^t 中的其他回归量之后,根据成果变量对工作者进行排序。系数的估算则通过取以下目标函数对于类型 t 于第 q 个分位数的最小值而得出:

$$\sum_i \mid \log w_i^t - \alpha^{tq} - \beta^{tq} x_i^t - Z_i^t \theta^{tq} \mid \lambda_i. \quad (9.4)$$

其中 λ_i 是由以下公式得出的权重。

$$\lambda_i = \begin{cases} 2q, & \text{假设 } \log w_i^t - \alpha^{tq} - \beta^{tq} x_i^t - Z_i^t \theta^{tq} > 0; \\ 2(1-q), & \text{其他情况。} \end{cases} \tag{9.5}$$

分位数回归有一个关键性特征,那就是从结构上来讲,$1-q$ 部分的观测值会呈正态残差,而剩余观测值呈非正态残差。这样一来,那些薪水对数,基于条件回归量,"趋近"某指定分位数的工作者会相应获得更多权重[9]。

我们不仅将支出值 x_i^t 作为条件,同时也以其他回归量的行向量 Z_i^t 为条件。这些变量,虽然对工作者而言属于外因,但可能会影响其收入水平。比如,假如不考虑家庭背景因素,我们对教育支出的影响所作出的估算可能会存在遗漏变量偏差。相应地,我们将工作者年龄及其平方值,以及父母在孩子14岁时是否在家陪伴和兄弟姐妹数量的虚拟模型纳入向量 Z_i^t 中。除此之外,在黑人—白人的分类中,我们也增添了受教育程度更高的一方家长的受教育水平作为条件。鉴于实验数据缺乏,仍存在其他缺失的变量误导结果的可能,并且我们无法预见其误导的方向。

我们不将工作者自身的受教育水平作为条件,因为这属于机会变量,而且生均教育经费的影响会部分通过学生后续完成教育年数得以体现。如若我们将完成教育年数作为条件之一,但生均教育经费却影响了这个变量,那么我们就会低估生均教育经费对学生日后工资水平的影响。Betts(1996)在文献中发现有微弱的证据表明生均教育经费与完成教育年数呈正相关。

这个方法有两个明显的优势。首先,由于 π 的值取决于 x_i^t,该方法与我们所提出的理论相当一致。其次,针对每一个工作者类型进行九次分位数回归计算而得出的系数模式考虑到了工资与生均教育经费 x_i^t 及其他回归量间会存在非线性的关系。

这些分位数与精力分位数十分符合。精力分位数就是以类型及生均教育经费为条件的工资对数而得出的个人百分位数排行。因此粗略地来说,$q=0.9$ 的系数估值描述的是,在考虑到各回归量的条件之后,排在工资对数百分位数第90位的人的工资因素;或者从理论的角度来说,是描述排在精力百分位数第90位的人。准确来说精力是个人行为中的"自由意志"的简称。实际上,精力是多方面的,不仅包含受教育年数,还包括婚姻状态、所处地区,以及其他的个人选择。另外,仅因继承家族企业而挣得高额薪水的人也会被列入高精力投入一类。看下面的估值时,我们应该考虑到这一设想的保守性[10]。

9.3.3 回归结果

基于工作者样本的三次不同的分类,我们得出了分位数回归的估值。第一次,我们把工作者分为黑人和白人两类。随后,我们对忽略种族差异的分类方式进行调查,这种分类认为工作者不应因其种族身份获得补偿,而是应该因其父母的受教育程度获得补偿。最后,我们对一种混合的分类方式进行探讨,这种分类方式根据父母所受教育程度更高一方的受教育年数将黑人和白人工作者分别划入人数几乎相同的两组。

鉴于篇幅有限,我们在此没有显示分位数回归结果,但读者可向作者索取。我们的实证结果基本与以前使用该数据集以及相似数据集得出的结果一致。家庭社会经济地位,尤其是兄弟姐妹的数量和父母的受教育程度,与工作者日后的工资对数有着十分紧密的关联。收入会随年龄增加而上涨,但是上涨速度却呈递减趋势。过去NLSYM 所做的调查显示(参见 Betts 1996 对此进行的总结),生均教育经费与收入有显著的正相关性。在最后一种根据种族和父母受教育程度将工作者分成两组的分类中,对教育经费影响的估算较其他类型精确度较低。

尽管我们发现教育经费的估计影响在不同类型中 $q=0.5$ 的情况下存在差异,但并不能由此确定教育经费系数与个人优势大小有关。

下一步就是用这些回归估算值来计算机会平等的政策。我们需要将这些模型简化、总结为预测类型 t 在取分位点为 q、生均教育经费为 x^t 的情况下平均工资对数的两个系数(a^{tq},b^{tq}):

$$v^t(q, x^t) = a^{tq} + b^{tq}x^t, \tag{9.6}$$

从而得到个人预计收入。

以上等式中 $v^t(q, x^t)$ 表示类型 t 在取分位点为 q、生均教育经费为 x^t 的情况下的预测周薪对数。我们的估值 b^{tq} 就是取自公式(9.2)中的 β^{tq}。为了得到不基于教育经费 a^{tq} 的部分预测周薪对数的估计值,我们首先必须确认类型 t 中有哪些工作者属于给定的分位数 q。因此,在每一次分位数回归计算后,我们都按照残余将类型 t 中的观测值 i 进行排序,让类型 t 中的观测值 i 按 ρ_i^{tq} 排序,使得 $\rho_i^{tq} \in [0, 1]$,并且 $\rho_i^{tq}=1$ 表示在该类型的分位数回归计算中,残余最大的收入观测值。我们在类型 t 中选取 ρ_i^{tq} 在给定 q 的 ± 0.05 范围内的观测值 i,并计算那些工作者的平均预计收入对数,假定 $x^t=0$ 且所有工作者年龄都为 30 岁,即:

$$a^{tq} = \hat{\alpha}^{tq} + (Z_i^t \mid age = 30)\hat{\theta}^{tq}. \tag{9.7}$$

其中上标符号表示预估系数。我们除去了预测工资中与年龄相关的差异,因为政策制定者不太可能会试图除去类型间所有与年龄有关的收入差异。然而,我们在估算中保留了与其他背景变量相关的差异,比如兄弟姐妹的数量。总结起来就是,将工作者年龄定为 30 岁,使生均教育经费归零,最后得出的截距估计值就是那些接近给定分位数工作者的预测收入估值。

机会平等政策不会除去各类型内部预测收入上的差异,但会尝试补偿类型间给定分位点的预计收入差异。

9.4 计算实施机会平等的经费分配

9.4.1 主要结果

我们解决了项目(9.1)的离散模型,在该项目中,精分位数 π 取九个值,分别用 $q = 1, \cdots, 9$。表示。对于每个分位数 q 和类型 t,我们都会得出预估关系,正如 9.3 节所描述的那样:

$$v^t(q, x^t) = a^{tq} + b^{tq} x^t. \tag{9.8}$$

上述等式中,v 表示未来工资的对数,x^t 则是在学生教育上投入的量。X 集受预算数的限制。

$$\sum_t p^t x^t = R. \tag{9.9}$$

上面的 p^t 代表类型 t 中的个体数,R 是学生人均经费。因此,欲求每个 q 值,需解:

$$x(q) = \underset{x}{\text{ArgMax}} \underset{t}{\text{Min}} (a^{tq} + b^{tq} x^t) \tag{9.10}$$

受限制于 $\sum_t p^t x^t = R.$

于是我们可将机会平等政策定义为:

$$x^{EOp} = \frac{1}{9} \sum_{q=1}^{9} x(q). \tag{9.11}$$

项目(9.10)需通过求解一系列线性规划来解决。通常,在(9.10)的解决方案中,最弱势的类型在解决方案中的境遇是最差的,因此(9.10)的解决方案就是以下线性规划的解决方案,其中第一类是最弱势的类型。我们的例子中包含四种类型:

$$\underset{x}{Max}(a^{1q} + b^{1q}x^1)$$

受限制于 $a^{tq} + b^{tq}x^t \geqslant a^{1q} + b^{1q}x^1$, $t = 2, 3, 4$ (9.12)

以及 $\sum_t p^t x^t = R.$

欲解(9.10),我们求解了四个线性规划,其中四种类型中的每一种都依次假定为解决方案中最弱势的类型,然后我们将解决方案作为这四种类型中的方案之一,这样就使(9.10)的值最大化。

我们报告了机会平等政策的各个方面。为了获得这些政策的置信区间,我们自举使用1500个子样本来引导该机会平等政策。简言之就是顺序。对于一小部分自举估计值,系数 $b^{tq} < 0$。在这些情况下,(9.12)的解决方案需要使 $x^{tq} = 0$。我们不把这作为解决方案,而是对所有(t, q)值,我们都设 $x^{tq} = R$,其中 $b^{tq} < 0$。

从简单的黑人和白人类型着手,我们首先计算出教育资助的最优配置,假设按照1990年的物价,每名学生(R)的平均经费为2 500美元,约为NLSYM样本的平均水平。[11]

人们批评平等主义的政策会降低产出,因而"效率低下"。如果教育资源的边缘产品对于某个被撤掉资助的类型来说更高,那么可能类型之间教育经费的再分配会导致总体工资数缩减,但这种情况具有不确定性。因此,我们还计算出平等机会政策下预测的工资数和平等资源政策下预测的工资数两者之间的比例;在平等资源政策下,所有学生获得的财政资源数量相同。我们计算是基于黑人和白人的分类,假设12.0%的人口是黑人,88.0%的人口是白人,这与1966年的NLSYM(表9.1)中的人口比例相符。[12]

表9.1 样本规模、人口占比、平均工资,以及按工作者类型的生均经费,两个分类

A组

	类型			
	黑人	白人		
观察数量	2 737	14 475		
1966年预估人口份额	12.0%	88.0%		

续　表

A组

	类型		
	黑人	白人	
预估此类型工作者的平均收入,1966—1981	385.34	533.96	
生均经费(千美元)	2.091	2.243	

B组

	类型			
	父母受教育年数<9年	父母受教育年数9~11年	父母受教育年数=12年	父母受教育年数>12年
观察数量	3 907	3 201	6 860	3 244
1966年预估人口份额	21.1%	17.0%	39.0%	23.0%
预估此类型工作者的平均收入,1966—1981	493.54	523.45	586.40	631.72
生均经费(千美元)	2.138	2.202	2.179	2.261

我们还计算了所需的总预算,确保在机会平等政策下,所有类型的人均经费至少(约)为2 500美元。在现实中,若想实施机会平等政策,这种必定成功(no-lose)的选择在政治上是必要的。

在必定成功的情形下,对于我们1 500次自举估算中的每一个估算值,我们计算出最具优势类型在区间(2 450美元,2 550美元)内获得投资的R值。这些结果均呈现在表9.2和9.3的最后三行。

我们按照类型报告了样本的两种分区结果:黑人(B)分为两类,白人(W)分为四类,这里父母学历比较高的一方受教育程度属于环境因素。我们还简要讨论了结合种族和父母受教育程度获得第三种类型的结果。

9.4.1.1　**类型分区:黑人和白人**　表9.2中列出了结果。在该机会平等解决方案中,在我们的点估计值中,当$R=2.5$时,黑人所得数值约为白人的18倍。自举样本中此比例的.025和.975值分别为7.76%和79.17%。由此,我们可以保守地说,要使用这个预算,为这种类型创造平等的机会,那么就要求对黑人学生的投资至少要达到白人学生的七到八倍。

表 9.2 点估计值与自举估计值,教育经费(x)和工资(w),黑人或白人(B 代表黑人,W 代表白人),生均经费 $R = 2\,500$ 美元,以及每生最低经费 $X_{\min} = 2\,500$ 美元,平均经费 R 无限制

	生均经费 R	每生经费,黑人 χ^B	每生经费,白人 χ^W	比例 χ^B/χ^W	周工资,黑人 w^B	周工资,白人 w^B	平等资源下平均工资 w^{ER}	平等机会下平均工资 w^{EOp}	效率比 v
平均经费									
$R = 2.5$:									
点估计值	2.50	14.76	0.828	17.82	0.584	0.604	0.631	0.602	.953
.025 估计值	2.50	10.71	0.241	7.76	0.462	0.586	0.625	0.571	.905
.975 估计值	2.50	19.07	1.381	79.17	0.688	0.622	0.636	0.628	.944
最小经费									
每类型 $\chi_{\min} = 2.5$:									
点估计值	4.85	22.18	2.49	8.92	0.709	0.653	0.701	0.660	.942
.025 估计值	3.85	13.58	2.45	5.39	0.642	0.647	0.668	0.651	0.807
.975 估计值	8.55	53.12	2.55	21.49	1.039	0.659	0.832	0.699	1.000

注:所有美元值均为 1990 年的千美元。

如果 R 增加到白人人均经费约为 $2\,500$ 美元,那么这个比例就会下降,所以黑人人均经费大约是白人的 9 倍,而这个比率自举样本的置信区间是(5.39,21.49)。

标记为 w^B 和 w^B 的列显示了相应的置信区间中,两种情景下黑人和白人工作者的周平均收入,以数千美元来计算。在表 9.2 中,实施机会平等政策后,黑人的预测工资要比表 9.1 所报告的黑人毛收入高得多。两种类型的平均工资并非精确平等化了。给定种族的所有学生都获得相同 χ^t 的规定直接导致完美的平等化并未实现。(政策制定者在机会平等政策下的目标是让各种类型的结果平等化,而不是试图消除因"努力"的差异所导致的类型内的差异。)

表 9.2 右侧的第二列和第三列分别列出了资源平等和机会平等解决方案的周平均工资(以千美元为单位),最后一列是这两个数字的比例,即我们对"效率"的测度方法。与实施资源平等政策相比,如果我们为这种类型实行机会平等政策,那么平均工资会大幅度下降。在固定预算和必定成功的机会平等政策下,总工资数下降约 5%。

若让黑人和白人拥有平等的机会,我们就需要大量的学校资源再分配。请注意,我们的工资样本涵盖 1966 年至 1981 年的数据。为了检查今天是否可能只需要较少的资源再分配,根据 1996 年发布的"当前人口调查"(Current Population Survey),我们

按种族分析了全职男性工作者的一般周收入数据。1996年黑人与白人的收入比例为71.0%,而在1966年至1981年期间,我们样本的比例为72.2%。从绝对值来看,按1990年的物价,NLSYM数据中的黑人和白人工资差距为每周149美元(表9.1)。1996年,同样的差距为140美元[13]。有些读者可能会惊讶,1966年至1981年间,黑人和白人之间的工资比例和绝对差距变化如此之小。然而,包括Bound和Freeman(1992)在内的几篇论文记录了20世纪80年代黑人和白人工资差距缩小有所放缓。

因此,尽管我们对工资的观察集中在20世纪70年代,但在过去20年中,黑人白人工资差距变化不大,由此,如果我们使用最近的工资分配,结果将几乎不变。

9.4.1.2 基于父母受教育程度的类型划分 表9.3显示,根据学历较高一方父母的受教育程度,样本分为四个社会经济类型的结果。

表9.3 点估计值与自举估计值,教育经费(x)和工资(w),四种类型父母教育分类,生均经费 $R=2\,500$ 美元,以及每类型最低经费 $\chi_{\min}=2\,500$ 美元,平均经费 R 无限制

	生均经费 R	每生经费(1=最低父母教育)				周薪(1=最低父母教育)				平均工资		
		x_{E1}	x_{E2}	x_{E3}	x_{E4}	w_{E1}	w_{E2}	w_{E3}	w_{E4}	平等资源下 w^{ER}	平等机会下 w^{EOp}	效率比 v
生均经费												
$R=2.5$:												
点估计值	2.50	5.36	3.62	1.88	1.10	0.656	0.653	0.638	0.659	0.633	0.649	1.026
.025 估计值	2.50	4.47	2.87	1.34	0.22	0.605	0.616	0.620	0.641	0.627	0.635	1.007
.975 估计值	2.50	6.28	4.20	2.21	1.14	0.670	0.674	0.647	0.692	0.638	0.655	1.034
最小经费												
每类型 $\chi_{\min}=2.5$:												
点估计值	4.33	7.31	4.75	3.61	2.51	0.749	0.714	0.698	0.694	0.695	0.710	1.023
.025 估计值	3.58	5.44	3.69	2.60	2.51	0.657	0.663	0.662	0.682	0.665	0.675	1.004
.975 估计值	4.93	9.69	6.34	4.53	2.55	0.821	0.790	0.716	0.706	0.714	0.730	1.031

注:所有美元值均为1990年的千美元。E_1 即父母教育年限小于等于8年。E_2 即父母教育年限为8~12年。E_3 即父母教育年限为12年。E_4 即父母教育年限大于12年。

在这种类型中,机会平等所需的教育经费不平等相较于黑人白人类型少得多。按照固定预算和必定成功的情况,经费最高和最低的群体经费比例为4.9和2.9,不到黑人白人类型差异额的三分之一。我们还注意到,机会平等政策下的平均工资数一直大于资源平等政策下的。因此,在机会平等政策下,平等和效率都得到改善。这反映了

父母受教育程度较低的两个类型相对于两个更高的类型,其工资对教育经费增加的反应普遍更大。

9.4.1.3 类型分区:低收入黑人(LB),高收入黑人(HB),低收入白人(LW),高收入白人(HW) 这种分类方法总共产生出四种类型。如果社会考虑到改变年轻人人生机遇的影响因素不仅仅是种族,那么这就是一个合理的分区。我们选择了父母受教育程度的切点,将黑人和白人样本分成几乎相等的两半。

受篇幅限制,我们不提供结果,但可以向作者索要。正如预期的那样,当我们将白人和黑人人口分成较高和较低的社会经济群体时,机会平等政策下最高和最低群体之间的经费比例变大。经费比例变得更高是因为我们已经将父母受教育程度从决定"努力"的许多因素中挪出,并将其标记为环境,由此寻求给予工作者补偿。这里,各类别中,每生最高经费与最低经费的比例对 $R=2.5$ 和 χ_{min} 情形是 23.9 和 9.2;而对于黑人和白人分类情形,则为 17.8 和 8.9。

9.4.2 忽略种族差异的机会平等政策能否减少黑人白人间的不平等?

正如我们前面提到的那样,美国新兴观点似乎是,平权行动,至少在大学录取方面,当它有利于社会经济地位低的学生时,就是可取的;但当它被用来支持非白人学生时,就不可取了[14]。用我们的话来说,这种观点认为,基于社会经济环境的分类在道德上可以接受,但对基于种族差异的类型来说却不能接受。我们自然会问,通过承认社会经济差异而不是种族差异,要达到怎样的程度才能实现机会平等?

我们的结果显示结论是悲观的。在与表 9.3 的社会经济类型相关的机会平等政策下,与基于种族差异的机会平等政策相比,黑人学生所获得的投入要少得多。然而,重要的是要注意,表 9.2 中对黑人的大量投入(与表 9.3 中最弱势社会经济类型相对较小的投入相对照)的情况会发生,是因为黑人有另一个劣势,即黑人在人口中占比少(p 值低),所以在机会平等政策中补贴他们相对更便宜。换句话说,认为黑人比最弱势社会经济类型($E1$)还要贫穷三倍,这种推断是错误的,因为在机会平等政策下,在各自的分类方法中,前者获得的投入几乎是后者的三倍。

为了更正式地研究对黑人的影响,如果机会平等政策取决于社会经济地位,而非教育状况,我们计算了各种政策落实前后,黑人男性在收入回归样本中每个收入五分位数所占的百分比。我们对各个工作者的收入调整如下。对于给定的分类方法,我们给每个工作者按其所属类型分配一定水平的经费 x^t。为了计算该工作者的收入,我们将他获得的经费变化乘以黑人和白人分类方法的经费系数以及其实际分位数。然后我们找到了黑人白人类别的每个工资观察值 i 中，为工作者 i 解

$$q_i^t = \underset{q \in \{0.1, 0.2, \cdots, 0.9\}}{ArgMin} |q - p_i^\eta|, \text{其中 } t = B, W \tag{9.13}$$

的分位数 q。这就是与给定工资观察值最吻合的分位数。

另外，为了平等对待各年龄的工作者，如果其年龄为 30 岁，我们就将每个工作者的工资调整到预测值。

表 9.4 显示了结果。最上行显示，在原始数据中，黑人主要占据底部的两个收入五分位数。我们接下来根据保守的机会平等定义来研究结果，其中社会需要做的就是确保所有学校的每个学生都得到平等的资助。第二行显示结果为所有学生均获得2.5 的经费。结果与原始数据相似。这表明，过去 30 年来争取所有学校经费平等的法庭斗争，即使成功了，在使黑人和白人的收入平等化方面也是收效甚微。

表 9.4　原始数据中，以及经过教育经费的各类重新分配后，每个五分位数中的黑人工作者百分比

分配描述	工资五分位数（5＝最低）				
	5	4	3	2	1
原始数据	46.73	20.5	15.67	11.66	5.44
所有工作者平均经费 $R=2.5$	46.44	21.59	16.77	10.38	4.82
黑人白人平等机会（$EOp\ B$ 或者 W），平均经费 $R=2.5$	25.43	21.99	16.11	20.09	16.37
黑人白人平等机会（$EOp\ B$ 或者 W），每类型最低经费 $\chi_{min}=2.5$，平均经费 $R=4.85$	34.27	14.91	8.95	13.85	28.02
平等机会（四类型父母教育程度），平均经费 $R=2.5$	38.29	21.56	21.67	12.31	6.17
平等机会（四类型父母教育程度），每类型最低经费 $\chi_{min}=2.5$，平均经费 $R=4.33$	37.96	27.37	24.19	7.38	3.11

注：收入数据经过使用黑人白人类型回归系数，按年龄作了收入差异调整。第五个五分位数指的是五档收入中最低收入人群。基于不同平等化和机会平等政策及黑人白人分类法回归系数下的经费来计算。

接着，我们就估算，如果在罗默尔（Roemer）对机会平等的定义下的各种再分配得以实施，每个工作者将赚得的工资。固定预算机会平等政策（B 或 W，$R=2.5$）大大提高了黑人相对于白人的收入，因此黑人的中位收入出现在了收入五分位数的中间档，

而黑人在高薪五分位数中的百分比则翻了三倍。另一种 $R=4.85$ 的政策,将黑人从中间的三个五分位数中赶了出去,让他们分别进入了最高和最低的两个五分位数中,在这两个五分位数中,他们的比例就过高。然而,黑人的中位工资依然属于中间收入五分位数,这表明与前两行中所示的原始数据或学校经费平等化下的情况相比,显示出巨大的种族间平等化。

接下来两行显示的结果很惊人:若不考虑种族因素来定义类型,仅由父母受教育程度来定义,那么机会平等再分配将使黑人工作者,与第一行所示的收入五分位数上的分配现状,几乎没有什么不同。虽然样本中的黑人有 42% 属于父母受教育程度较低的类型,并由此获得 5.36 的经费,但这相对于更有优势的类型,属于小额再分配。而更有优势的类型的分配额为 1.10。此外,19% 的白人也属于底层的社会经济群体,代表这个群体中 70% 的工作者。总而言之,这些事实解释了为什么忽略种族差异的机会平等政策,对缩小黑人和白人的收入的差距基本没有太大作用。

请注意,以上惊人的结果之所以持续存在,是由于在美国有大量白人从各种衡量标准来看都类属社会经济地位较低的人群。因此,我们相信我们的发现适用于甚至 K-12 教育之外的机会平等化尝试:用父母受教育程度因素代替种族因素,只会带来有限的种族间机会平等的政策。

9.5 比较机会平等替代手段的成本和益处

我们现在比较各种机会平等政策的成本和收益。我们使用分类方法 $\{B, W\}$。以目标函数的取值来测度收益,即收入下限的平均值:q 为黑人和白人的函数。(下限函数的值就是每个弱势类型中最弱的分位数的目标函数的值。)确切地说,我们将政策 φ 中的周收益定义为:

$$\frac{1}{9}\sum_{q=0.1}^{0.9} \min_{t} \exp(v(q, \varphi)).$$

其中 $\exp(v(q, \varphi))$ 是当政策为 φ 时,在类型 t 的努力分布上第 q 个分位数处的个体的工资的平均值(从属变量的指数,周工资的对数)。

表 9.5 显示了各种场景的机会平等目标函数值。该表以美元为单位呈现了这个

平均值,以帮助理解。基准的情况是平均值为 2 500 美元 ($R = 2.5$)[15]。在下包络中平均值为每周 464.58 美元,而下包络在基准情况下,每个分位数段,都由黑人组成。第二行(平等资源)显示,如果所有学校的学生人均经费恰好为 2 500 美元,收益就会增长。如表所示,下包络中工作者的收入平均增长为每周 1.10 美元或约 0.25%。同样,我们看到有证据表明,对于更为保守的机会平等定义而言,仅要求学校资源平等是非常无效的。接下来的两行显示了两个机会平等解决方案下包络的工资平均值——首先平均经费每周保持恒定在 2 500 美元,然后是增加成本的干预,其中两种类型每周都至少得到 2 500 美元。在这两种情况下,下包络中的平均收入的增长幅度是非常大的,每周在 46 至 66 美元之间,且平均收入上涨超过基准情况 10% 以上。

表 9.5 使用黑人—白人分类法后的目标函数中的估值增益,以及各类干预政策下每生成本

政策描述	目标函数值($)	相对于基准情况的变化	每生预估成本的 P.D.V
基准情况,不平等资源,平均经费=2.5	$464.58	N/A	N/A
平等资源,平均经费=2.5	$465.68	$1.10	0
平等机会,平均经费=2.5	$510.91	$46.33	0
平等机会,每类型最小经费=2.5	$530.37	$65.79	$34 597.83

注:人均预估成本按总计划成本除以样本中人数计算,在此样本中,成本按照一个人满 18 岁这一年的现值计算。"目标函数的值"从周薪对数的下包络平均值获得;q 空间,按该包络中工人平均周薪重新表述。N/A 意为"不适用"。

我们现在提出一个相关的问题:实施各种方案的相对成本规模是多少?以每位学生 2 500 美元为基础,无论是在该水平上进行经费平等化,还是通过 $R = 2.5$ 的平均经费来实施机会平等计划,对成本都没有任何影响。即使让学校的经费都平等化,更不要说 $R = 2.5$ 的机会平等政策建议的大量再分配,在政治上也是不可行的,因为某些类型(本分析中为白人)在再分配后,面临更低的学生人均经费。

接下来考虑该机会平等计划的成本,两种类型中每个学生的最低经费为 2 500 美元。为了评估每个学生的成本,我们假设任何经费的变化都是在从幼儿园到学生离校的这一阶段发生的,这样做的合理性在于我们对每个学生经费的测度是按学生上学的学区进行的。利用多年教育的实证分布,我们计算出从幼儿园到学生离开学校这段时间(高中毕业生为十二年级)每个学生经费的累积变化。我们将所有经费转换为学生各自在十二年级的价值,使用的折扣率为 2.67%,即 1953 年至 1997 年间的实际平均

利率[16]。

机会平等计划使下包络中的平均收入每周增长 65.79 美元,但以这种方式实现机会平等的成本是非常大的:按照该个体满 18 岁那年的经费现值看,该成本超过了 34 500 美元。这个数字是通过将总计划成本除以整个人口的人数来获得的,所有额外的经费都指向了黑人。平均而言,黑人在校期间平均会额外收到 293 000 美元。这种情况分布在整个人口中,将人均成本压到约 34 500 美元。

注意在表 9.4 中,直接比较成本和收益是不合适的,因为成本是所有年级所有学生累积经费的现值,而我们对收益的衡量则集中于那些仅在下包络范围内的工作者,且其代表的是某一典型周的增加,而不是整个工作生涯间的增加。收益和成本都是相当大的。每名黑人工作者每年预期收入增加约为 3 400 美元,按每年工作 52 周或带薪假期来算。如果我们把这当成一个投资项目,则每个黑人的预支成本为 293 000 美元,最后每年获得的回报率约为 1.2%。

通过机会平等算法计算的增加学校经费的回报率相对较低,原因有两个。第一个原因是学生人均经费对学生日后的收入影响不大。第二个原因是,在必定成功的机会平等计划下,平均经费会大幅上涨。此外,作为 R(人均资源赋值)的函数,该目标的最优值是一个凹向递增函数,这个"价值函数"(我们的"收益")的比率对于 R 是一个凸向递减函数。因此,就一个大幅度增加经费的机会平等计划而言,其效益和成本比率会很小。[17]

9.6 结论

我们通过归纳我们分析中最关键的政策影响来进行总结。

首先,尽管人们为了教育资助常常对簿公堂,且斗争的主要目标通常是使学校经费平等化,但是我们的分析表明,仅凭这点对实现机会平等效果不大,特别是无法实现种族间的机会平等。原因是学校经费对学生日后工资的影响与种族收入差距相比是相当小的。我们估计,学生人均经费的完全平等化仅能使下包络范围内工作者的周收入增加 1.10 美元或约 0.2%。值得注意的是,最近的一些法庭案例已经跳出了保守的经费平等的信条,转而关注适足性概念,这就要求向最需要帮助的学生投入更多经费。

第二,为了实现跨种族机会平等,政府必须从根本上重新分配经费。我们的结果取决于总体经费是恒定不变的,还是为了防止某类型的学校资助减少而增加经费。在第一种情况下,要使种族间机会平等,那么在黑人身上的经费投入就要比白人高 18 倍。在第二种情况下,在黑人身上的投入只要 9 倍。这些估计具有不确定性。然而,通过引导最优政策估计,我们直接控制了统计上的不确定性。我们注意到,即使我们的置信区间下限达到 95%,也会产生 8:5 的黑人—白人经费比例,这同样表明仅依靠经费平等是远远不够的。

一个难以克服的关键问题是我们的推断出超出了数据中观察到的学生人均经费范围。我们的估算可能过高,因为到目前为止,我们漏掉了不断上涨的学校经费回报因素。然而,我们注意到 Betts 和 Johnson(1997)采用在 1920 年至 1959 年期间在州层面观察到的大量生均经费数据,但是并未发现有强有力的证据表明学校的资源回报越来越高,反而实际上找到了一些相反的证据。同样地,自 1968 年我们进行调查起,学生人均经费大幅增加,从 2 500 美元左右上涨到 1999—2000 年全国的 5 600 美元左右,到哥伦比亚特区的 9 060 美元[18]。尽管相对于 1968 年的全国平均水平,全国经费增幅翻了不止一番,而华盛顿甚至达到了 4 倍之多,但我们心知肚明在这段时间内,无论是在全国范围内,还是在诸如哥伦比亚特区和新泽西州这样的高投入地区,都并没有"教育的奇迹"出现。换句话说,如果教育产出职能的回报大幅度增加,我们早应该见证了这些随时间的推移由无到有地发展起来。我们的核心观点仍然是:仅靠经费平等化不会起太大作用。

第三,我们用我们的目标函数,将机会平等改革的成本与以周薪增长为标准所测度的年度回报进行了比对。在机会平等政策下,经费保持不变,成本按照定义为零,但下包络的工作者所获得的好处是巨大的——收入增长 10%。这种零成本再分配在政治层面上的缺点很明显:通过减少白人的经费来进行资助。这样的改革可能相较于更昂贵的改革政策在政治上的可行性差些,就更昂贵的改革而言,它保证了所有学生的学校经费都没有减少。我们的第二个机会平等政策为两个种族的学生人均经费分别划了一道底线,预计可以收获更多的、逐年增加的周薪,使下包络范围内工作者的周薪增长刚好超过 14%。但每个黑人学生的成本约为 293 000 美元,如果在所有学生中分配,则学生人均成本在 34 500 美元左右。

第四,机会平等方案是否将种族纳入考虑范围至关重要。鉴于最近加利福尼亚州和德克萨斯州的大学录取均不再将种族作为考虑因素,这一见解显得尤为重要。我们发现,忽略种族差异的机会平等计划只通过父母受教育程度来区分不同的学生类型,并以此来使各类型中的学生获得平等机会,这几乎对改变黑人收入五分位数的分布毫无作用。用我们模型的语言来说,有了这样的种族中性(race-neutral)政策,任何与种族相关的收入变化都会归因于努力的程度而不是境遇。因此,基于社会经济特征的忽略种族差异(color-blind)的机会平等计划成本相对较低,但同时效果也相对不大。我们认为,这一发现只反映了美国人口的人口统计学特征,因此对K-12教育之外的机会平等改革同样具有启示意义。

机会平等反对者和倡导者应该都想获取关于通过教育资助改革来实施机会平等的成本的信息。本章对这些政策的收益和成本进行了积极的分析,但有必要对这里分析的教育资助改革的实际实施进行讨论。实施这样的改革——给弱势类型分配更多的资金,给优势类型少分配资金,这是一个遥远的现实。我们这个社会,连一个更加温和的平等资源政策,都还没有完全实现。除了讨论哪些改革在政治上是可行的甚至是理想的,还需要进行积极的分析。(例如,人们可能会相信,将平均收入与机会平等化联系起来,再添加一个黑人—白人二类分类方法的维度,这个成本会太大。)弄清了理论和数据背后的内涵,公众将能对受政治现实和自身价值制约的教育资助改革做更好的准备。

最后,我们的研究结果表明,单靠金钱是不足以实现教育机会平等的。这一认识表明我们迫切需要找到改善弱势群体教育和生活状况的补充手段。

注释

本章的完整版包含回归结果,可以从加州大学圣地亚哥分校经济系获得。讨论稿 2005-14 可从 http://econ.ucsd.edu/publications/papers2005.shtml 获得。该项目的研究部分由约翰·D 和凯瑟琳·T 麦克阿瑟基金会(John D. and Catherine T. MacArthur Foundation)和加州公共政策研究所(Public Policy Institute of California)资助。我们对以下提出富有帮助的建议的人表示感谢:两位匿名人士、Paul Peterson 和 Ludger Woessmann、众多会议〔包括慕尼黑的 CESifo/PEPG 会议、公共政策分析与管理协会(APPAM)会议、北美冬季计量经济学会议和加拿大经济协会年度会议〕以及部门研讨会的观众(他们来自德克萨斯大学、奥斯汀大学、麻省理工学院、斯坦福大学、克莱蒙特大学研究生院和加州大学圣克鲁斯分校)。我们也要感谢 Ron White 有价值的研究援助。

1. 参见 Evans,Murray 和 Schwab(1997)对美国法庭裁决的经费平等化的评述。
2. 例如,参见 Ron White(1996)的综述。
3. 参见 Coley(2002),了解美国幼儿园学生阅读和数学技能成绩的巨大差距的证据。这些差距与社会经济地位密切相关。
4. 父母受教育程度较低的孩子面临的不利因素可能不仅是社会和文化方面的,还有遗传方面的。在任何一种情况下,不利条件都有超出个人控制的来源,因此应在机会平等的条件下加以纠正。

5. 我们承认这是任意的,但是不尝试做出改正会更糟,因为绝对努力程度不是比较不同类型的正确衡量标准。与比较差异极大的个体主观幸福感一样,找出正确比较各种类型的努力程度的方法是一个非常复杂的问题。

6. 关于这一立法及其对 1980 年至 1990 年间整体教育经费影响的描述,请参见 Hanushek 和 Rivkin(1997,第四部分)。

7. 关于这篇文献的评述,参见 Betts(1996)、Heckman,Layne-Farrar 和 Todd(1996)以及 Card 和 Krueger(1996)。

8. 过去文献中的一个问题是学区报告中学生的人均经费是否存在测量误差。该数据集不包含学生人均经费的重复测量,但其他文章最多指出了测量误差的些微影响。Betts(1995)在 1979 年采用"全国青年纵向调查"(National Longitudinal Survey of Youth,1979),以工资对数模型作为校级资源的一个函数,将校级资源数量与国家级平均值作了工具变量分析,尽管如果放在工资对数方程中,国家级数值本身是很重要的,但却并没有发现其重要性有所提升。一个解释是国家级总量与高中级资源成正交。Grogger(1996)对"高中内外"(High School and Beyond)研究项目进行了类似的分析,将工资对数模拟为学生人均经费函数。此外,他的论文的独特之处也包括他在两年间对学区内学生人均经费做了两次测度。当他用两个测度作工具变量分析时,系数的确会上升,这表明数据中存在一些测量误差。然而,他首选的估计值表明,与学生人均经费相关的工资弹性与我们自己的估计相当接近。例如,在黑人和白人分类方法中,黑人和白人的弹性分别为 0.116 和 0.119。Grogger 使用 OLS,获得的弹性为 0.068,但是当他拿学区内学生人均经费与其他学区作工具变量分析时,平均弹性上升到 0.097,仍然略低于我们的估计。

9. 有关更多分位数回归的信息,参见如 Koenker 和 Bassett(1978)。

10. "保守"在这里的意思是,Robert Nozick(1974)曾表示,从道义上讲,人人都有权利出生在一个富裕的家庭里,比如因为运气好。

11. 根据 1966 年的所有观察结果,按 1990 年的物价,学生加权人均经费平均是 2 233 美元。此后学生人均经费稳步增长。1990—1991 学年美国公立学校的学生人均现有经费为 4 847 美元(Nation Center for Education Statistics,1991:155)。

12. 表 9.1 显示了 1966 年男性人口类型的占比和学生人均经费占比的估值。以上是基于所有可用的 1966 年观察结果样本权重计算的。此表还按类型显示了周收入在所有年份的全部工资观察结果中,使用样本权重得出的平均值。工作者类型频数很不合理,因为一旦诸如父母背景这样的共变量的观察值被去除的话,样本量就会显小。

13. 按种族分类的 1996 年收入数据和剔除 1990 年通胀因素所需的消费者物价指数数据,是从美国人口普查局取得的(1997:431,497)。

14. 事实上,Ward Connerly 也持有相同观点。他率先说服加利福尼亚大学理事会(University of California Board of Regents)取消基于种族的平权行动招生原则。他说:"加利福尼亚大学在做特殊录取决定时,不应该考虑种族,而是应考虑经济地位和其他真正困难的情况。"(Sacramento Bee,"UC Regents Find Answers Elusive in Affirmative Action Debate," 1995,B1)

15. 我们用 2 500 美元为与基于上一节中所讲的机会平等解决方案的模拟提供可比性。由于样本中学生实际人均经费略低于 2 500 美元,所以我们按比例增加了所有工作者的学生人均经费,并使用分位数回归结果计算了收入的预测增加。
16. 这个实际利率是根据 10 年期联邦债券的收益率减去 1953 年至 1997 年间消费者物价指数(所有城市消费者)的百分比变化来计算的。资料分别来源于 1998 年的总统经济报告(Council of Economic Advisers,1998)和美国人口普查局(1997)。
17. 在本章的早期草稿中,我们还根据 OLS 收入—教育年限对数回归,计算了提高一年的离校年龄的影响和成本。这只是粗略地估计了提高离校年龄会产生什么影响。不过,结果非常具有启发意义。按照黑人和白人分类收入下包络来算,平均周收入预计增加 2.38 美元,按现值计算,成本为 142.25 美元。相比必定成功(no-lose)机会平等情况下的影响和成本,预期的影响和成本都极小。与增加学生人均经费总数的计划相比,提高离校年龄对目标函数的影响预计要大于成本。但是,这是可以预料到的,因为我们早先的论点认为机会平等的好处与经费增长的比率呈递减函数,这样就降低了大幅度增加学生人均经费的有效性。
18. 所有数据均按 1990 年物价算。作者的计算结果基于美国教育部数据(2003:196)。

参考文献

Betts, Julian R. (1995). "Does School Quality Matter? Evidence from the National Longitudinal Survey of Youth." *Review of Economics and Statistics* 77(2): 231 – 250.

Betts, Julian. (1996). "Is There a Link between School Inputs and Earnings? Fresh Scrutiny of an Old Literature." In G. Burtless (ed.), *Does Money Matter? The Effect of School Resources on Student Achievement and Adult Success*. Washington, DC: Brookings Institution.

Betts, Julian R., and Eric Johnson. (1997). "A Test for Diminishing Returns to School Spending." Manuscript, Department of Economics, University of California, San Diego.

Bound, John, and Richard Freeman. (1992). "What Went Wrong? The Erosion of Relative Earnings and Employment among Young Black Men in the 1980s." *Quarterly Journal of Economics* 107(1): 201 – 232.

Card, David, and Alan Krueger. (1996). "Labor Market Effects of School Quality: Theory and Evidence." In G. Burtless (ed.), *Does Money Matter? The Effect of School Resources on Student Achievement and Adult Success*. Washington, DC: Brookings Institution.

Coley, Richard J. (2002). *An Uneven Start: Indicators of Inequality in School Readiness*. Princeton, NJ: Educational Testing Service, Policy Information Center.

Council of Economic Advisers. (1998). *Economic Report of the President 1998*. Washington, DC: U. S. Government Printing Office.

Donohue III, John J. (1994). "Employment Discrimination Law in Perspective: Three Concepts of Equality." *Michigan Law Review* 92: 2583 – 2612.

Evans, William N., Murray, Sheila E., and Robert M. Schwab. (1997). "Schoolhouses, Courthouses and Statehouses after *Serrano*." *Journal of Policy Analysis and Management* 16(1): 10 – 31.

Grogger, Jeff. (1996). "School Expenditures and Post-Schooling Earnings: Evidence from High School and Beyond." *Review of Economics and Statistics* 78(4): 628 – 637.

Hanushek, Eric A., and Steven G. Rivkin. (1997). "Understanding the Twentieth-Century Growth in U.S. School Spending." *Journal of Human Resources* 32(1): 35–68.

Heckman, James, Anne Layne-Farrar, and Petra Todd. (1996). "Does Measured School Quality Really Matter? An Examination of the Earnings-Quality Relationship." In Gary Burtless (ed.), *Does Money Matter? The Effect of School Resources on Student Achievement and Adult Success*. Washington, DC: Brookings Institution.

Hoff, David J. (2004). "States on Ropes in Finance Lawsuits." *Education Week* 24(15): 1,23.

Koenker, Roger, and Gilbert Bassett, Jr. (1978). "Regression Quantiles." *Econometrica* 46(1): 33–50.

National Center for Education Statistics. (1991). *Digest of Education Statistics*. Washington, DC: U.S. Government Printing Office.

Nozick, Robert. (1974). *Anarchy, State, and Utopia*. New York: Basic Books.

Roemer, John E. (1998). *Equality of Opportunity*. Cambridge, MA: Harvard University Press.

Sacramento Bee (1995). "UC Regents Find Answers Elusive in Affirmative-Action Debate," B1, May 20.

U.S. Bureau of the Census. (1997). *Statistical Abstract of the United States: 1997* (117th ed.). Washington, DC: U.S. Government Printing Office.

U.S. Department of Education, National Center for Education Statistics. (2003). *Digest of Education Statistics, 2002*. NCES 2003–060. Edited by Thomas D. Snyder. Washington, DC: U.S. Government Printing Office.

第四部分

解决问题还是恶化问题?标准与选择

10
美国教育改革与弱势群体学生

John H. Bishop 和 Ferran Mane

姚 佳 译

10.1 引言

在美国,越来越多的人担心高中毕业生对于升入大学或踏上工作岗位毫无准备,这使得教育改革在美国各州成为当务之急。很多州政府决定提高学生们获得高中毕业证的最低标准,并决定让学生和学校为实现这些更高的标准负责。这些改革的倡导者们表示,他们将让教师制定更高的标准以引导学生更加努力学习。由于这种激励效应针对的是表现欠佳的学生,学校将被迫将资源转向帮助这些学生迎头赶上。这样一来,教育机会公平也会得到相应提高。而反对提高各州规定的获得高中毕业证最低标准的人士则声称,那些成绩岌岌可危的学生的辍学率会提高,所以这种标准的提高将会扩大来自贫穷和富裕家庭的学生之间的成绩差距,特别是在目前其他体制性改革也不存在的情况下。这些人认为,缩小班级规模,提高教师工资才有助于提高学生学业成绩,缩小成绩差距。

本章将使用美国纵向数据,追踪一个1988年就读八年级的学生同期群,从他们的青少年时期一直到2000年,以便对这一争论进行实证分析。首先,我们将通过简单描述美国各州政府试图用来问责学校的机制,来开始本章的讨论。后续的实证性工作将评估四项各州政策对以下因素的影响:学生测试成绩的进步,高中学业完成率,大学入学率和学业完成率,以及在劳动力市场的成功。这四项政策为:第一,各州规定的学生获得高中毕业证必须修完并通过的所有课程的最低数量;第二,各州规定的获得高中毕业证所需的学术课程最低数目;第三,各州规定的最低能力水平毕业考试;第四,基于课程的自愿性外部退出考试系统(纽约州Regents高中毕业统考,英文:New York State Regents Examinations)。除此之外,我们也会将这些政策与更传统的以降低课堂中生师比以及提高教师工资等的支出导向型政策进行比较。我们所估算的模型包括父母的社会经济地位(SES)因素与每一个政策变量的相互作用。这有助于我们估算父母经济地位在不同水平时,即处于低水平、中等水平和高水平时分别对学生的影响。在本章最后一节,我们将对研究结果进行总结并为未来的研究提供议程。

本章试图以这短短的篇幅探讨七年前开始的一个研究计划的多个层面,这个研究计划仅聚焦于最低能力水平考试(MCE)和短期劳动力市场结果。而1988年美国全国教育纵向研究(NELS-88)在2000年的后续工作,使得我们首次可以研究高中毕业标准的影响力是否能自毕业起持续至少八年时间。我们将呈现几个模型,该模型将用以预测2000年时的收入、就业和工资率,以及到2000年为止获得副学士或以上学位、学士或以上学位,以及完成高中毕业证或同等学力文凭(GED)。随着理论和数据分析的深入,我们发现那些对政策选择的简单表达通常都具有误导性。比如,像纽约州Regents高中毕业统考这种结课考试系统与最低能力水平考试十分不同。如果将这两种毕业考试系统合并成一个变量,那么毕业考试就对学习没有任何影响。但是当对每种类型的考试系统进行单独估算时,我们得出的结论是,纽约州的学生在高中四年内,比起其他采取最低能力水平考试的州,所学内容要多半年级的等量水平(grade-level equivalent, GLE)。

同样地,我们也可以得出结论:相较于增加达到毕业要求的课程总数,增加所要求的学术课程可能会产生不同效果。本章第一次估算了这两种政策所分别产生的效果。比如,我们发现,增加毕业所要求的选修课程降低了大学入学率和收入。与此相反,将学术课程的毕业要求提高4个学分会相应增加0.37GLE的学术成绩,减少0.37GLE的社会经济地位差异,并且提高毕业后八年的工资水平。

10.2 提高学生成绩和劳动力市场成功的政策

10.2.1 降低班级规模和提高收入来吸引更好的教师

Hedges, Laine和Greenwald(1994), Hanushek(1997), Ballou和Podgursky(1999)以及Krueger(2000)等最近回顾了关于班级规模和教师薪资对学生学习影响的广泛文献。这些政策成本高,并且其成本效益也一直存在争议,所以各州的政策制定者也在寻找更经济的方法来提高学生的成绩。他们认为,教师制定更高的标准,并引导学生更加勤勉学习,可以促进学习。所以这就导致,20世纪80年代和90年代引进的许多教育改革都注重使学校更侧重于学术,提高教师标准和期望值,引导学生更刻苦地学习。接下来,我们将研究四种不同的政策工具。

10.2.2 各州规定获得高中文凭所需课程数量的最低要求

美国全国教育促进委员会(The National Commission on Excellence in Education)

于 1983 年建议所有高中生至少每人修 3 学分（共计 120 至 150 小时的全年制课程）的数学、科学和社会研究课程，以及 4 学分的英语课程。这个建议与当时的传统课程模式发生了重大偏离。1982 年，只有 14% 的高中毕业生完成了该委员会推荐的一揽子课程。没有一个州将之作为强制要求。

10.2.2.1 增加学术课程毕业要求　为了响应该委员会的要求，许多州增加了毕业所需的数学、科学和社会研究课程的数量。美国 17 个州现在要求学生学完该委员会推荐的 13 个核心学术课程。20 世纪 80 年代，大学回报的增加和毕业要求的更加严格似乎得到了期望的结果（Bishop 和 Mane，2005）。低水平的数学课程变得不再流行，而代数、几何和高水平的数学课程的学分增加了 57%。学生学习的科学课程增加了 42%。1988 届 55% 的学生完成了该委员会推荐的 13 个学分的学术课程。学生在高中阶段完成的全年制课程总数从 1982 届的 21.6 门上升到 2000 届的 25.9 门（NCES，2004）。

10.2.2.2 增加毕业要求课程总数　州层面提高对学术课程的毕业要求，这显然也导致了毕业要求的课程总数的增加。1980 年，美国只有 7 个州要求 20 个以上的卡耐基学分才能毕业（学区如果愿意，甚至可以制定更高的要求）。2002 年，5 个州入学的学生面临州政府规定的 24 门课的最低毕业要求；13 个州的最低毕业要求是 22 或 23 门课，9 个州的最低毕业要求是 21 门课，另外 8 个州规定最少要学完 20 门课。

而批评者指出，提高毕业课程要求或许会导致高中毕业率下降。设想一名学生有几门课程未通过考试，因此他在高中第二年年底，只能积累 8 个卡耐基学分。在那些要求 16 个卡耐基学分才能毕业的州（比如伊利诺斯州），获得高中文凭看起来仍然是可行的。而与此相反，如果在那些要求 23 个卡耐基学分才能毕业的州（比如路易斯安那州和哥伦比亚特区 1992 年就这样规定），要想获得高中文凭就看起来很困难。经济理论预测，增加高中毕业要求的课程总数会导致一些学生放弃获取正规的高中毕业证书，选择获取高中同等学力证书，甚至选择辍学[1]。

一种不同的途径是，毕业所要求达到的卡耐基学分总数可以固定下来，选修课程总数减少，而学术要求则可增加。这可能会避免导致辍学率上升。但是，还有一种可能是，必修的学术课程，比起所需的选修课，对于学生顺利毕业可能是一个更大的障碍。那些很可能毕不了业的学生或许会发现必修的学术课程要比他们可能选择的选修课程更难。如果选择一门选修课的学生数量不能满足开课要求，那么这门选修课就会被取消。所以，教师可能会面临更大的压力，他们会想方设法取悦学生，并让所有学生通过这门课的考试。另一方面，几乎所有学生都可以选择要求较低的学术课程，因为通过这些课程的唯一要求就是出全勤和文明礼貌。这些课程通常比那些学生来源多样的选修课的要求要低一些。逃课和不良的学习习惯是导致课程通不过的主要原因，这在非学术课程和学术课程中都会产生问题。因此，我们预测，辍学率和毕业率会对所要求的课程的总数作出反应，而不是选修课程和学术课程各占的比重。然而，这是一个经验性问题。下面，在我们预测教育结果的各个模型里，我们将既用毕业要求的学术课程总数，也用毕业要求的课程总数，来检验这个问题。

10.2.2.3 最低能力水平考试毕业要求 1996 年，美国的 17 个州只给那些通过最低能力水平考试(MCE)的学生颁发了高中毕业证。最低能力水平考试常常是为了回应很多人持有的一个看法，即该州设立的从幼儿园（K）至十二年级的教育体制已经失败了。一般来说，设立了最低能力水平考试的往往是南部各州和拥有众多城市人口的那些州。

最低能力水平考试提高了标准，但并非对所有人都如此[2]。这种考试并不会改变优等班和高等大学预科班的教师设定的标准。这些班级的学生不用特别准备就能一次性通过最低能力水平考试。通常，高中成绩单只会报告谁通过了最低能力水平考试，而不会显示学生的成绩比标准高出多少。只有那些选择最不具有挑战性的课程的学生才能感受到更高的标准。

学校管理者不想因为高失败率而感到尴尬，我们完全可以预测他们将会提高低年级的学习标准，为这些挣扎中的学生改善教学。在美国大多数州，科学、历史、公民学/政治没有纳入最低能力水平考试的范围内，所以，这些学科对学生成绩产生的影响是间接的。假设他们提高阅读、写作、数学方面的成绩，这样可以帮助他们在历史和科学课上表现更好，并且在关于这些科目的考试中获得更好的成绩。

通常来说，最低能力水平考试设置了一个相对较低的最低标准。1996 年，在美国采用最低能力水平考试的 17 个州中，只有 4 个州将其毕业考试的目标定在十年级或以上的熟练水平。并且，第一次参加测试的学生的失败率有很大不同：从高失败率的德克萨斯州的 46%、弗吉尼亚州 34%、田纳西州 30%、新泽西州 27%，到低失败率的密西西比的 7%。然而，由于学生可以多次参加考试，最终 1995 届的班级通过率要高得多：路易斯安那、马里兰、纽约、北卡罗来纳州和俄亥俄州的通过率都是 98%；内华达州和新泽西州是 96%；德克萨斯州是 91%；佐治亚州是 83%（American Federation of Teachers, 1996）。而又因为这些测试旨在确认谁在相对低的标准以下，所以，他们通常不会测试那些旨在上大学的学生学习的十年级和十一年级的材料(例如代数2和几何证明)。因此,最低能力水平考试不应该被期望能影响那些在高中前八年级表现良好的学生的学习。因为学生社会经济地位(SES)与八年级的成绩相关,我们假设,最低能力水平考试对社会经济地位高的学生产生的影响小于社会经济地位低的学生。

10.2.2.4 自愿性结课考试(EOCEs):20世纪90年代早期的纽约州Regents高中毕业统考 结课考试和最低能力水平考试不同,因为结课考试通常测试的材料更难,并且在一门课程或一系列课程,比如生物、法语、美国历史或微积分快要结束的时候进行[3]。人们都会不可避免地认为教师对学生在考试中的表现负责(至少是承担部分责任)。结课考试可以显示学生在该科目的成绩水平,不仅仅显示该学生是否超出或低于一个特定分界点,即所有高中毕业生都必须超过的标准。不仅仅是那些班级里排名垫底的学生,班级里的所有学生都想要刻苦学习以在该考试中获得好成绩。所以,结课考试比最低能力水平考试更有可能改善班级文化(Costrell,1994)。然而这对每个学生的意义也是不同的。对于结课考试来说,学生通常在乎的是在该课程中能否拿到A的成绩,而不是B,或者通过高中的课程得到大学的学分。对于最低能力水平考试来说,学生在乎的就是能否获得高中毕业证。

在我们收集数据的时候,美国当时只有一种结课考试体制,即纽约州的基于课程的Regents高中毕业统考系统[4]。事实上,它应该叫作自愿性结课考试,因为这些Regents课程以及相关考试并不是强制性的。然而,许多学生参加了这种考试。1992年,数学Ⅰ课程是当时最受欢迎的考试。62%的学生参加了这场考试。除此之外,57%的学生参加了全球研究考试,50%的学生参加了英语和生物考试。总体来说,1992—1993届毕业生中的38%获得了Regents文凭,这表示他们学习了一系列Regents课程并且通过了相关的考试。

10.3 更严格毕业要求影响的实证证据:对1988年八年级学生的全国教育纵向研究数据(NELS-88)的分析

10.3.1 对该数据和计量经济模型的描述

本文的分析使用了1988年美国全国教育纵向研究(NELS-88)的微观数据。它是一组对一批具有全国代表性的样本进行了调查的纵向数据集,样本为1988年读八年级的学生,时间持续到 1992 年。除此之外,另外两个高中后的后续调查在 1994 年(毕业后两年)和 2000 年(毕业后八年)展开。本文使用的信息采集自学生、学校和家庭调查问卷。我们研究了 1988 年全国教育纵向研究中高中毕业生的全部样本,其中包括毕业生、辍学者以及公立和私立高中的学生。

我们使用了保密数据集,这个数据集可以识别每一位学生的高中所在的州。这有助于我们将各州政策与特点的信息合并到数据集中。我们确定了四个政策变量,来描述各州毕业要求的特征。第一个变量测量了各州政府制定的获得普通高中毕业证所需的最少的学术课程(英语、数学、科学和社会研究)要求。第二个变量是各州要求获得普通高中文凭的学分总数[5]。这里包含了对学术课程和总课程要求的分别测量,因为它们之间的相关系数仅为 0.22,并且它们对学习、辍学率、高中后的成就有不同的影响。

第三个变量对 1992 年采用最低能力水平考试作为毕业要求的各州(阿拉巴马州、佛罗里达州、乔治亚州、夏威夷州、路易斯安那州、马里兰州、密西西比州、内华达州、新墨西哥州、新泽西州、北卡罗来纳州、南卡罗来纳州、田纳西州和德克萨斯州)赋值为 1,其他州赋值为 0[6]。在我们的样本数据中,32% 的学生住在那些要求最低能力水平考试并将其设定为毕业考试标准的州。最后,我们通过定义一个变量——如果学生的高中在纽约州,则此变量值为 1;如果在其他州,则为 0,就可以获得纽约的一揽子毕业要求(包括自愿参加的 Regents 毕业统考)的独特影响。最后两个政策变量是教师的薪资水平(使用支付给首年全职教师的薪资,以千美元为单位)以及学校中生师比[7]。

由于研究结果主要取决于学生的背景和环境,我们控制了该群体和该学生尽可能多的特点的差异,以提高效率,减少遗漏变量偏差(omitted-variable bias)。我们的估算包括控制八年级学生的平均学分绩点(GPA),英语、数学、科学和社会研究各科八年级考试成绩的平均成绩,家庭社会经济地位,以及八年级学生的其他特点。这些特点包括:这些学生在八年级或以前是否参加补习,是否参加高级课程,或家里是否有电脑;学生看电视以及做家庭作业的时间分配;是否读书消遣;残疾指标;学生家庭的社会经济地位;家中藏书量的对数;家长参与指数;家庭规模;八年级时期父母的婚姻状况和父母是否缺位;控制点指数;自尊指数;八年级期间用于打工赚钱的时间(和它的平方);八年级学生吸烟指数;种族、民族和宗教哑变量;农村、郊区、城区居住的哑变量;以及 10 项描述其学校特点和质量的指标。从校长的调查问卷中,我们采用了下列学生中学的质量指标:平均教师薪资、生师比、免费午餐百分比、白人学生百分比、学校是否是职业高中、学校中全职职业技能教师的比率,以及高中每一级学生的平均入学人数(和它的平方)。我们通过测算1988年美国全国教育纵向研究(NELS-88)数据库里每一所高中的学生反馈的平均数,来测度参与研究的学校中十年级学生质量,即学生的平均社会经济地位和八年级测试分数。

对地区的劳动力市场特征的控制[标准大城市统计区(SMSA)或州]包括失业率、零售和制造业的平均周薪、1989年高中毕业生收入与高中辍学生收入的比率、1989年大学毕业生收入与高中毕业生收入的比率、四年公立大学学费与零售业每周的薪资比率,以及四个人口普查地区的哑变量。

回归模型的基本设定如下:

$$Y_i = \alpha_i + \beta_1 X_i + \beta_2 SES_i + \beta_3 MCE_i + \beta_4 ACAD_i + \beta_5 TOTAL_i + \beta_6 NY_i$$
$$+ \beta_7 TCHWAGE_i + \beta_8 PupTchR + \beta_9 (SES \times MCE)_i$$
$$+ \beta_{10}(SES \times ACAD)_i + \beta_{11}(SES \times TOTAL)_i + \beta_{12}(SES \times NY)_i$$
$$+ \beta_{13}(SES \times TCHWAGE)_i + \beta_{14}(SES \times PupTchR)_i + \mu_i.$$

其中 Y_i 是 i 的一连串因变量, X_i 是控制变量的矢量, MCE、$ACAD$、$TOTAL$、NY、$TCHWAGE$ 和 $PupTchR$ 都为政策变量。

SES(社会经济地位)是一个连续变量,用以测度学生家庭的社会经济状况。尤其令我们感兴趣的是这些政策会对机会平等产生的影响,所以每一种政策指标与学生父母的社会经济地位形成了交互作用[8]。交互作用是通过将 SES 和该连续政策变量从 0 偏离开而确定,并随之形成其乘积。它确保了政策变量的主要影响系数(β_3 到 β_8)同时代表着政策的平均效应以及在 SES 分布中点时它对学生产生的影响。我们也计入了每一种政策的交互作用和主要影响条件,以便分别得出对低 SES 学生和高 SES 学生的政策影响的估算。然后,我们对每一种政策对学生的影响进行三次假设检验:在 SES 分布中点时,在中点上部的一个 SES 标准偏差上,在中点下部的一个 SES 标准偏差上。这些测试会让我们评价一项政策是否对一个群体的帮助比对另一个群体大。除了这些与 SES 指标设定的交互作用之外,我们没有理由期待政策变量的影响会在 1988 年全国教育纵向研究数据库的特殊的黑人学生和西班牙裔学生子样本中,产生系统性的差异。因此,当我们估算回归时(给予这些特殊子样本和参与学生主体相同的权重),我们并不对数据进行加权。这就降低了异方差性,提高了估算效率。

我们知道美国各州或许会自发地制定不同的标准。然而,正向的选择性偏差是不大可能的。1992年前,在美国南方,除了阿肯色州和俄克拉荷马州,每个州都采用了最低能力水平考试;除了新墨西哥州,没有哪个山区、平原区,或中西部的州在1992年前设立了最低能力水平考试系统(NCES,1993)。Bond 和 King(1995)以及 Amerein 和 Berliner(2002)将这种南部和西南部的集中状况视为一种标志,表明政策制定者面临着更大的压力,这种压力来自于民众认为这些州学校未能教给学生基本技能。

最后我们必须考虑的问题是数据的集群性质。我们遵循了 Warren 和 Edwards(2005)采用的实证研究策略,并在 Stata(译者注:一种数据管理统计绘图软件)中使用 SVY 家庭指令以估算每个州的集群模型。

10.3.2 辍学率和高中毕业率

批评者认为,提高毕业标准会增加辍学率,推迟一些学生毕业,导致其他人转而考同等学力(GED),甚至让另一些人毕不了业。他们也认为这些影响对社会经济地位低的学生来说更大。而支持者认为提高毕业标准将会引导教师为风险高的学生制定更高的标准,最终让他们学到更多。他们还预测,雇主会更想要雇用最近的高中毕业生,进而会增加学生获得文凭的回报。随着文凭的回报增加,学生、教师、父母和校长就会认为他们可能会以克服初始负面影响的方式来作出反应。

实证研究证据是混合的。在对总体的各州合并数据进行严格控制的横断面研究后发现,实行最低能力水平考试的州,其总体高中毕业率并无显著降低(Bishop 和 Mane,2001a;Lillard 和 DeCicca,2001;Jacobs,2001;Dee,2003)。然而,在研究子群体时,我们发现,如果高中校长报告学生必须通过最低能力水平考试才能毕业,那么,两类学生的毕业率似乎更低,即处于低收入群体的学生(Reardon,1996)和弱势学生(Reardon 和 Galindo,2002)。然而,Warren 和 Edwards(2005:57)指出,因为各州退出考试(state exit exams)的主要报告往往不准确,所以他们对 Reardon 的结论持有怀疑态度。于是,Warren 和 Edwards 用各州的 IDs 利用保密数据创建了最低能力水平考试变量,他们作出一个总结:在实行最低能力水平考试的州,学生获得高中同等学力(GED)、没获得同等学力并辍学,或获得高中毕业证书,发生这些情况的可能性并没有更高,甚至对处于低水平社会经济地位的学生或成绩不好的学生来说,也是这样。Bishop,Mane,Bishop 和 Moriarty(2001)也使用各州 IDs 来识别必须参加最低能力水平考试的学生。我们得出结论是,在实行最低能力水平考试的州里,八年级学生中 GPA 比较低或处于平均水平的学生更有可能推迟毕业或只取得高中同等学力。除此之外,如果 GPA 低的学生(但不是 GPA 处于平均绩点或以上的学生)在实行最低能力水平考试的州居住的时候,他们显然更有可能不能取得高中毕业证或高中同等学力证书。

在对于修课标准的影响的研究中,我们普遍发现,这些影响力降低了从高中毕业的学生人数。Lillard 和 DeCicca(2001);Bishop 和 Mane(2001a);以及 Bishop,Mane,Bishop 和 Moriarty(2001)发现,在该州的其他特征受到控制时,毕业所需的总课程数高于平均水平的州有更低的高中入学率或毕业率,并且这些学校获得高中同等学力证书的学生更多。Dee(2003)也得出结论:这项改革降低了学生的受教育程度。对黑人学生的教育来说尤其如此。只有 Hoffer(1997)发现,改革对高中毕业率毫无影响。

我们使用模型预测学生是否会在高中任何时间辍学,学生是否晚于预期时间取得文凭,他们是否未能在 1994 年 2 月及 2000 年 6 月前取得高中同等学力证书或高中毕业证。结果见表 10.1[9]。

表 10.1 对于辍学和获得高中毕业证书及获得高中同等学力证书的影响

	曾经辍学	延迟获得毕业证书	到 1994 年未能取得高中毕业证书或 GED	到 2000 年未能取得高中毕业证书或 GED	到 2000 年取得 GED
平均数标准差	.121 (.326)	.082 (.274)	.081 (.273)	.050 (.219)	.064 (.245)
社会经济地位	−.571*** (.068)	−.492*** (.091)	−.657*** (.081)	−.647*** (.168)	−.407*** (.096)
州最低能力水平考试	.070 (.113)	.446*** (.140)	.192 (.187)	−.255 (.208)	−.385* (.235)
州最低能力水平考试 * 社会经济地位	.059 (.116)	.311** (.133)	−.021 (.151)	−.347 (.273)	.260* (.156)
纽约州	.421*** (.136)	.108 (.208)	.181 (.194)	−.022 (.164)	.859*** (.201)
纽约州 * 社会经济地位	−.134 (.093)	.284*** (.112)	−.235** (.119)	−.276 (.261)	−.024 (.127)
学术课程	.024 (.030)	.015 (.036)	.066* (.039)	.036 (.041)	.011 (.062)
学术课程 * 社会经济地位	.068** (.030)	−.014 (.043)	.066* (.036)	.049 (.069)	.019 (.039)

续 表

	曾经辍学	延迟获得毕业证书	到1994年未能取得高中毕业证书或GED	到2000年未能取得高中毕业证书或GED	到2000年取得GED
州最低毕业学分	.021 (.016)	.012 (.018)	−.033 (.031)	.004 (.030)	.016 (.030)
州最低毕业学分 * 社会经济地位	−.018 (.021)	−.046** (.023)	−.039 (.025)	−.0002 (.044)	−.046 (.029)
教师薪资	−.010 (.016)	−.024 (.018)	−.007 (.019)	−.007 (.030)	−.040** (.020)
教师薪资 * 社会经济地位	.019 (.017)	−.015 (.016)	.024 (.020)	−.017 (.025)	−.010 (.020)
生师比	−.010 (.012)	.028** (.014)	−.003 (.017)	.008 (.026)	.006 (.010)
生师比 * 社会经济地位	.004 (.009)	.013 (.013)	.011 (.016)	.004 (.024)	.022* (.013)
观察值数量	15 867	10 590	11 922	9 873	9 873

来源：本文作者对美国全国教育纵向研究1988年数据的分析。

注：在Stata中使用SVY指令得出的估算，以每个州作为原始样本单位。样本包括辍学者和私立学校高中毕业生。

控制变量：最低能力水平考试的变量对下列州的值为1：阿拉巴马州、佛罗里达州、佐治亚州、夏威夷州、路易斯安那州、马里兰州、密西西比州、内华达州、新墨西哥州、新泽西州、北卡罗来纳州、南卡罗来纳州、田纳西州和德克萨斯州。这些模型也包含一套完整的学生八年级时的背景变量：家庭社会经济地位、家中藏书、单亲家庭、父母离异、兄弟姊妹人数、族裔、宗教、性别、残疾情况、测试成绩、八年级GPA、看电视小时数、做家庭作业小时数、消遣阅读指数、吸烟、参加补习班哑变量、中心城市和农村哑变量、控制点指数、自尊指数，以及打工小时数（加其平方）。

学生所上学校的下列特征差异也受到控制：天主教学校、世俗私立学校、由非天主教教派控制的私立学校、白人学生百分比、免费午餐百分比、平均八年级测试成绩、平均家庭社会经济地位、每个年级入学人数（加其平方），以及全职教师总数中的职业技能教师比例。

除了四个地区的哑变量，在短期结果（使用1992年值）中，州的下列特征的差异受到控制：辍学者失业率、辍学者周工资、辍学者和高中毕业生工资比率、大学毕业生与高中毕业生工资比率、四年制公立大学与零售业周工资比率。在中期模型中，州的控制为平均失业率、平均州工资，以及制造业平均周工资。

* 达到统计意义上显著性水平，双尾测验处于10%水平，** 显著性水平5%，*** 显著性水平1%。

居住在实行最低能力水平考试的州的学生并非在1994年或2000年前更有可能辍学，并非更不可能在此前取得高中毕业证或同等学力证书。家庭社会经济地位（SES）在统计上对这些学生的高中毕业率的影响并非更加显著。然而，居住在实行最低能力水平考试的州的学生，更有可能延迟毕业，也更有可能只取得高中同等学力证书而不是正规高中毕业证。同我们的假设相反,随着学生的家庭社会经济地位提升,这两个影响越大。的确,对于处于低家庭经济地位的学生来说,这些影响如此之小,以至于我们不能否认这个假设,即,对低家庭社会经济地位的学生来说,最低能力水平考试对他们取得高中同等学力证书毫无影响,却会延迟他们毕业时间。

在 2000 年前,居住在纽约的学生更有可能辍学,更有可能花更多时间得到文凭,更有可能取得高中同等学力证书而不是普通高中毕业证。家庭社会经济状况低的学生非常不可能在 1994 年前取得毕业证书或同等学力证书,在 2000 年前却并非如此。中等水平和高水平家庭社会经济状况的学生的毕业率均无明显变化。

在有更高的选修课和非学术课程毕业要求的州,这里的学生并非更有可能退学。从另一方面来看,家庭社会经济地位低的学生(而不是中等水平和高水平家庭经济状况的学生)更有可能延迟取得高中毕业证书或只获得高中同等学力证书。有一种假说,即学术课程的毕业要求对辍学率和未完成率,比起增加选修课程的毕业要求,有更大的影响。对此我们找到了一些微弱支持。学术课程要求在所有五个模型中都有正系数效应,并且它对在 1994 年前无法获得毕业证书或同等学力证书的影响是显著的,对高水平社会经济地位的学生的辍学率影响也极大。

学校资源变量——教师薪资和生师比——都对辍学率或整体毕业率没有任何影响。然而,教师薪资与以下两种情况都有极大关系:第一是获得高中同等学力证书的概率较低,第二,对于家庭社会经济地位高的学生来说,延迟获得高中毕业证的概率较低。提高学生与教师的比率同更少学生延迟毕业相关。

10.3.3　高中阶段学习

大多数实施了更严苛的毕业标准的州的教育部门的网站显示,州问责制测验的成绩在上升。然而,我们还不能就此得出更加严苛的标准提高了学生的成绩的结论。州考试成绩的提高或许反映了应试教育(也就是教师更加有针对性地依据该州的高利害关系考试的范围与题型对学生进行指导),而不是学生真正的收获增加了(Linn,2000;Koretz,McCaffrey 和 Hamilton,2001)。所以,评估更严苛的标准对成绩的影响的研究必须追踪考察更加广泛的知识领域的零利害关系考试(比如说 1988 年的全国教育纵向研究考试)的影响,而不是构成一个州的高利害关系考试的内容标准[10]。

从一个州的趋势作出推断一个的更严重的问题是反事实分析的缺乏。各地的考试成绩都可能在上升,而不仅仅是那些近期实施了更加严苛的毕业标准的州[11]。要证明政策可以改变学习这样一种论断,就要求要么(1)通过对比那些近期提高了毕业标准的州和没有提高毕业标准的州的考试成绩趋势来研究政策变化的影响;要么(2)将高中的学习速率作为一个州的毕业标准的一个函数来研究,同时对一整套关于学生、学校和州的特征的差异加以控制。

第一种方案的难点在于考试成绩趋势的数据通常不可用。政策变更的告知通常要比实际实施早很多年,并且,我们也不清楚反应要积累多久才能达到新的平衡。其他的州政策也在改变,所以,我们很难推断一项具体政策的影响。Fredricksen(1994)发现,1978年至1986年间,一些州在引进高利害关系考试系统之后(大多数州采用了最低能力水平考试),学生在美国国家教育进展评估(NAEP)的数学测验中成绩提高很大。20世纪90年代对于八年级学生的美国国家教育进展评估(NAEP)趋势研究也得出结论:在引进高利害关系的学校问责制的州里,学生的分数提升更快(Carnoy和Loeb,2002;Rosenshine,2003;Braun,2004;Hanushek和Raymond,2003)[12]。这些研究所使用新的高利害关系考试计划的指数,主要反映了学校问责制的增长,而不是最低能力水平考试的增长,所以他们没有为高中毕业考试的独特影响提供真正的证明。只有一个研究(Bishop,2005)分别估算了新的最低能力水平考试、基于课程的外部退出考试系统(CBEEES)和学校问责制对1992年至2003年美国国家教育进展评估(NAEP)趋势的影响。此研究发现这三项政策都产生了极大的积极影响,其中CBEEES考试影响最大。

横断面类研究往往试图估算退出考试的长期影响,因此对于其适应政策变化的演变的设定的问题要少得多。使用这种方法的研究并未发现在实行最低能力水平考试的州内居住与八年级学生的成绩或八年级到十二年级的成绩显著相关(Bishop,Mane,Bishop和Moriarty 2001;Jacobs 2001)。这些研究未能证明最低能力水平考试对低于平均年级及考试分数低于平均水平的学生有更大影响。不过,此前已经证明了更高的学术课程毕业要求增加了学术课程的选修人数以及通过人数(Bishop和Mane,2005),但是我们没有发现之前的任何研究测量了课程毕业要求对学生学习的影响。

在表10.2中的第二列,通过设定社会经济地位因素与六种政策工具的交互作用,我们可以得出八年级和十二年级学生的成绩进步幅度的预测结果。我们之前所做的研究(Bishop等,2001)设定了平均成绩与两种政策变量交互作用,即最低能力水平考试和基于课程的自愿外部退出考试系统(CBEEES)。高中辍学的学生和那些留在学校的学生一起考试,所以,一些学生辍学导致的学习时间的减少也考虑在内了。在这个模型中使用控制变量,只有一种例外,这种例外与预测辍学时使用的变量相同。为

表 10.2　对大学入学和毕业的影响

	考试总成绩	1992年秋季入学	1994年春季入学	获得副学位或以上学位	获得学士或以上学位
平均数标准差	7.86 (4.75)	.592 (.491)	.558 (.496)	.420 (.493)	.346 (.475)
社会经济地位	.484*** (.081)	.740*** (.050)	.683*** (.046)	.657*** (.042)	.818*** (.050)
州最低能力水平考试	.098 (.279)	.018 (.108)	.164* (.099)	.040 (.111)	−.014 (.147)
州最低能力水平考试 * 社会经济地位	−.048 (.148)	.002 (.076)	.198** (.096)	.109 (.080)	.077 (.095)
纽约州	1.09*** (.230)	.053 (.101)	.084 (.108)	−.068 (.126)	−.332*** (.102)
纽约州最低能力水平考试 * 社会经济地位	.237** (.098)	−.271*** (.064)	−.016 (.050)	−.121*** (.042)	−.160*** (.060)
学术课程	.180*** (0.48)	.032 (.020)	−.015 (.018)	−.019 (.028)	−.025 (.028)
学术课程 * 社会经济地位	−.111*** (.031)	.014 (.030)	−.046* (.026)	−.007 (.016)	−.015 (.020)
州最低毕业学分	.011 (.020)	−.016 (.015)	−.019 (.012)	−.003 (.014)	−.002 (.013)
州最低毕业学分 * 社会经济地位	−.002 (.022)	.018 (.016)	.027** (.012)	.012 (.013)	.020 (.015)
教师薪资	.016 (.018)	.024*** (.008)	.024*** (.009)	.038*** (.010)	.037*** (.010)
教师薪资 * 社会经济地位	−.002 (.021)	−.030*** (.010)	−.003 (.009)	−.011 (.010)	−.016 (.012)
生师比	−.059*** (.016)	.002 (.008)	−.011 (.007)	−.022** (.010)	−.015 (.009)
生师比 * 社会经济地位	−.011 (.011)	−.016* (.009)	−.028*** (.008)	−.007 (.012)	−.011 (.010)
观察值数量	11 369	11 828	11 829	9 902	9 902

来源：本文作者对美国全国教育纵向研究1988年数据的分析。

注：在Stata中使用SVY指令得出的估算，以每个州作为原始样本单位。样本包括辍学者和私立学校高中毕业生。

控制变量：最低能力水平考试的变量对下列州的值为1：阿拉巴马州、佛罗里达州、佐治亚州、夏威夷州、路易斯安那州、马里兰州、密西西比州、内华达州、新墨西哥州、新泽西州、北卡罗来纳州、南卡罗来纳州、田纳西州和德克萨斯州。这些模型也包含一套完整的学生八年级时的背景变量：家庭社会经济地位、家中藏书、单亲家庭、父母离异、兄弟姊妹人数、族裔、宗教、性别、残疾情况、测试成绩、八年级GPA，看电视小时数、做家庭作业小时数、消遣阅读指数、吸烟、参加补习班哑变量、中心城市和农村哑变量、控制点指数、自尊指数，以及打工小时数（加其平方）。

学生所上学校的下列特征差异也受到控制：天主教学校、世俗私立学校、由非天主教教派控制的私立学校、白人学生百分比、免费午餐百分比、平均八年级测试成绩、平均家庭社会经济地位、每个年级入学人数（加其平方），以及全职教师总数中的职业技能教师比例。

除了四个地区的哑变量，在短期结果（使用1992年值）中，州的下列特征的差异受到控制：辍学者失业率、辍学者周工资、辍学者和高中毕业生工资比率、大学毕业生与高中毕业生工资比率、四年制公立大学与零售业周工资比率。在中期模型中，州的控制为平均失业率、平均州工资，以及制造业平均周工资。

*达到统计意义上显著性水平，双尾测验处于10%水平，**显著性水平5%，***显著性水平1%。

了避免真实的八年级学生成绩的测量误差影响结果，综合考试的滞后值并没有显示在预测八年级到十二年级学生综合考试成绩的回归方程的右侧。

我们最重要的发现是学术课程要求对学习有显著的积极影响。一些州要求学习四门额外的学术课程才能毕业。在这些州中，学生们的四门核心学术课程[(4*.18)/(.25*7.86)]的成绩比其他可州的学生多0.37个年级水平等量。而与此相反，增加选修课程和非学术型课程的要求对于学生学习核心学术课程毫无影响。并且，最低能力水平考试也对学习没有影响。

我们的第三个发现是：对处于各种社会经济地位的学生来说，将结课考试和最低能力水平考试相结合——或纽约州政策组合中的其他考试——对他们的学习似乎有特别巨大的影响。纽约州的政策影响略高于年级水平等量的一半，并且在某种程度上对社会经济地位高的学生更大。即使辍学的学生也囊括在本次采样中，这一点依然成立。因为辍学的学生学习到的东西远远少于留在学校的学生，人们可能会觉得纽约的高辍学率会拖累纽约学生的整体学习收益。然而事实完全相反，因此，那些留在学校的学生肯定学到了足够多的额外的东西，才能平衡纽约更高的辍学率带来的负面影响。

学生与教师比例的降低与高中阶段学业成绩的显著进步相关。回归分析预测，每个教师所教的学生人数减少4个（变量中的一个标准偏差变化）将会在四年的学习中增加约12%的年级水平等量的学习量。当人们考虑到该政策需要给学校增加25%的教师时（或许意味着每个学生的成本增加10%以上），学习程度增加3%似乎看起来没什么。

10.3.4 大学入学和毕业

反对高利害关系考试的人认为"高利害关系考试的准备常常强调学生的死记硬背和填鸭式学习,以及训练和练习的教学方法"(Madaus 1991,7),并且,考试准备会取代教师教导学生其他技能和知识的时间,而恰恰是这些技能和知识对学生在未来大学和职业生涯中获得成功更加重要。同样的问题也出现在强制增加毕业所需的学术课程中。因此,我们需要对更严苛的毕业标准对大学入学、大学毕业、劳动力市场成功这几个因素产生的影响进行研究。

因为我们研究了八年级学生长达十二年,所以我们的数据库对讨论这个问题很有用。通过研究高中毕业之后去上大学的八年级学生的比例(而不是高中毕业生的比例),我们可以发现由于更严格的毕业标准而导致的高中毕业生人数减少对于大学入学率产生的任何负面影响。第二,我们有了2000年以来的数据,也就是高中毕业之后八年的数据,这让我们能够研究毕业率,以及研究高中毕业标准的长期影响。我们还能测试附加在毕业考试上的高利害关系,是否真正地导致了更多的高中毕业生掌握在大学取得成功、顺风顺水所需的技能和知识。

具体来说,用逻辑回归分别估算了1992秋天和1994年春天的学生大学入学率,以及到2000年副学位或学士学位及以上的学业完成率。这项模型的设定与在辍学率和高中毕业率模型中的一样[13]。结果呈现在表10.2第三列至第六列。

学术课程要求对大学入学率或大学毕业率没有显著的影响。增加达到毕业要求的课程总数(保持学术课程要求恒定)极大地降低了1994年春天的大学入学率。对于社会经济地位低的学生来说,这种负面影响明显更大。若毕业要求增加4学分的选修和非学术课程,那么1992年秋天的社会经济地位低的学生的大学入学率预计减少3.4%,1994年春天大学入学率预计减少4.6%。因为两个政策对2000年之前获得大学学位都没有重大影响,所以这些入学率的影响似乎是短暂的。

最低能力水平考试对大学入学率有显著的积极影响,但是这种积极影响仅产生于八年级学生毕业之后的第六年,而不是第五年。1994年,在采用最低能力水平考试的州中,大学入学率大约高出4%。对于社会经济地位高的学生来说,这种积极影响更大。而对于社会经济地位低的学生来说,最低能力水平考试对其1994年大学入学率没有影响。此外,由于在采用最低能力水平考试的州中上高中对获得大学学位的可能性毫无影响,所以,这些入学率的影响似乎是短暂的。1992年秋季,就读于纽约的学校对社会经济地位低的学生的大学入学率有积极影响。另一方面,纽约的四年大学毕业率相对较低,对社会经济地位高的学生来说尤其如此。

我们评价过的六个政策中,教师的薪资对大学入学率和毕业率有着最一致和统计学意义上最显著的影响。教师薪资增加15%（一个标准偏差）会提高1.8个百分点的大学入学率和2.8个百分点的大学学业完成率。对于社会经济地位低的学生来说,对1992年入学率的影响为3.6个百分点。对其他社会经济地位学生而言,交互作用影响不显著。一个班级的生师比对于大学毕业率有极大影响,但是对于一年级学生入学率影响不大。生师比减少20%与取得学士学位可能性增加1.4%相关,也与取得副学位及以上学位的可能性增加2.1%相关。

10.3.5 劳动力市场结果

政策制定者认为提高毕业要求是有必要的,这有助于青少年为在世界经济中竞争做好准备。人们假设最低能力水平考试和更严苛的课程毕业要求可以从两方面改善工作机会。第一,如果他们提高学生成绩,他们就会提高工人的生产率（Bishop, 1992）。即使这并不会立刻提高工人的收入,学业成就对薪资的影响会随着时间增长,最终会产生非常大的影响（Altonji 和 Pierret, 2001）。

最低能力水平考试和更高的课程毕业要求能够改善工作机会的第二个方式是通过给雇主发送一个信号,即毕业生满足或超过他们的最低雇佣标准。在大多数社区中,当地高中培养的学生的能力素质并未很好地传递给雇主们。最终,能提供最好的工作的雇主不愿意冒险雇用近期的高中毕业生。因此,提高课程毕业要求和设置毕业考试是一些州为了吸引提供高薪资的雇主,并且帮助近期的毕业生找到好工作而采取的策略。设定了更严苛的标准后,获得毕业证书就标志着该学生学习了一系列核心学术课程,并且满足或超过了核心科目的最低标准。人们假设提供高薪资的雇主越来越愿意雇用近期的高中毕业生。人们也假定之前因为种族或社会背景而饱受歧视的学生能获得最大的益处。

之前的研究发现,最低能力水平考试可以在高中毕业后,立即提高学生的收入,特别是那些八年级GPA成绩低的学生[14]。那么,在毕业七年后,最低能力水平考试还能继续对工资有正面影响吗?那些来自低收入家庭背景学生的情况是怎么样的?为了回答这些问题,我们估算了预测1993年至1994年和2000年的劳动力市场成就的模型,并将政策变量与家庭社会经济地位交互作用。早期的指标是在1992年7月至1994年3月之间的21个月工作的总月数、每小时工资（对数）,以及1993日历年的收入。中期劳动力市场成功的三个指标是：2000年第一季度获得的工作的年薪，该份工作每周工作的小时数和每小时的工资。那些在1993年至1994年或2000年未报告有工作的人的工资水平未予确定。其他变量将这些在参考期内未报告工作的人的值设为零（如果参与调查者报告了工作但未报告工资或时薪，这个变量视为缺失）。

因为上大学减少了工作的时间，所以我们对现在和过去的大学就读使用了一系列的控制：1992年秋至1994年春期间读全日制大学的学期数，同期内非全日制大学的学期数，同期读两年制全日制学校的学期数，以及同期内读两年非全日制学校的学期数。我们还包括了对"在2000年第一季度读全日制大学"和"2000年第一季度读非全日制大学"、"高中辍学"、"获得同等学力证书"、"提前毕业"等的控制；对于推迟毕业的学生，控制"推迟毕业的时间长度"。在预测中期成就的模型中，我们包含了一些学校的哑变量，如"曾经上过四年制大学"，以及获得了职业教育证书、副学士学位、学士学位、硕士学位，以及研究生或专业学位。2000年的家庭结构由四个指标变量控制，分别是：已婚男性，已婚女性，带着孩子的男性和带着孩子的女性。

毕业要求对于早期劳动力市场成就影响的分析见表10.3。

表10.3 劳动力市场影响

	短期结果		
	就业（月数）	工资（时薪对数）	工资（每年）
平均数标准差	13.51 (7.64)	1.272 (.563)	5 152 (5 453)
社会经济地位	−.445*** (.154)	−.019 (.012)	−105 (106)
州最低能力水平考试	.069 (.201)	−.002 (.018)	548*** (173)
州最低能力水平考试 * 社会经济地位	−.409* (.226)	.007 (.018)	−415*** (141)
纽约州	−.090 (.281)	−.005 (.024)	−314 (242)
纽约州 * 社会经济地位	−.557*** (.207)	−.006 (.013)	10 (131)
学术课程	.064 (.083)	.011** (.005)	−5 (61)

续 表

	短期结果		
	就业(月数)	工资(时薪对数)	工资(每年)
学术课程 * 社会经济地位	−.022 (.062)	−.005 (.007)	1 (47)
州最低毕业学分	−.028 (.034)	−.006*** (.002)	−44 (30)
州最低毕业学分 * 社会经济地位	−.008 (.042)	−.002 (.003)	18 (29)
教师薪资	−.090*** (.030)	−.002 (.002)	−14 (22)
教师薪资 * 社会经济地位	−.016 (.033)	.001 (.002)	31** (17)
生师比	−.015 (.024)	.002 (.002)	8 (15)
生师比 * 社会经济地位	.050** (.024)	.002 (.002)	28* (15)
观察值数量	11 656	11 594	9 885
R^2	.147	.092	.238
	中期结果		
	就业(每周小时数)	工资(时薪对数)	工资(每年)
平均数标准差	36.19 (16.07)	2.53 (.447)	26 137 (19 426)
社会经济地位	−.044 (.312)	.011 (.010)	59 (404)
州最低能力水平考试	.030 (.460)	.026* (.015)	1 114** (557)
州最低能力水平考试 * 社会经济地位	.498 (.459)	.036*** (.014)	1 520*** (573)
纽约州	−.913** (.400)	.037** (.017)	760 (569)

续 表

	中期结果		
	就业(每周小时数)	工资(时薪对数)	工资(每年)
纽约州 * 社会经济地位	1.90*** (.346)	−.025*** (.010)	1 422*** (437)
学术课程	.007 (.118)	.007** (.003)	239** (114)
学术课程 * 社会经济地位	−.084 (.115)	.003 (.003)	20 (142)
州最低毕业学分	.034 (.039)	−.007*** (.001)	−196*** (61)
州最低毕业学分 * 社会经济地位	.028 (.070)	−.005*** (.002)	−201** (87)
教师薪资	−.099** (.050)	.003* (.002)	−13 (57)
教师薪资 * 社会经济地位	−.033 (.070)	.004** (.002)	33 (65)
生师比	−.015 (.040)	.002 (.002)	2 (63)
生师比 * 社会经济地位	−.106** (.047)	−.001 (.002)	−123** (56)
观察值数量	9 810	8 108	9 378
R^2	.330	.220	.285

来源：作者对美国全国教育纵向研究1988年数据的分析。

注：在Stata中使用SVY指令得出的估算，以每个州作为原始样本单位。样本包括辍学者和私立学校高中毕业生。

控制变量：最低能力水平考试的变量对下列州的值为1：阿拉巴马州、佛罗里达州、佐治亚州、夏威夷州、路易斯安那州、马里兰州、密西西比州、内华达州、新墨西哥州、新泽西州、北卡罗来纳州、南卡罗来纳州、田纳西州和德克萨斯州。这些模型也包含一套完整的测度八年级时学生的背景变量：家庭社会经济地位、家中藏书、单亲家庭、父母离异、兄弟姊妹人数、族裔、宗教、性别、残疾情况、测试成绩、八年级GPA、看电视小时数、做家庭作业小时数、消遣阅读指数、吸烟、参加补习班哑变量、中心城市和农村哑变量、控制点指数、自尊指数，以及打工小时数(加其平方)。

学生十年级时所上学校的下列特征差异也受到控制：天主教学校、世俗私立学校、由非天主教教派控制的私立学校、教师薪资、白人学生百分比、免费午餐百分比、平均八年级测试成绩、平均家庭社会经济地位，以及每个年级入学人数(加其平方)。

州的下列特征差异受到控制：平均失业率、零售业和制造业平均周工资，以及四个人口统计地区的哑变量。我们也包括了1993年的大学经历和状况，在预测2000年结果的模型中，婚姻状况、家属人数、截至2000年所获得的高等学位、大学状况，以及获得学位日期等也都包括了进来。

* 达到统计意义上显著性水平，双尾测验处于10%水平，** 显著性水平5%，*** 显著性水平1%。

增加毕业要求的选修课程的数量对于任何一个劳动力市场指标都没有积极影响。事实上,增加毕业要求选修课程显著降低了1993年和2000年的工资率和收入。对于社会经济地位高的学生来说,2000年的负面影响更大;对于社会经济地位低的学生来说,这种负面影响基本为零。而学术课程要求与1994年和2000年的更高的工资率以及2000年更高的收入有极大关系。这种影响也不会随着社会经济地位的不同而产生较大差异。相较于要求学生学习选修课程,要求他们学习额外的学术课程对工资率有更积极的影响。这就意味着如果总体毕业要求是固定的,仅增加学术要求,则学术课程要求每增加1学分,将会增加约1个百分点的工资率。但是,如果学术课程要求增加与总课程要求同等增加相关,工资和收入基本保持不变。

最低能力水平考试对于劳动力市场的许多指标都有重大的影响。那些就读于采用最低能力水平考试的州的高中的学生在1993年多赚11%(548美元),在2000年多赚4.2%(1 114美元)。2000年的工资率也增长显著,高出2.6%。与我们的假设一致,与社会经济地位的交互作用显示,1993年,最低能力水平考试对于社会经济地位低的学生有显著的积极影响。而与我们的假设正相反,这种模式在毕业六年后出现反转。2000年,我们估算最低能力水平考试对社会经济地位高的毕业生的影响是2 330美元,对于社会经济地位低的学生影响基本为零。2000年,就读于纽约的学校似乎让社会经济地位低的青少年的工作小时数减少了,但他们的工资率却增加了。在纽约读书似乎也可以提高社会经济地位高的学生的收入。

生师比并不会对工资率或收入产生显著影响。教师的薪资与1993年和2000年的工作时间呈负相关。它也与2000年社会经济地位中等和社会经济地位高的学生的工资率呈正相关,但是,与社会经济地位低的学生并非呈正相关。

10.4 总结和政策影响

本章的目的是测度提高的学术标准对平均成绩水平和机会平等的影响。用来评估的四种政策是:(1)局部地区采用的基于课程的自愿外部退出考试系统(CBEEES)(比如1992年的纽约州Regents高中毕业统考);(2)州最低能力水平考试;(3)州制定的学生必须学习并且通过考试才能获得高中毕业证书的最少课程总量;(4)州制定的获得高中毕业证书所需的最少学术课程量。为了比较,我们也测度了学校和学校之间教师薪资差异和生师比差异的影响。

在表10.4中，我们总结了关于学生考试分数、高中入学率、高中毕业率、大学入学率、大学毕业率和劳动力市场成就的主要发现。每一种结果都有两列。第一列呈现了回归分析预测可以通过引入离散变革（比如最低能力水平考试）或极大（4学分）增加获取一个普通毕业证书所需的课程（学术或总课程）数量而产生的对于平均百分比变化的估算。为了比较，我们还计算并呈现了教师工资增加30%（或2个标准差），以及降低生师比40%（每名教师减少8名学生）的预测效应。

表10.4 学校政策的影响（相对于政策中两个标准差变化的平均值的影响的百分比）

政策	平均考试成绩(1个GLE的%)		读高中		截至1994年获得了GED或高中毕业证		截至1994年读学院或大学	
	平均值	差距	平均值	差距	平均值	差距	平均值	差距
自愿结课考试	**55*****	**19****	−5.0*	2.6	−1.5	**3.0****	3.7	0
最低能力水平考试	5	−4	−0.7	−1	−1.5	0	**7.2****	**14****
额外需要4个学术学分	**37*****	**−36*****	−1.1	**−5****	**−2.0***	**−3.2***	−2.6	**−13****
额外需要4个总学分	2	0	−1.0	1.4	1.0	2.0	−3.3	**7.6****
生师比下降40%	**24*****	7	1.0	0	0	1.1	3.9	**16*****
教师涨薪30%	5	0	0.7	−2	0	−1.8	**6.3****	0
平均值	1GLE		88%		92%		56%	

NELS−88 因变量

政策	截至2000年获得2年或4年制学位		高中毕业后首年工资		高中毕业后第八年收入		高中毕业后第八年工资率	
	平均值	差距	平均值	差距	平均值	差距	平均值	差距
自愿结课考试	−4	**−11*****	−6	0	2.9	8.7	3.7	−4.0
最低能力水平考试	2	10	**11*****	**−13*****	**4.2***	**9.3*****	**2.6***	**5.8*****

续　表

政策	结果							
	截至 2000 年获得 2 年或 4 年制学位		高中毕业后首年工资		高中毕业后第八年收入		高中毕业后第八年工资率	
	平均值	差距	平均值	差距	平均值	差距	平均值	差距
额外需要 4 个学术学分	−4	−2.6	0	0	3.7	0	2.8	1.9
额外需要 4 个总学分	0	4	−3**	2	−3.0***	−4.9**	−2.8***	−3.2***
生师比下降 40%	10***	5	−2	6**	0	6.0	−1	1
教师涨薪 30%	13***	−6	0	7*	0	1	1.8*	3.8**
平均值	42%		$5 152		$26 137		$12.5	
NELS-88 因变量								

注：具有统计学意义上的显著影响使用粗体字印刷并标星号。影响估计使用表 10.1、10.2、10.3 中的系数来计算。影响作为平均值的一个百分点在表的最后一行报告。考试结果来自为期 4 年的对于考试成绩进步的预测，所以除以 4 来获得对于学习速率的影响。政策对于低社会经济地位学生和高社会经济地位学生——两者间的差距大至两个标准差——的影响被计算出来。这几栏中如果数值为负则意味着该差距已经弥合。读完高中指的是截至 1994 年。读大学的模型是针对高中毕业后第二年的。

* 达到统计意义上显著水平，双尾测验处于 10% 水平，** 处于 5% 水平，*** 处于 1% 水平。

每个结果中的第二列显示了每项政策对社会经济地位高和社会经济地位低学生之间的成就差距大小的影响的估算。社会经济地位高被定义为比平均值高一个标准差(0.8个单位)的社会经济地位指标。社会经济地位低被定义为比平均值低一个标准差，所以社会经济地位的刻度上，从低到高的变化是 1.6 个单位。因此，学术课程的要求增加 4 学分，可以将社会经济地位高的学生和社会经济地位低的学生之间的成绩差距缩小[4 * (−.113) * 1.6/(1.965)]或者−.37 GLE(年级水平等量)。因为所有成就变量是可以等比缩放的，所以越多越好。负数意味着社会经济地位高和社会经济地位低的学生的成就的差距被该政策减弱，或机会平等得到了改善。而正数意味着相较于社会经济地位低的学生，政策对社会经济地位高的学生有更积极的影响。

在本章的前面，我们假设更高的最低课程毕业要求和最低能力水平考试将为社会经济地位低的社群服务的学校增加资源和提高标准，并引导社会经济地位低的学生投入更多时间学习核心学科。强烈要求制定更高标准和投入更多资金的政治领导者们经常声称他们的建议不仅会增加每个人的成就，也可以减少成就差距。在研究过的政策中,只有一项政策能实现这一组合承诺:提高学术课程毕业要求。学术课程毕业要求增加 4 个学分,预计将提高.37 个 GLE 的平均成绩,并缩小相同数量的成绩差距。它似乎同时也提升了 2000 年的工资和收入,与此同时,大学入学(但不是大学毕业)的学生社会经济地位的差异降低了。

其他政策在提高成就和增加机会平等方面不太成功。各州提高最低总课程毕业要求对任何研究的结果都没有积极影响。在那些需要额外 4 门课程才能毕业的各州,学生并没有学习到更多知识,可能读大学的学生少了 3%,而且他们在高中毕业后的收入以及七年后的收入都要低 3%。这表明各州应该减少选修课程的要求,即使他们增加了学术课程的要求。

各州最低能力水平考试(MCE)毕业要求与平均学习率或成绩差距没有显著相关,但与大学入学率更高和由社会经济地位导致的大学入学率差异更大有关。采用 MCE 的州的各类学生都获得了更多的收入。在采用 MCE 考试的州里,社会经济地位中等的学生 1993 年收入比其他州高 11%,2000 年收入比其他州高 4.2%。而对社会经济地位低的学生来说,MCE 带来的短期收入好处明显更大;然而,中期好处明显偏小。

纽约混合型自愿结课考试/强制性 MCE 系统对高中期间考试成绩提升的影响大.55 个 GLE。由于八年级成绩水平也更高(Bishop 等,2001),在高中末期,纽约的学生比其他州的学生高一个 GLE。此政策与社会经济地位的交互作用没有较大统计学意义。这是因为 1988 年美国全国教育纵向研究(NELS-88)中纽约学生的样本规模小,纽约影响的统计检验缺乏影响力。点数估算表明,尽管高中毕业率和大学毕业率并没有太大的变化,高中毕业八年后,工资和收入更高。社会经济地位对纽约州高中毕业率的影响大大高于其他州,但其对纽约州的大学毕业率的影响远小于其他州。

从统计上来说,传统支出导向型的政策建议(如缩小班级规模和提高教师工资)对大学入学率和毕业率在统计学上有极大影响,但对高中入学率、毕业率或高中毕业后的收入没有影响(保持受教育程度不变)。支出导向型政策对于社会经济地位低的学生的成果的提升,并没有比对社会经济地位高的学生大。的确,班级规模的普遍下降与社会经济地位高和社会经济地位低的学生之间更大的学习和大学入学率差距有关。这表明,如果要降低社会背景和学生成就之间的关联性,那么支出导向型政策必须是可再分配的。

学生与教师比例下降 40%可以使得高中时期学习提升大约四分之一个 GLE,并使得四年制大学毕业率也增长10%。教师薪酬增长30%与两年制或四年制大学毕业率增长13%相关,也与学士学位获得人数增长10%相关。四年制大学教育带来的收入和生产率方面的益处,目前的折现值超过60万美元,实际折现率为4%。因此,这些传统的支出导向型政策工具对大学毕业率产生了激励效应,其带来的社会效益将达到每名高中学生约24 000美元(假设我们的估计反映了因果效应)。如果每个学生的支出需要增加约20%,那么,成本也会变高,其幅度和收益一致。标准导向型政策建议的成本要低得多,但它似乎能产生更大的收益。那么,政治家们不可避免地将把精力集中在改善和增加问责制导向型的政策举措上。

注释

1. 在Kang(1985)和Costrell(1994)开发的模型中,一些面临较高毕业标准的学生认为获得文凭需要太大的努力,所以他们放弃了获得文凭的想法。虽然这些理论模型将放弃与辍学联系,但事实并非如此。学生虽然认为自己或许无法毕业,但仍可能继续上高中,因为他们喜欢社交和体育运动,或者正在学习一技之长。
2. MCE是对教师制定的标准的补充,而不是替代。在MCE制度中,教师继续控制标准并在自己的课程中给学生打分。而学生也必须从教师处获得及格才能毕业。MCE制度设置了额外的毕业要求,因此不能降低标准(Costrell, 1997)。相比之下,毕业生同等学力证书(GED)为学生提供了一个(对他们来说)更容易的方式获得高中文凭。因此,同等学力证书项降低了总体标准。这反映在同等学力证书持有者获得较低的工资上。
3. 结课考试(EOCE)在以下方面与MCE考试相似:两者都由州政府或全国组织(如大学委员会)制定并按照其标准评卷,并且两者都意味着学生、教师和学校管理人员都要承担后果。
4. 请参阅Bishop和Mane(2001b),以了解纽约州Regents高中毕业统考系统的详细特点。
5. 许多学区选择制定的毕业要求比各州最低要求高。一个州如果没有适用于全州的最低课程毕业要求,则它被赋予的值为13,这是有毕业要求的州的总卡耐基学分要求的最小值。模型中包含一个控制变量。
6. 当学生在十到十二年级搬到另一个州时,那么就使用十和十二年级的MCE考试变量的平均值。那么MCE变量可以有三个值:1,0或0.5。最后一个表示从采用MCE考试的州搬离或搬入。如果该州没有十年级的信息,那么就使用十二年级的居住信息。如果这个也没有,也可以使用八年级的居住信息。
7. 这些变量直接来自高中校长问卷。
8. 我们使用了一个由美国全国教育纵向研究(NELS)成员依据学生的家庭收入和父母的受教育程度和职业创建的综合材料。
9. 对所考虑的事件的概率的近似效应 X_i(因变量的平均值)可以通过将 β_i 乘以 $P(1-P)$ 来获得。
10. 围绕评估外部考试系统影响的方法论问题更广泛的讨论,请参见 Bishop(1996); Linn (2000), Koretz, McCaffrey 和 Hamilton(2001); Hanushek 和 Raymond(2003), 以及 Jacobs

(2001)。
11. Neill 和 Gayler 的研究(2001)遇到了这个问题。
12. Amerein 和 Berliner(2002)测度高利害关系考试影响的中断时间序列法，也存在多种缺陷：确定引入高利害关系考试的时间的错误；使用全国平均分数作为比较，而不是没有实施高利害关系考试的州的平均成绩；处理排除率变化方法太任意。详细的评论请参见 Hanushek 和 Raymond(2003)。
13. 对相同的控制变量集的概括有两个例外：各州失业率更新到 1992 年，零售业每周收入更新到 1993 年。该模型未包括高中毕业的回报。
14. Bishop，Moriarty 和 Mane(2000)分析了高中及以上数据，控制了大学入学率和大量其他变量的差异，他们发现相较于毕业于没有采用 MCE 的学校的女性，毕业于采用 MCE 作为毕业要求(学生报告)的高中的女性收入更多。Bishop 和 Mane(2001a)担心学生报告中一所高中是否存在 MCE 的准确性，这让他们使用存在 MCE 毕业要求的校长报告来重新分析 HSB 数据。由此，他们发现了更大的影响。有 MCE 毕业要求的校长报告对男女毕业生的工资率和毕业后四年和五年的收入产生了积极影响(在一些但并非所有年份中都有重要影响)。对于分数在底部四分之三的学生，MCE 带来的工资率效应似乎更大。

参考文献

Altonji, J., and C. R. Pierret. (2001). "Employer Learning and Statistical Discrimination." *Quarterly Journal of Economics* 116(1): 313–350.

Amerein, A. L., and D. C. Berliner. (2002). "The Impact of High-Stakes Tests on Student Academic Performance." Educational Policy Studies Laboratory, Arizona State Univer-sity, ⟨http://asu.edu/educ/epsl/EPRU/documents/EPSL-0211-125-EPRU.pdf⟩.

American Federation of Teachers. (1996). *Making Standards Matter 1996*: An Annual Fifty-State Report on Efforts to Raise Academic Standards, Matthew Gandal (author).

Ballou, D., and M. Podgursky. (1999). "Teacher Training and Licensure: A Layman's Guide." *Better Teachers, Better Schools*. Washington, DC: Fordham Foundation.

Bishop, J. H. (1992). "Impact of Academic Competencies on Wages, Unemployment and Job Performance." *Carnegie-Rochester Conference Series on Public Policy* 37: 127–194.

Bishop, J. H. (1996). "The Impact of Curriculum-Based External Examinations on School Priorities and Student Learning." *International Journal of Education Research* 23(8): 653–752.

Bishop, J. H. (2005). "High School Exit Examinations: When Do Learning Effects Generalize?" In Joan Herman and Ed Haertel (eds.), *Uses and Misuses of Data in Accountability Testing*. Chicago: University of Chicago Press.

Bishop, J. H., and F. Mane. (2001a). "The Effect of Minimum Competency Exam Graduation Requirements on College Attendance and Early Labor Market Success of Disadvantaged Students." Gary Orfield and Mindy Kornhaber (eds.), *Raising Standards or Raising Barriers*. New York: Century Foundation Press.

Bishop, J. H., and F. Mane. (2001b). "Incentive Effects of New York's Minimum Competency Exams." In Margaret Wong and Herbert Walberg (eds.), *School Choice vs. Best Systems: What Improves Education*. New Jersey: Lawrence Erlbaum.

Bishop, J. H., and F. Mane. (2005). "Raising Academic Standards and Vocational Concentrators: Are They Better Off or Worse Off?" *Education Economics* 13(2): 173-189.

Bishop, J. H., F. Mane, M. Bishop, and J. Moriarty. (2001). "The Role of End-of-Course Exams and Minimum Competency Exams in Standards-Based Reforms." In Diane Rav-itch (ed.), *Brookings Papers on Education Policy*. Washington, DC: Brookings Institution.

Bishop, J. H., J. Moriarty, and F. Mane. (2000). "Diplomas for Learning: Not Seat Time." *Economics of Education Review* 19(3): 333-349.

Bond, L. A., and D. King. (1995). *State High School Graduation Testing: Status and Recom-mendations*. Oak Brook, IL: North Central Regional Educational Laboratory.

Braun, H. (2004). "Reconsidering the Impact of High Stakes Testing." *Educational Policy Analysis Archives* 12(1), retrieved from 〈http://epaa.asu.edu/epaa/v12n1/〉.

Carnoy, M., and S. Loeb. (2002). "Does External Accountability Affect Student Outcomes?" *Educational Evaluation and Policy Analysis* 24(4): 305-331.

Costrell, R. (1994). "A Simple Model of Educational Standards." *American Economic Review* 84(4): 956-971.

Costrell, R. M. (1997). "Can Centralized Educational Standards Raise Welfare?" *Journal of Public Economics* 65(3): 271-293.

Dee, T. S. (2003). "The 'First Wave' of Accountability." In Paul E. Peterson and Martin West (eds.), *No Child Left Behind? The Politics and Practice of Accountability*. Washington, DC: Brookings Institution.

Frederickson, Norman. (1994). "The Influence of Minimum Competency Tests on Teaching and Learning." Princeton, NJ: Educational Testing Service.

Hanushek, E. A. (1997). "Assessing the Effects of School Resources on Student Performance: An Update." *Educational Evaluation and Policy Analysis* 19(2): 141-164.

Hanushek, E. A., and M. Raymond. (2003). "Improving Educational Quality: How Best to Evaluate Our Schools?" Yolanda Kodrzycki (ed.), *Education in the Twenty-first Century: Meeting the Challenge of a Changing World*. Boston: Federal Reserve Bank of Boston.

Hedges, L. V., R. Laine, and R. Greenwald. (1994). "Does Money Matter? A Meta-Analysis of Studies of Differential School Inputs on Student Outcomes." *Education Researcher* 23(3): 5-14.

Hoffer, T. B. (1997). "High School Graduation Requirements: Effects on Dropping Out and Student Achievement." *Teachers College Record* 98(4): 584-607.

Jacobs, B. A. (2001). "Getting Tough? The Impact of High School Graduation Exams." *Educational Evaluation and Policy Analysis* 23(2): 99-122.

Kang, S. (1985). "A Formal Model of School Reward Systems." In J. Bishop (ed.), *Incentives, Learning and Employability*. Columbus, OH: National Center for Research in Vocational Education.

Koretz, D., D. McCaffrey, and L. Hamilton. (2001). "Toward a Framework for Validating Gains under High-Stakes Conditions." CSE Technical Report 551, National Center for Research on Evaluation, Standards and Student Testing.

Krueger, A. (2000). "Economic Considerations and Class Size." Working Paper No. 447, Industrial Relations Section, Princeton University.

Lillard, D., and P. DeCicca. (2001). "Higher Standards, More Dropouts? Evidence within and across Time." *Economics of Education Review* 8(2): 133–148.

Linn, R. (2000). "Assessments and Accountability." *Educational Researcher* 29(2): 4–16.

Madaus, G. (1991, June). "The Effects of Important Tests on Students: Implications for a National Examination or System of Examinations." American Educational Research Association Invitational Conference on Accountability as a State Reform Instrument, Washington, DC.

National Center for Educational Statistics. (1993). *The Condition of Education: 1993* (vol. 1). Washington, DC: U. S. Department of Education.

National Center for Educational Statistics. (2004). *The Condition of Education: 2004* (vol. 1). Washington, DC: U. S. Department of Education.

Neill, M., and G. Keith. (2001). "The Effect of Minimum Competency Exam Graduation Requirements on College Attendance and Early Labor Market Success of Disadvantaged Students." Gary Orfield and Mindy Kornhaber (eds.), *Raising Standards or Raising Barriers*. New York: Century Foundation Press.

Reardon, S. F. (1996). "Eighth-Grade Minimum Competency Testing and Early High School Drop Out Patterns." Paper presented at the annual meeting of the American Educational Research Association, New York.

Reardon, S. F., and C. Galindo. (2002). "Do High-Stakes Tests Affect Students' Decisions to Drop Out of School? Evidence from NELS." Working Paper 03–01, Population Research Institute, Pennsylvania State University.

Rosenshine, B. (2003). "High Stakes Testing: Another Analysis." *Educational Policy Analysis Archives* 11(4), retrieved from 〈http://epaa.asu.edu/epaa/v11n24〉.

Warren, J. R., and M. R. Edwards. (2005). "High School Exit Examinations and High School Completion: Evidence from the Early 1990s." *Educational Evaluation and Policy Analysis* 27(1): 53–74.

11
英国中学教育中择校对于学生基于能力与社会经济因素分流影响的研究

Simon Burgess, Brendon McConnell,
Carol Propper 和 Deborah Wilson

赵红光 译

11.1 引言

目前,关于教育市场中的选择的分析激增。Howell 和 Peterson(2002)以及 Hoxby(2003b)都明确指出,这个领域里很重要的一个问题就是学校的选择对学生的分流或者说分层产生的潜在影响。这种分流的产生可能是源于家庭关于居住地的决定、教育券的差别运用,或者源于动用家长在居住地和学校选择两方面的选择权。因为家庭居住地的选择和学校的选择紧密关联,所以这个问题变得很复杂。Hoxby(2003b,6)提出,"择校最复杂的影响就是将学生分流——当有更自由的选择空间时,学生会如何选择学校"。

本章中研究了大量关于英格兰学生的一个较大的行政数据集,以分析选择和分流问题的一个要件(component)。我们会研究学校间学生不同程度的分流,将之与他们在社区间的分流进行比较。这种后住宅分流(postresidential sorting)在全国范围内差异巨大,我们把它和择校可能性的差异联系了起来。这里仅仅以理论上可达到的学校数量来测度,而非学生实际入学的学校。因此,这里指的是一个后住宅的选择要件(the postresidential component of choice),家庭住址被视为既定的。我们表明,如此测度的话,选择和分流呈正相关。以一个既定学校为出发点,可到达的(reachable)其他学校越多,则后住宅选择越多,则相较于社区间分流,学校间分流的程度就越大。这种关系从统计角度和定量角度来说都很重要。

这些信息在英国的教育政策背景下,来得很及时。2005 年夏天公布的立法计划包括了改革和加强择校的提案。这有可能包括支持前往可选学校的交通以及改革学校录取政策方面的措施。本章呈现的研究结果,是首个使用了新版通用学生水平年度学校普查(Pupil Level Annual School Census,简称 PLASC)数据(如下文所述)研究英格兰择校问题的文献。

本章剩余部分结构如下:11.2 节我们将分析与相关文献联系起来;11.3 节简单讨论了在英国教育市场中选择的性质;11.4 节分析我们的数据集;11.5 节展示我们的研究结果;11.6 节是简单的结语。

11.2 早先证据

本章中,我们主要在以下两个方面对有关择校问题的研究作出了贡献:一是分析了在英格兰根据能力对学生进行的分流;二是分析了居住地既定情况下,择校扮演的角色。近期在这个领域作出贡献的还包括Howell和Peterson(2002)、Hoxby(2003a)、Ladd(2002)、Neal(2002)。Howell和Peterson(2002)引发了在历史和政治背景下关于择校的辩论。他们记录了这场讨论,包括从将择校作为补救市场失灵的工具(Friedman,1955),到将择校可给弱势群体赋能(Jencks,1970),到作为治理问题的择校(Chubb和Moe,1990)等内容。Chubb和Moe认为,让学校经受竞争压力会提升自身实力,从而表现更佳。

此领域的核心问题之一是择校对学生分流的影响。Howell和Peterson(2002)在他们关于择校的操作五个关键问题之一的讨论中,也承认了这点。Hoxby(2003b)也关注到了这点:两股决定更多选择带来的结果的重要力量分别是(1)能够增加学校有效性和生产力的竞争力,(2)任何在学生分配到学校的过程中所产生的差异带来的影响。而后者正是本章所关注的话题。

在教育券制度下,Howell(2004);Campbell,West和Peterson(2004);Petersen,Howell,Wolf和Campbell(2003)提出了学生分层化的证据。Howell选择了纽约教育券制度的数据来研究整个过程不同阶段的选择,包括哪些人申请了教育券,哪些人在获取教育券后立即使用,哪些人仍然选择私立学校。他展示了教育券在各种情况下的差异化使用,而使用人员的族裔、收入、宗教信仰、子女母亲的受教育程度等可能都不尽相同。这些结论得到了Campbell等(2004)和Peterson等(2003)的认同。

然而,教育券制度只是一个选择机制。正如Howell和Peterson(2002)指出,在美国,先选择家庭住址、后选择学校已经是该制度约定俗成的一部分了。这也是英国教育体系中择校的一个关键部分,我们将会在下一节中解释。我们可以把选择家庭住址和在已有家庭住址后选择学校看成是该过程的两个组成部分,姑且不论它们之间的联系其实非常明显。这两个部分都会影响学生在学校间的分流的程度。

Nechyba(1999,2003a,2003b,2004)以及Epple和Romano(2003)在可计算普通均衡模型的语境下研究了择校与分流这个复杂的问题。Nechyba(2004)讨论了三种不同的分流渠道:基于家庭住址选择的分散分流;跳出国家系统进入私立学校的分流;在公立学校体系内集中分流(分层教育)。其中许多研究工作围绕着前两种展开,研究学校财政、择校的程度和本质以及由于收入和能力产生的空间住宅性隔离(spatial residential segregation)。Nechyba(2003b)证实,比起私立学校体制,单一的公立学校体制更能导致空间隔离。Nechyba(2003a)通过在其模型内模拟不同的教育券制度,进一步研究了私立学校的作用。面对私立学校,"可以预测,千差万别的公立学校制度下的住宅隔离模式和学校隔离模式大相径庭,同时,私立学校市场正在减弱由于收入和同伴能力差异导致的住宅隔离,但是导致了同等条件下学校隔离的增强"(Nechyba, 2004:24,原文为斜体字)。

同样,Epple 和其合作者(Epple 和 Romano,1998,2003;Epple, Figlio 和 Romano, 2004)在一系列论文中研究了 Tiebout 分流模型、管辖权的形成以及分流问题。Epple 和 Romano(2003)对三种不同的学生分配方式进行了建模——社区学校教育(入学对家庭住址要求严格)、无选择成本的择校以及多辖区的 Tiebout 模型分流。他们的研究表明,不同的公共政策对分流的性质有着惊人的影响。邻里学校教育导致社区间收入分层增强,学校质量差异来源于同伴群体(peer group)差异。低成本、无摩擦的选择使得学校间的同伴群体实现平等。Epple 和 Romano 认为,相较于单一或多辖区因素,居住地址要求才是分流的基本要素。同样,学校间和社区间的差异分流显而易见。

美国方面与分流相关的证据,使用的是典型的学校及地区级的数据。一个重要的问题是,在美国,任何学校隔离都与种族和族裔隔离紧密相关,而纯粹的择校对于分流的影响很难从中剥离。Clotfelter(1998)认为(地区)选择影响分流,但是 Hoxby(2000)不同意这个观点。她的关注点主要是控制分流的潜在混淆效应,与此同时尝试分离选择程度(degree of choice)对生产力的竞争效应。她的研究表明,选择程度对产出的影响很大程度上不受是否将各地区学生的差异性测度包括在内的影响的。另一方面,一个都会区的学校越多,族裔隔离越严重。她的结论是学生分流和一个地区内跨学校分流的相关程度更高,而不是跨地区分流。

Bradley, Crouchley, Millington 和 Taylor(2000)利用学校层面的平均数据,观察在英格兰根据家庭不利情况进行的分流。他们的研究给出了这样的证据,即在已公布的学校排名表上,越是表现不佳的学校,参与学校免费午餐(FSM)的学生越集中。

与本章的精神一致的还有使用了瑞典的学生水平数据的 Söderström 和 Uusitalo (2004)的研究。他们从多个维度比较了一场入学制度重大改革前后斯德哥尔摩的学生分流的情况。这场改革,从一个主要依据家庭住址录取学生的系统,转换到一个明确按照能力录取学生的系统。他们将斯德哥尔摩和一个周边没有进行改革的地区进行比较，并且利用了双差法分析改革对于分流的影响。他们发现，在学校里能力分流显著增长而居住地分流没有变化。族裔和收入分流也是一样的结果。

11.3 英格兰的中学系统和选择性质

在英格兰学校体系中，选择的性质有着不同的层次。首先家长可以选择在哪里居住，这受限于他们的收入和工作地址。居住地址很重要，因为这会对择校产生影响。其次，如果居住地址已经确定，那么会有不同的学校以供选择：这个系统正是为应对家长的选择而创立的。再次，如果所选的学校报名人数超额，那么则由学校或地方教育局(LEA)进行挑选[1]。我们没有数据跟踪家庭居住地的选择，所以在这里我们聚焦在第二个和第三个因素导致的结果上。我们依次来讨论这些机制的工作原理。按照惯例，学校选择指的是家长作出的选择，而非学校作出的选择。我们还要简短地讨论一下少数一些地方教育局，它们根据另一种天差地别的机制将学生分配到各个学校，那就是完全根据个人能力。在这些选拔性地方教育局里，如果学生在考试中表现良好，就会被分到文法学校，如果表现较差则被分入现代中学。这种分配机制和择校大不相同。

1988年的教育改革法给英格兰的教育系统带来了重大改变。从前，主要根据住址将子女们分配到各个学校，由地方教育局分配中央政府拨给学校的资金。新系统则具有以下关键特征。首先，公开招生：家长有权选择他们想让子女去哪个学校。其次，学校的资助及管理权更多下放到基层，学校所获资助建立在招收学生数量的基础上。另一方面中央政府还是会利用一般税收集资拨款。这样做的目的是家长选择和人均资金会激发学校之间的竞争，从而提升教育质量(Glennerster, 1991)[2]。

他们通过两种正式的教学质量衡量措施和其他较不正式的渠道来帮助家长了解对学校的选择。首先，一家政府机构(Ofsted, 2003)对每一所学校至少每六年进行一次实地考察，并且发布公开报告。其次，按年发布各个学校绩效年度总结数据，并将所有学校一系列考试分数结果公之于众。

如果某个学生所选择的学校有空缺名额，那么他就可以进入那所学校。如果该学校报名人数超额，那么则由学校或地方教育局挑选学生；也就是选择权力转移到学校手中。West，Hind 和 Pennell（2004）详细描述了适用于这些选择的入学标准。大约 30% 的学校——主要是基础学校、自愿援助学校（大部分是宗教学校）——自行决定其录取事宜。其他的学校则由地方教育局设立标准。但是所有学校的入学标准都要符合操作守则（DfES,2003），并且必须清楚、公平、客观。West 等人（2004）发现，大部分学校在录取标准中都使用了"已有兄弟姐妹入读本校"。他们还发现 86% 的学校对家庭住址距离有要求，73% 的学校提到了学校的服务区划。综合学校更倾向使用距离和服务区划作为标准，并且更注重成为学生的第一志愿学校。作者还讨论了一些方法，学校可以利用他们的选择标准进行隐性选择，尤其是看学生能力[3]。

因此，家庭住址很重要，学校分配机制可以描述成基于社区的分配和基于选择的分配相结合的形式，而不仅仅是一个纯粹单一的选择系统。我们在下面列举的结果证明，大约只有半数的孩子进入的学校是距离自己家庭住址最近的。而其余孩子之所以没有进入离家最近的学校则是由于家长和学校作出了一系列决定的结果。

我们的数据展现了学生被分配到学校的情形。这因此体现了整个由父母选择和学校及教育局挑选相结合的选择过程，虽然我们很难直接将两者区分开来。Howell 在他对教育券的研究中也提出了这个老问题："我们很难将私立学校的选择招生和家长的自由选择区分开来。"（2004，226）

最后，我们简单地回顾一下被认定为选拔性的 19 个地方教育局。在这些地区，至少 10% 的学生去了文法学校。这和自主选择大不相同，因为这是根据在考试中的表现对学生进行分配的。而在下面的大部分分析中，我们使用的数据都来自非选拔性的地方教育局。

11.4 数据

在这项研究中，我们使用了学生等级年度学校普查（Pupil Level Annual School Census，简称 PLASC）数据库。这个数据库是全国学生资料库（National Pupil Database，或 NPD）的一部分。PLASC 覆盖了英格兰所有小学及中学的学生，每个同期群大约有 50 万名学生。我们分析了一组在 1997 年进入中学、2002 年参加了毕业考试的学生。在学生层面，这个数据库采集了和他们相关的历史数据，包括考试分数、所上的学校，还有一些个人特征信息，如性别、当年的年龄、族裔、家庭不利情况（按照是否达到学校免费午餐的要求测度,作为低收入家庭的指标)。在数据库中我们还能查到每个学生的家庭邮编,所以我们可以很方便确定一个学生相对于学校的位置[4]。

在小学教育的最后阶段,即在学生们 11 岁的时候,他们要参加关键第二阶段(Key Stage 2,KS2)的考试。然后他们升入中学继续下一阶段的学业。我们分析了学生基于他们在 KS2 考试中的成绩进入中学时的分流情况。

我们的研究对象主要是公立中学而非私立中学(自费),这些学校的学生年纪在 11 岁至 16 岁或 18 岁之间。之所以如此是因为这些学校并非必须参加学制阶段考试(Key Stage exams),所以只有一部分学生报告了这方面数据。实际上,我们只有大约半数学生的 KS2 考试成绩,这些学生都是在私立学校就读的。因为我们不太可能把这个研究做成一个关于私立学校的随机样本,所以最明确的策略是把他们都剔除出去。另外,从数量角度讲这并不是一个大问题,我们的样本中大约只有 7% 的学生就读于私立学校。

我们给每个学校设立坐标来构建我们对于选择的测度。我们在各个学校的位置上,叠加了完整的道路网络,还围绕学校构建了驾驶时间区域(drive-time zones, DTZs)。在本章中,我们选择了英格兰每一所中学周边 10 分钟车程的 DTZ,并统计这个区域范围内的学校数量:附近学校的数量就是我们测度当地市场择校可行性的方法。

我们通过三个不同维度来表征学生分流:能力、族裔、社会劣势。分流是大量单元特征的综合,我们把地方教育局作为一个大集合,来测度一个地方教育局[5]辖区内学校间和社区间的分流。我们把以社区作为分流依近似当作人们想住的地方,并将这一点和他们视居住地点而定的择校结果相比对。

按照 Duncan 和 Duncan(1955)所做的基础性工作,我们用相异指数 D 作为测度隔离的方法。这是最为广泛使用的隔离指数。Massey 和 Denton(1988)对隔离的不同测度方法进行了深入讨论和评价。相异指数是基于隔离是不同种类的学生在该集合区域内各单元间不平均分布这一观点的。分布越是不平均,隔离程度越高。D 值的范围在 0 到 1 之间,可以解释为在该集合区域内需要搬离的学生部分,使得群组在该地区的各个单元(学校或者社区)间的分布达到平均。Cutler,Glaeser 和 Vidgor(1999)援引 Massey 和 Denton(1993)的说法,认为 D 值在 0 到 0.3 之间是比较低的,0.3 到 0.6 之间是中等,0.6 及以上较高。

11.5 结果

我们首先确立了择校可行性的事实,将其简单定义为距中心学校较近的学校数量。随后我们对学生分流进行表征。本章重点就是将这些信息联系起来,以便将选择的可行性和学生分流程度联系起来。

11.5.1 选择的可行性

有两种方式实施选择——(1)居住地址和学校双重选择,(2)已有居住地址选择学校(尽管两者明确有联系)。第一种方式取决于工作性质和地址(以及其他因素)。在这里我们假设劳动力和房地产市场既定,主要分析第二种方式。

使用该 10 分钟车程内区域(DTZ),表 11.1 展示了全国范围内就近学校数量的分布,按照区域类型划分为伦敦、非伦敦城城区,以及农村地区。结果表明,英国的学校,10 分钟车程以内能到达的中学平均有超过 6 所。模态范畴是 1~5 所学校,而 14% 是没有就近学校可以选择的。三种地区类型之间的模式与预期一致:在人口最密集的地区伦敦,平均值是 17;非伦敦的城市地区平均值降低到 7;农村地区仅仅超过 1。注意在农村地区有接近一半的学校在 10 分钟[6]车程内是没有可选项的。

表 11.1 附近学校数量与学校分配

	附近学校数量			学校分配	
	附近学校平均数	附近没有其他学校的学校所占百分比	学校总数量	就读于最近学校的学生百分比	学生数量
所有	6.69	14.52	3 127	44.59	524 609
伦敦	17.19	0.48	414	24.09	66 348
非伦敦城市地区	6.74	3.63	1 873	43.43	319 128
农村地区	1.41	45.71	840	57.01	139 133

注:附近=不到 10 分钟车程。

我们已经说过,学生进入一所学校是基于父母的选择和学校或教育局的选择的结合。我们可以直接利用数据集里的地理信息说明这一点。我们为每个学生确定一所离他家最近的学校[7],据此来评判他们是否进入了最近的那一所学校。我们展示了进入离家最近的学校的学生占比的平均值,并按不同的次级区域划分。表11.1说明,整体上45%的学生进入离他们家庭住址最近的学校。正如我们强调过的那样,这可能是因为父母选择了远处的学校,或者可能因为当地学校已经人满为患不能再录取他们了。择校的这种一般的均衡含义,在这种环境下是复杂的,并且也不太可能直接辨别各方的行为。

但是,在英格兰有超过一半的学生没有进入离家最近的学校,这个结果是令人惊讶的。这说明后住宅学校选择可能已经成为整个上学决定的一个重要因素。按地区类型细分也与预期一致:在人口更密集的地区,学生进入离家庭最近的学校的比例最低。如果将样本划分为选拔性和非选拔性的地方教育局(未在表中展示),在后者管辖的区域有更多的学生就近入读。由于在选拔性的教育局管辖下,家庭住址并不是学生分配机制中的关键因素,所以这个结果也在意料之中。

有必要重申的是,最初家庭住址的选择并不太会成为外生因素。的确,后住宅择校(postresidential school choice)的可行性可能是选择住所时的一个重要因素,所以对选择的整体评估需要对二者一起进行模拟。

11.5.2 分流特征

我们通过能力、学生的不利处境、族裔群体来测度分流。前文讨论过,能力是通过学生在小学结业考试中的分数来测度的,我们考虑如何将学生再分流到中学去。我们对能力[8]创建了两个二分法测度方法——高能力(KS2成绩高于第80个百分位数)以及低能力(KS2成绩低于20个百分位数)。我们为每一个教育局单独计算相异指数,然后在各个教育局之间查看分布情况,通过教育局管辖内的学生人数进行加权。我们为每个教育局计算了每个测度,这里的分布指的是在所有教育局的分布,所以第75个百分位数将被解读成是给出了相异指数的值,在其之上,还有25%的教育局。表11.2展示了隔离测度分布的平均值和一些细节。

能力和家庭不利处境隔离总体上程度不高。四分之三的地方教育局对能力或者贫困的隔离测度在0.32及以下的水平。即使在最极端的情况下,隔离水平也并不算高。但族裔隔离的情况可就是天壤之别了,族裔隔离平均值高,在某些地方教育局其值达到了很高的程度(对于英格兰学校族裔隔离的更详细分析,请见Burgess和Wilson,2005)。

表 11.2　隔离指数（相异指数）

	平均值	p^{10}	p^{25}	p^{50}	p^{75}	p^{90}
隔离基础：						
高能力	0.293	0.175	0.205	0.253	0.321	0.469
低能力	0.252	0.18	0.205	0.245	0.283	0.336
不利处境	0.29	0.2	0.246	0.293	0.327	0.369
族裔群体：						
加勒比黑人	0.623	0.233	0.419	0.684	0.883	0.936
非洲裔黑人	0.683	0.277	0.548	0.772	0.887	0.933
其他背景黑人	0.654	0.344	0.532	0.689	0.847	0.916
印度人	0.585	0.345	0.462	0.601	0.726	0.831
巴基斯坦人	0.684	0.426	0.582	0.72	0.837	0.917
孟加拉人	0.707	0.427	0.615	0.748	0.861	0.932
中国人	0.624	0.418	0.546	0.637	0.733	0.788
其他	0.504	0.323	0.386	0.503	0.625	0.707
黑人	0.534	0.273	0.394	0.526	0.668	0.806
南亚人	0.554	0.369	0.458	0.585	0.662	0.175

11.5.3　后住宅选择和分流

在本节中将阐述我们主要的担忧，即后住宅选择的可行性和能力分流程度之间的关系。我们把学校内的分流程度和同一批学生在参考他们的家庭住址后的分流程度进行比较，并且将这个比率和选择可行性相关联。

我们的数据集有一个突出的方面，那就是可以将学生置于社区背景中。我们能够使用邮编数据将学生分配到一个地方教育局的某个选区（一个选举单位，平均每个选区大约5 000人，包括大约600名10～17岁的人）。这意味着我们能够在两个不同但有关联的方面对学生进行空间模式比较，这两个方面分别是他们的家和学校。

确定了学生在选区中的位置以后，我们可以在整个空间层面分析能力（或其他特征）的分布。据我们所知，这一点只有使用我们的数据集才可能，此前没有研究过。这使得我们能够计算在学生所居住的社区以及他们所就读的学校学生分流的测度。

图 11.1 表现了基于学校的隔离测度（竖轴）与基于社区的隔离测度（横轴）。这让

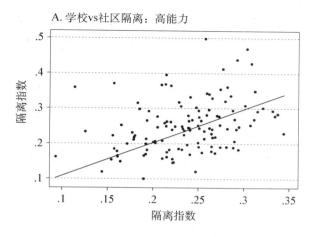
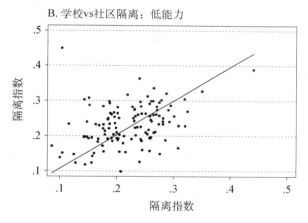
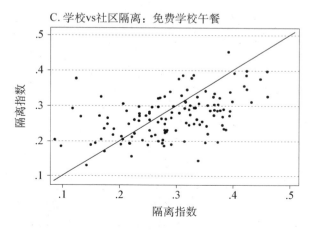

图 11.1　不同维度的学校与社区隔离

我们看到了后住宅选择在分流程度上的影响。而这些数据都只是非选拔性的教育局的数据。前两组分别研究的是高能力和低能力隔离,第三组是收入(学校免费午餐)隔离[9]。只看能力隔离的结果,我们会很惊讶地发现学校隔离和社区隔离没有密切关系。学校隔离的水平对于任何一个水平的社区隔离来说差异都巨大。这意味着其他因素——比如选择的可行性——可能会影响前者,如果后者既定的话。

45度角的线显示,这些非选拔性的地方教育局可以均匀地分成两组,一组中的学生—学校分配过程增加高能力学生的隔离,一组中的学生—学校分配过程减弱高能力学生的隔离。我们发现在低能力学生隔离以及不利处境学生隔离(学校免费午餐)中也有类似的趋势。对于后者,依据住址比依据学校进行的分流水平差异更大。

这就会导致对选择可行性的分析,以及学生—学校分配过程带来的居住地隔离的集中或分散。很显然人们不能将住址看作外因,并认为择校是以住址为条件的。家庭住址的选择依赖于学生—学校分配规则的性质,而学校和住址选择是由多种因素共同决定的。但从我们以上的结果来看,后住宅学校选择是整个过程中重要的一部分,这一点也是很明确的。我们有必要表征这个过程的性质,同时要意识到学校和社区的隔离程度可能是最初影响家庭住址选择的一个因素。

我们将基于学校的隔离指数和基于社区的隔离指数的比例作为这个过程的一个指标。在表11.3当中,我们用择校可行性的测度方法,对此进行了回归分析——从某教育局管辖下的一个学校出发,10分钟车程内能够到达的学校的平均数量,平均数量指的是该教育局管辖范围内的平均数量。

表11.3 学校-社区比率与择校的关系

因变量:在注明的变量基础上的基于学校的隔离与基于社区的隔离的比率。

	(1)	(2)	(3)	(4)	(5)
	高能力	低能力	不利处境	黑人学生	南亚学生
所有地方教育局:					
附近学校数量 (地方教育局平均值)	0.020 (2.14)*	0.026 (4.59)**	0.034 (9.58)**	0.024 (7.13)**	0.020 (7.11)**
常数	1.155 (12.01)**	0.962 (16.30)**	0.734 (19.82)**	0.725 (20.24)**	0.768 (26.25)**
观察数	144	144	144	142	143

续　表

	(1)	(2)	(3)	(4)	(5)
	高能力	低能力	不利处境	黑人学生	南亚学生
R-平方	0.03	0.13	0.39	0.27	0.26
仅非选择性地方教育局：					
附近学校数量 （地方教育局平均值）	0.021 (5.27)**	0.027 (6.20)**	0.036 (10.08)**	0.025 (7.15)**	0.019 (7.02)**
常数	0.905 (20.62)**	0.864 (18.17)**	0.710 (18.64)**	0.720 (19.19)**	0.761 (26.51)**
观察数	125	125	125	123	124
R-平方	0.18	0.24	0.45	0.30	0.29

注：t 统计数据的绝对值在括号内。

*表示显著性水平为 5%；**表示显著性水平为 1%。

我们为考虑到的各个隔离因素重复评估，也分别为所有的地方教育局和非选拔性的教育局进行重复评估。学生分流的程度可能取决于多种因素，而我们仅仅报告其中的一个双变量关系而已。但是我们仅相对于社区分流来考察学校分流，这个会排除很多其他因素的影响。使用这个比例，将对学校分流的差异的分析，置于了社区分流之上。

我们发现如果控制社区隔离的差异，选择可行性和学校隔离程度之间有着很强的正相关关系。我们从隔离的各个维度都发现了这一点。该相关性在所有的分析中都有很强的统计学上的显著性，在非选拔性的教育局更加明显。换言之，在有更多可选学校的地区，学校隔离比社区隔离程度更高。从数量上来看，该影响也是很显著的：选择测度的一个标准差差异会使高能力隔离测度的值上升 0.13，使低能力隔离的值上升 0.17，使不利处境隔离的值上升 0.23，所对应的标准差值分别是 0.175、0.18、0.20。我们可以从两个方面来解释：更多可行选择意味着更多的以父母居住地为前提条件的学校分流，或者是更多可行选择意味着更少的以学校分配为前提的社区隔离。

我们下面简单讨论一下另一个问题，将选拔性的本地教育局纳入分析范围。我们将选拔性的教育局管辖下以能力为基础的选拔和非选拔性的教育局管辖下的基于选择的系统的影响进行比较，后者我们已经在上文中讨论过了。如图 11.2 所示，我们比较了以学校为基础的高能力学生分配和以社区为基础的高能力学生分配。在图 11.2

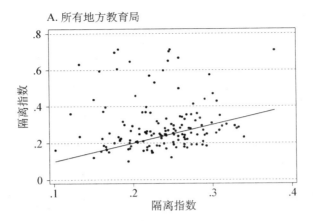
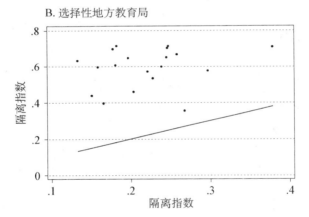
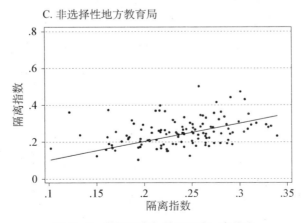

图 11.2　学校隔离与社区隔离：高能力

中，第一组数据显示了所有的地方教育局，第二组为选拔性的教育局，第三组为非选拔性的教育局。不出所料，很清楚，选拔性的教育局表现出学校内存在很高的高能力隔离。但是另一点很明确的是总体上他们不存在很高的社区内能力隔离。这展现了精英就读区域出现的住宅选择和学校选择的分离。这印证了Nechyba(2003a)的言论：精英学校的可获性对住宅分流的影响。

最后，我们用数据说明一个思想实验。我们选定离一个学生家最近的那所学校，然后把这个学生分到这所学校。之后我们就可以将可能会发生在假设的分配中的能力分流程度和发生在他们实际的学校里的学生身上的分流进行比较。结果在图11.3当中，仅按非选拔性的教育局设计。该图醒目地说明了在双向选择中发生更高水平的分流：几乎在所有的教育局中，如果学生都选择了进入离家最近的学校，分流水平就会更高，有时候这种情况会非常突出。很明显，这只是一个假设的案例：假设出台了一个政策，规定所有的学生必须就近入学，那么很显然有些家长就会选择换房子以确保能靠近想要进入的那所学校。但是，我们的目的是让它解释后住宅选择在产生学生能力分流方面的作用。

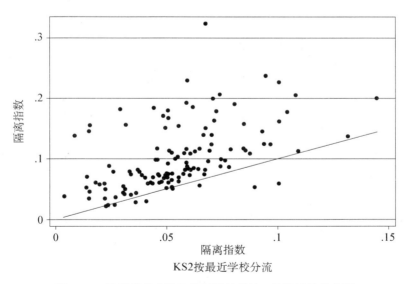

图11.3 比较学校分流和就近学校分流：非选拔性教育局

11.6 结论

有一点很明确：选择对学生分流的潜在影响是研究择校好处的一个主要问题（Howell 和 Peterson，2002；Hoxby，2003a）。本章中，我们利用英格兰巨大的行政数据集探讨了这个问题的一个要件。英格兰有一个普及但差异化的选择体系。所有的家长都可以为孩子择校，但是这个选择受到招生名额的限制。因此，所观察到的结果是供需双方双向选择、选择可行性以及支配学生分配到学校的分配规则相互作用的结果。

我们考虑了后住宅选择的可行性——作为学生实际进入的学校的备选方案的、若干可以轻易进入的学校。我们研究了所有中学后住宅选择和学生分流的关系。我们的数据使我们能够确定学生在社区或者在学校的位置，所以我们也能够按照居住地来测度能力分流的程度。我们很自然地认为后住宅分流（postresidential sorting）相对于社区分流程度，与学校分流程度很不一样。我们将两者的比率拿出来，和我们对选择可行性的测度相关联。结果显示，后住宅选择越多，后住宅分流就越显著。

这些数据有希望将一些复杂的规律阐述清楚，包括在学校间分配学生、学校选择可行性的作用和学生分配规则的性质。

注释

1. 大约有30%的学校有自主招生权（West 等，2004）。
2. 这个系统和 Tiebout 选择不同，因为这不是一个地方税收系统，所以不是一个地方决定学校资助来源或质量的系统。资助由中央政府税收募集，基于学生数量分配到各个教育局。
3. 市场结构可以激励学校吸引更优秀的学生。尽管吸引更优秀学生相比吸引不优秀的学生在简单的经济获益上并无差别，但是可以间接获益。首先，如果同伴效应很重要，那么具有多数优秀学生的学校将获得更好的成果；第二，由于涉及职业生涯，校长们可能更愿意和一所"成功的"学校联系在一起；第三，在同样水平的教师投入前提下，更优秀的学生更容易教。
4. 注意关于邮编、免费学校午餐以及所进学校的数据只是在2002年录入了一次。因为它是升学日期之后填报的，所以它并不完美。可能存在双向的信息偏误，因为人们会搬到离学校更近的地方来节省时间，也可能由于其他原因搬远了。不管怎么说，这种偏误可能很小，因为在英国，现实中很少有家庭会搬来搬去。
5. 我们在驾车时间区域内复现了这个分析的一部分。结果可向原作者索要。
6. 使用单一时间可能会低估农村地区的选项数量。在农村各项事务都需要更长的驾驶时间，这很稀松平常,在城市里 10 分钟的驾驶时间,对于农村的效用对等物可能就是更长的距离。
7. 这里使用的是直线距离。我们将邮编信息转换成经纬度,然后利用勾股定理计算出到每所学校的直线距离。对于三个子集,我们将其与道路距离比对,发现与该两种方法确定的最近学校吻合度达到 85%。我们将在一篇姊妹篇论文中从更深层次的角度继续研究这个实验。
8. 本文有一个更长的版本,在那一版当中,我们把测试分数作为一个持续的变量,来挖掘整体的能力分布,以便利用分位数曲线提供丰富的能力分流图形表征。
9. 在 Burgess,Wilson 和 Lupton(2005)的文章中有关于族裔隔离的详细讨论。

参考文献

Bradley, S., R. Crouchley, J. Millington, and J. Taylor. (2000). "Testing for Quasi-Market Forces in Secondary Education." *Oxford Bulletin of Economics and Statistics* 62(3): 357-390.

Burgess, S., B. McConnell, C. Propper, and D. Wilson. (2004). "Sorting and Choice in English Secondary Schools." CMPO Discussion Paper 04/111, CMPO, University of Bristol.

Burgess, S., and D. Wilson. (2005). "Ethnic Segregation in England's Schools." *Transactions in British Geography* 30: 20-36.

Burgess, S., D. Wilson, and R. Lupton. (2005). "Parallel Lives? Ethnic Segregation in the Playground and the Neighbourhood." *Urban Studies* 42(7): 1027-1056.

Campbell, D. E., M. R. West, and P. E. Peterson. (2004). "Participation in a National Means-Tested School Voucher Program." Mimeo.

Chubb, J., and T. Moe. (1990). *Politics, Markets and America's Schools*. Washington, DC: Brookings Institution.

Clotfelter, C. (1998). "Public School Segregation in Metropolitan Areas." Working Paper No. 6779, National Bureau for Economic Research.

Cutler, D. M., E. L. Glaeser, and J. L. Vidgor. (1999). "The Rise and Decline of the American Ghetto." *Journal of Political Economy* 107(3): 455-506.

Department for Education and Skills. (2003). *Code of Practice on Schools Admissions*. London: DfES.

Duncan, O. D., and B. Duncan. (1955). "A Methodological Analysis of Segregation Indexes." *American Sociological Review* 20: 210-217.

Epple, D., D. Figlio, and R. Romano. (2004). "Competition between Private and Public Schools: Testing Stratification and Pricing Predictions." *Journal of Public Economics* 88: 1215-1245.

Epple, D., and R. Romano. (1998). "Competition between Private and Public Schools, Vouchers and Peer Group Effects." *American Economic Review* 88(1): 33-62.

Epple, D., and R. Romano. (2003). "Neighborhood Schools, Choice, and the Distribution of Educational Benefits." In C. Hoxby (ed.), *The Economics of School Choice*. Chicago: University of Chicago Press.

Glennerster, H. (1991). "Quasi-Markets for Education?" *Economic Journal* 101(408): 1268–1276.

Howell, W. G. (2004). "Dynamic Selection Effects in Means-Tested, Urban School Voucher Programs." *Journal of Policy Analysis and Management* 23(2): 225–250.

Howell, W. G., and P. E. Peterson. (2002). *The Education Gap: Vouchers and Urban Schools*. Washington, DC: Brookings Institution.

Hoxby, C. (2000). "Does Competition among Schools Benefit Students and Taxpayers?" *American Economic Review* 90(5): 1209–1238.

Hoxby, C. (ed.). (2003a). *The Economics of School Choice*. Chicago: University of Chicago Press.

Hoxby, C. (2003b). Introduction. In C. Hoxby (ed.), *The Economics of School Choice*. Chicago: University of Chicago Press.

Ladd, H. (2002). "School Vouchers: A Critical View." *Journal of Economic Perspectives* 16(4): 3–24.

Massey, D. S., and N. A. Denton. (1988). "The Dimensions of Residential Segregation." *Social Forces* 67: 281–315.

Massey, D. S., and N. A. Denton. (1993). *American Apartheid: Segregation and the Making of the Underclass*. Cambridge, MA: Harvard University Press.

Neal, D. (2002). "How Vouchers Could Change the Market for Education." *Journal of Economic Perspectives* 16(4): 25–44.

Nechyba, T. (1999). "School Finance-Induced Migration Patterns: The Impact of Private School Vouchers." *Journal of Public Economic Theory* 1(1): 5–50.

Nechyba, T. (2003a). "Introducing School Choice into Multidistrict Public School Systems." In C. Hoxby (ed.), *The Economics of School Choice*. Chicago: University of Chicago Press.

Nechyba, T. (2003b). "School Finance, Spatial Income Segregation and the Nature of Communities." *Journal of Urban Economics* 54(1): 61–88.

Nechyba, T. (2004). "Income and Peer Quality Sorting in Public and Private Schools." In E. Hanushek and F. Welch (eds.), *Handbook of Economics of Education*. North Holland: Elsevier.

OFSTED. (2003). "Inspecting Schools: Framework for Inspecting Schools." Retrieved from ⟨http://www.ofsted.gov.uk/publications/index.cfm?fuseaction=pubs.displayfile&id=3266&type=pdf⟩, accessed November 8, 2004.

Peterson, P., W. Howell, P. Wolf, and D. Campbell. (2003). "School Vouchers: Results from Randomized Experiments." In C. Hoxby (ed.), *The Economics of School Choice*. Chicago: University of Chicago Press.

Söderström, M., and R. Uusitalo. (2004). "School Choice and Segregation." Preliminary draft.

West, A., A. Hind, and H. Pennell. (2004). "School Admissions and "Selection" in Comprehensive Schools: Policy and Practice." *Oxford Review of Education* 30(3): 347–369.

12
意大利公众对公立学校质量印象对私立学校选择的影响

Daniele Checchi 和 Tullio Jappelli

刘毓娴 译

12.1 引言

教育供给中,私立学校的存在影响了接受教育的机会平等,拓宽了学校选择面,并减少了由公立教育标准统一提供带来的限制。但是私立学校通常对家庭的财务参与度要求更高,且歧视来自贫困家庭的学生(Stiglitz,1974)。当学生在家庭收入和能力上有差异时,如果学生根据自身特点选择不同的学校,其中的一些问题是可以克服的。在这种情况下,针对经济上捉襟见肘的家庭和有才能的儿童的教育券,也许可能会增加机会平等(De Fraja,2002)。

在本章中,我们以一些意大利家庭为样本,提供了学校选择的决定因素的证明。意大利是一个有趣的例子:它有一个高度集中的教育系统,原则上赋予所有公民机会平等。然而,公立学校系统的实际运作在各地区的资源分配方面存在显著差异。因此,意大利家庭在教育供给方面,没有获得公立教育的平等待遇,并且一旦有可能,他们倾向于逃离他们认为质量低下的教育状况。

在整个章节中,我们重点关注小学(一至五年级)和初中(六至八年级)的公立和私立学校之间的选择,即调查期(1993年)[1]的义务教育情况。本实证分析将学校选择与儿童的人口统计学特征、家庭社会经济变量、公立学校质量的客观指标(通过可用资源来代表)以及受调查者报告的主观指标加以关联。我们的分析受到一些重要的限定因素的制约,因为以前的研究表明,资源指标,如班级规模,可能与学校的真实质量无关(Woessmann,2005)。另一方面,主观指标可能与个人偏好、意识形态或宗教态度相关,但也可能带有各家庭视为学校质量重要部分的非物质性质(如学校纪律、教师的道德素养,以及督导的质量等)。

我们发现,私立学校的选择与家庭资源相关联(富裕家庭更可能选择私立学校),而与家长教育无关。私立学校的选择,与资源型和主观质量指标两者之间也都存在着负相关。即使我们控制了各省的固定效应、可能的报告偏差,以及与家庭收入或家长教育的相互作用的差异,人们自己报告的质量指标与学校选择之间的联系依然存在。本分析的一个重要注意事项是,样本量有限,并且我们使用的一些质量指标是有潜在的内源性的。

我们的分析强调了私立学校对于教育机会平等的潜在贡献,这一贡献体现在可获得的学校质量上。只要家庭了解学校质量的真实差异以及教育的可能选择,那么可供选择的私立学校就可能会减少学生被困在低质量学校的风险。然而,由于经济资源的差异,并不是所有学生都能享有私立学校这个选项。在这种情况下,教育券可能是恢复一个更加平等的情况的一种可能的政策工具。

本章节分以下几个部分。第12.2节分析了学校选择的经济因素,并提供了关于意大利教育系统的背景信息。第12.3节描述了学校质量的测度方法以及样本。第12.4节介绍了私立和公立学校之间选择的概率单位和各种稳健性结果。第12.5节是总结。

12.2 背景

12.2.1 学校质量对学校选择的影响

学校选择与教育质量之间的关系可以向双向发展。选择机会的增多会加剧学校间的竞争,从而可能对教育质量产生有益的影响。另一方面,学校质量的差异可能会影响父母在不同学校之间的选择,而这就是我们在本章中将要探讨的关系。

私立学校扩大了家庭的机会范围。人力资本投资模式往往假设,私立学校更加可取,因为私立学校允许父母选择他们认为适当的教育数量和质量,根据是父母的利他主义程度,以及他们预期的自己后代的才能(Stiglitz,1974;Glomm 和 Ravi-kumar,1992)。当同伴效应发挥作用时,私立学校有动力吸引最好的学生来提高其所提供的教育质量,并因此收取更高的学费(De Fraja,2002)。

在完美的资本市场,家长的选择是不受约束的,而通过考试或者收取学费进行的学生选择产生了相似的结果:更有天赋的学生会选择私立学校,从而对市场产生吸脂效应(cream-skim)(Fernandez 和 Gali,1999)。但当家庭借贷能力有限,且家长的选择受限时,根据家庭资源和学生能力分配的教育券则促进了不同背景学生的教育平等(De Fraja,2002)。人们选择私立学校也有其他的原因。一些家长选择让孩子上私立学校,因为他们明确支持某些价值观,如宗教(Sander,2001)[2],其他人因为私立学校有较好的体育设施或交通费用更低而选择私立学校。有时教育质量或设施不是主要问题。有些人认为私立教育是地位的象征(Fershtman,Murphy 和 Weiss,1996)或一种改善自己和孩子的社交网络的方式,一种可以使他们孩子免受一些社会问题的影响的方式,如避免与移民和残疾儿童接触。有的干脆就是不喜欢公立学校开放和混杂的环境(Grad-stein 和 Justman,2001)。通过实证研究的方法,要确定驱动家长选择的因素并不容易,特别是家长主观判断的教育质量对学校选择的影响[3]。

大多数现有的实证证据涉及美国,并指出是否就读私立学校的决定取决于家庭收入和家长所受教育、公立学校的种族成分,以及居住地区的少年犯罪率(见 Lankford, Lee, 和 Wyckoff, 1995; Long 和 Toma, 1988; Buddin, Cordes 和 Kirby, 1998; Figlio 和 Stone, 2001)。我们对实证文献的研究发现,没有令人信服的实证证据能证实父母选择私立学校是因为私立学校提供更高质量的教育这一假设。

人们对私立教育需求所估计的较低价格弹性表明,忽视质量的可感知机会成本也相对较低,并且表明就读私立学校能带来很大的益处的强有力证据的缺乏,削弱了家长会从纯金钱的角度投资私立学校这一假设。这些研究多数都基于综合数据[例如,州或标准大都市统计区(SMSA)层面],其中变量可能与学校选择的不可观测的决定要素相关联,例如家庭背景、喜好和社交网络。我们的贡献是,通过个人层面的数据扩展了这一研究分支。

12.2.2　意大利学校系统中的选择

意大利是中央统一领导的学校制度,为公立和私立学校都设定了国家标准。意大利法律不仅规定了义务教育的时间长短(原本是 6 至 14 岁,1999 年后提高到 16 岁),还规定了可以开办的私立和公立学校的类型、每个班级的最多学生人数,以及每班最少教师人数。对于每种类型的学校,法律为以下方面提供指导:必须教授的科目、课程大纲、评估和评分方法、假期时长,甚至入学和毕业的时间。大部分资金来自政府,因为所有教师都是教育部的雇员。

尽管中央统一管理,但鉴于人口密度和生育率的地理差异以及地方政府在提供建筑物和设施方面的财务参与不同,学校的异质性很大,导致各地区之间,同一地区的不同省份之间,甚至同一省内的质量指标不同。经济合作与发展组织(OECD)为评估 15 岁学生的阅读能力而开展的"国际学生评估计划"(PISA)调查显示,意大利国内的学校间异质性很大。2000 年,该国的一个 4 946 名学生的样本的平均成绩为 491 分。但是,五个大区域的差距甚大,甚至相同类型的学校也不例外:高中西北地区平均分 572 分,南部 503 分;职业学校西北地区 473 分,南部 398 分。在同一次调查中,私立学校的学生平均成绩略高于公立学校的相应值（502/490）。遗憾的是，该次 PISA 调查没有在意大利进行进一步地理区域细分。

经济合作与发展组织成员国家的小学和中学的私立入学率平均只有 2.9%，反映了政府在提供教育方面的巨大作用。而意大利 6.4% 私立学校入学率远高于经合组织的平均水平[4]。在小学和中学，约有一半私立学校是宗教学校。幼儿（私立学校通常接受低于正常学龄儿童）和年龄较大的学生（因为意大利私立学校有时对于智力较低的富裕家庭孩子是一种弥补性资源），私立入学率更高（见 Bertola 和 Checchi，2002）[5]。鉴于宪法规定，私立学校不能直接得到政府支持，选择私立学校的家长必须自付学费。

12.3 学校质量的测度

学校的质量可以通过结果指标、资源指标或主观问题来测度。可以说，结果指标——用标准化考试来评估的学术质量或学生在劳动力市场的成就，是对学校质量最好的测度。然而，在意大利，这些指标并不总是存在或者可获得的。此外，总体资源指标并不能将地域影响和真正的质量差异区别开来。在横断研究中，主观指标在同一地理单元里没有差异，并且可能与一些隐性的异质性相关。另一方面，主观测度会受到测量错误的污染，但主观测度适用于家长希望自己孩子就读的地方公立学校。通过将这两种类型的变量结合，我们可以发现，私立学校的选择不仅和总体资源相关，也和个人层面迥异的质量指标相关。

12.3.1 家庭收入和财富调查中的质量得分

"家庭收入和财富的调查"（SHIW）提供了一个好机会，来评估学校质量对公立和私立学校选择的影响。这项调查由意大利银行每半年进行一次。1993 年收集了 8 089 户（24 013 人）有代表性的样本。受访者提供了关于父母收入、受教育程度，以及其他人口统计学变量[6]。该 1993 年调查包括了一个部分，是关于人们对公共服务（学校、医院、交通、废物处理）及备选私人服务的使用情况的可感知质量调查。调查对象（户主或家庭财务负责人）对其所在地区公立学校的质量进行了评价。遗憾的是，这项调查只是在 1993 年开展的，并且没有问及私立学校类似问题[7]。

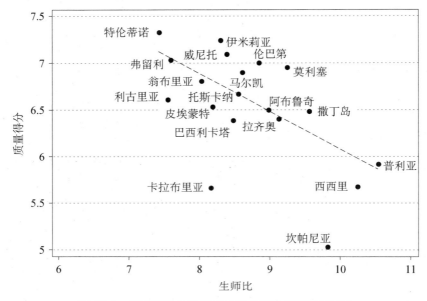

图 12.1　自我报告的质量得分和生师比（区域平均值）

描述性分析显示，人们自我报告的公立学校的质量得分与资源指标相关联。图 12.1 描述了生师比与每个地区人们自我报告的质量得分[8]。平均来说，南部的质量是相对较低的（坎帕尼亚最低），质量最高的是在两个北部地区：特伦蒂诺和伊米莉亚。质量得分和生师比之间的关系是负的，并且数值上不等于零，表明主观评价往往符合客观数据[9]。质量得分也与其他学校资源总量指标相关，如轮班上课（有些学生早上上课，有些学生在下午上课）的学生比例，在不适合作为学校的建筑物内上课的学生比例，以及上课时间超过午餐时段（标准课程表要求学生每周上 6 个早晨的课）的全日制学生的比例[10]。由于这些指标是共线的，在实证分析中，我们主要关注的是生师比，以此作为学生可利用的学校资源综合测度标准。即使在同一个地区或省份，质量得分也会有很大差异。图 12.2 显示了按地区划分，评分差（3 分或者以下）的受访者或评分高（超过 7 分）的受访者的比例。即使在教育质量最高的地区，如特伦蒂诺，有 20% 的受访者给出了优秀的评分（超过 7 分），也有 5% 的评分者给出非常低的评分。另一方面，即使在坎帕尼亚，质量最差的地区，几乎三分之一的受访者给了很低的评分，也有一些人将当地可用的公立学校评为优秀。如我们所见，正是这种省内的差异性，才使得我们在该预估中引进一整套地理哑变量，从而判断学校质量的影响。

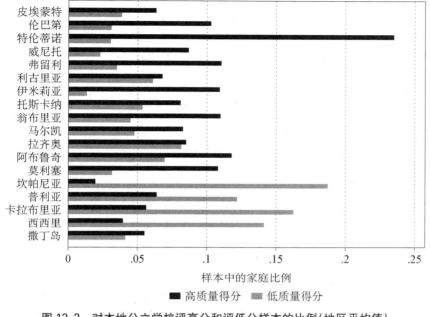

图 12.2 对本地公立学校评高分和评低分样本的比例(地区平均值)

基于调查问题的主观质量指标在个人之间各有不同，从而可以判断质量对学校选择的影响，即使在控制了各省固定影响差异的情况下依然可行。再者，个人选择是基于可感知的质量的，而这种可感知的质量并不一定和客观测度到的质量相符。另一方面，调查测度易受个人特征的污染，通常倾向和个人对于公立学校的偏好相关，遭受认知不一致，确认了选择的事后合理化。尽管我们试图在估计中解答这些问题，它们的存在也使我们不能对这些实证关联进行因果关系的解释。

12.3.2 样本

我们选择了就读于小学和初中的 2 015 名儿童(年龄在 6 至 13 岁)。然后我们将每一个孩子和家庭信息匹配，包括可支配收入、家长的受教育程度、居住省份，以及城市规模。我们的分析是基于学生层级而不是家长层级的。这就可以使我们将同一个家庭的兄弟姐妹们(占样本的 45%)分别分析[11]。本调查倾向于极大地低估了在义务教育年龄段(一年级到八年级)的私立学校就读率，在我们的数据中，这一比例是 4.7%，而官方数据是 6.4%。我们对这一低估的原因目前没有很好的解释，而就算我们使用样本权重[12]，这一现象也仍然没有消失。

表 12.1 中我们报告了区分公立和私立学校的样本在选定变量上的平均值。私立学校的孩子基本上都小一岁,因为私立学校允许更早入学。他们的父母都接受过更高的教育(在私立学校的学生家长中,接受过义务教育以上的教育的家长比例比公立学校的学生家长高 20%)并且有更高的收入。似乎单亲家庭,成员众多的家庭,以及南部的居民在公立学校中占了过高的比例。三分之二的私立学校学生都来自中等城市或大城市。

表 12.1 样本统计:接受义务教育的儿童(一年级至八年级)

	公立学校	私立学校
儿童年龄	9.59(2.25)	8.61(2.18)
女生	0.46(0.50)	0.39(0.49)
就读小学	0.61(0.48)	0.77(0.42)
就读初中	0.39(0.48)	0.23(0.41)
父亲年龄	38.2(12.5)	40.3(7.4)
母亲年龄	37.2(7.9)	26.6(6.8)
父亲受教育程度(初中毕业或以上)	0.40(0.49)	0.59(0.49)
母亲受教育程度(初中毕业或以上)	0.37(0.48)	0.62(0.48)
可支配收入(千欧元)	39.3(27.5)	62.0(31.6)
单亲	0.08(0.27)	0.03(0.17)
孩子数量	2.31(0.92)	1.76(0.69)
家庭主妇(至少一人在家)	0.50(0.50)	0.38(0.48)
居住在北部	0.38(0.48)	0.44(0.50)
居住在中部	0.17(0.38)	0.24(0.43)
居住在南部	0.45(0.49)	0.31(0.46)
城市人口不到 20 000 人	0.50(0.50)	0.15(0.36)
城市人口 20 000 到 39 999 人	0.14(0.35)	0.11(0.32)
城市人口 40 000 到 499 999 人	0.26(0.44)	0.41(0.49)
城市人口 500 000 人或以上	0.10(0.30)	0.32(0.47)
质量得分,主观指标(1~10 分)	6.36(2.05)	6.30(2.28)
生师比	8.97(1.03)	8.93(0.99)
观察数量	1 921	94

注:标准差在括号内。样本平均值是通过人口权重计算的。

平均来说,将孩子送去私立学校的家长不会比将孩子送去公立学校的家长把公立学校评价为质量更低(6.36∶6.30),并且全省范围的生师比在两组中几乎没有区别(8.97∶8.93)。但是样本平均值的比较并没有考虑到质量和家庭收入以及其他地理特征的相关性。所以我们必须进行回归分析。

12.4 回归分析结果

12.4.1 基本设定

表 12.2 把私立学校就读的概率和各种潜在的学校选择的决定因素联系起来,如:学生的性别和年龄、家长受教育程度的哑变量、单亲家长、兄弟姐妹状况、收入四分位数,以及公立学校质量的两种指标(家长自我报告的质量、省份的平均值,以及全省范围的生师比)[13]。

表 12.2 就读私立学校的概率单位回归分析

	(1)	(2)	(3)
质量得分(全省平均值)	−0.019 (2.51)*	−0.02 (2.85)**	−0.015 (1.86)
生师比(全省平均值)	0.009 (2.33)*	0.008 (2.13)*	0.007 (1.82)
公立一年级全日制(全省平均值)		−0.025 (1.2)	
公立一年级轮班上课(全省平均值)			0.223 (1.05)
儿童年龄	−0.005 (1.99)*	−0.005 (1.94)	−0.005 (2.00)*
女生	−0.005 (0.78)	−0.005 (0.81)	−0.005 (0.79)
上小学	−0.004 (0.33)	−0.004 (0.30)	−0.004 (0.36)
父亲受过义务教育以上教育	0.004 (0.45)	0.004 (0.46)	0.004 (0.45)

续 表

	(1)	(2)	(3)
母亲受过义务教育以上教育	0.010 (1.31)	0.010 (1.26)	0.010 (1.30)
单亲	−0.003 (0.22)	−0.003 (0.17)	−0.003 (0.22)
兄弟姐妹数	−0.016 (3.25)**	−0.016 (3.29)**	−0.017 (3.36)**
第二收入四分位数	0.009 (0.77)	0.009 (0.79)	0.010 (0.85)
第三收入四分位数	0.045 (3.57)**	0.045 (3.61)**	0.047 (3.68)**
第四收入四分位数	0.059 (3.60)**	0.059 (3.61)**	0.061 (3.66)**
城市人口 20 000 至 39 999 人	0.041 (2.06)*	0.044 (2.15)*	0.041 (2.04)*
城市人口 40 000 至 499 999 人	0.033 (2.37)*	0.035 (2.48)*	0.033 (2.35)*
城市人口 500 000 人以上	0.068 (2.35)*	0.081 (2.49)*	0.066 (2.33)*
居住在中部	−0.021 (2.75)**	−0.023 (2.91)**	−0.020 (2.63)**
居住在南部	−0.035 (2.42)*	−0.044 (2.66)**	−0.035 (2.40)*
父亲年龄	−0.000 (0.42)	−0.000 (0.41)	−0.000 (0.42)
母亲年龄	−0.000 (0.72)	−0.000 (0.68)	−0.000 (0.72)
一位亲属全职在家	−0.006 (0.76)	−0.006 (0.80)	−0.006 (0.77)
观察数量	2 015	2 015	2 015
伪决定系数	0.16	0.16	0.16

注：我们报告的是边际效应,括号中是与该系数相关的 z 统计量。标准误差已经为省级聚类分析而调整。* 显著性水平为 5%，** 显著性水平为 1%。

结果显示就读私立学校的决定和经济收入呈正相关。一个孩子的父母如果在第四个收入四分位数,他就读私立学校的概率就比父母位于第一个四分位数内的孩子高出6个百分点。接受私立学校教育也与城市规模和居住地在北部地区正相关。这可能不仅反映了北方可供选择的私立学校更多,更可能反映了北部少年犯罪率更高,这可能会使得一些家长将孩子送入私立学校以防止儿童遭受社会问题。与以前的一些研究相反(Lankford等,1995;Buddin等,1998),我们没有发现父母的教育与私立学校的选择有关[14]。

公立学校只能在每年九月招收不小于五岁零六个月的学生,私立学校的招生标准要灵活得多,可以招收年纪更小的学生。因此,选择私立学校的动机之一就是可以在合法的入学年龄前入学。孩子年龄的负系数证实了这一点。该调查也包括225个5岁的孩子,其中的52.8%正在上一年级。作为一个稳健性检验,我们在扩大的样本的基础上估计了我们的模型。而结果是相似的,为了简洁,这些结果没有在此报告。

质量变量的系数(生师比和自我报告质量得分)在5%的水平上与零有统计学意义差异。在第一列中,质量得分增加一个标准差,会导致私立学校入学率下降3.7%;一个生师比标准差,可将其提升0.9%。

在表12.2的第二和第三栏,我们通过增加更多的学校资源指标来探索结果的稳健性。尽管这些变量的系数有着预期的迹象(公立学校全日制学生的比例系数为负,而轮班上课的比例系数为正),他们在统计学意义上和零并无差异,并且第三栏中的其他两个质量指标的预测并不很精准[15]。

表 12.3 质量系数

	(1)	(2)	(3)	(4)
质量得分(家长意见)	−0.007 (2.23)*	−0.007 (1.97)*	−0.007 (2.07)*	−0.006 (1.72)
公立医院的质量		−0.000 (0.11)		
废物处理质量			0.001 (0.39)	
地方公共管理质量				−0.003 (0.88)

	(1)	(2)	(3)	(4)
省虚拟模型	Yes	Yes	Yes	Yes
观察数量	1 948	1 948	1 948	1 948
伪决定系数	0.23	0.23	0.23	0.24

注：该表格报告了质量得分变量对就读私立学校概率的边际效应。括号中的数字是与系数相关联的 z 统计量。每个回归包括与表 12.2 相同的控制（全省范围生师比例除外）加上一整套省级虚拟模型（不包括宏观区域虚拟模型）。观察数量从 2 015 个下降到 1 948 个，因为在表 12.2 中，一些缺失的质量得分被省份的平均值所代替。标准误差已经为省级聚类分析而弥补。* 显著性水平为 5%，** 显著性水平为 1%。

12.4.2 稳健性检验

表 12.2 中显示的学校质量的结果并没有充分利用个人层面的数据。通过按省份来将质量得分取平均数，我们降低了个人的异质性，但是我们可能会增加一些省级层面混淆性的影响（例如宗教、政治倾向、当地的劳工市场情况，以及犯罪率）。

在表 12.3 中，我们试图控制省级固定影响差异来检查结果的稳健性。我们评估了表 12.2 中的模型，用个人指标替代了公立学校质量得分的平均数，并引进了一系列的省份虚拟模型。这意味着放弃所有在省级可用的学校资源的客观指标。简单来说，在表 12.3 中我们只报告了质量的系数。在第一栏里，系数是 0.007（比表 12.2 中的 0.019 有所下降），并且在 5% 水平上和零有统计学意义上差异。

然而，可感知质量对学校选择的估计影响，可能会来自虚假的相关性，因为公立学校的可感知质量可能反映政治取向、偏好、宗教，或其他因素。此外，该指标可能受到一个事实的影响，即选择了私立学校的人可能会对公立学校给出较低的评分，这是对认知失调导致的内生性偏差原理的一个应用。

即使我们不能完全地解决这些严重的测度和内生性的问题，我们也能做一些稳健性检验。在表 12.3 的第二到四栏中，我们把受访者关于其他公共设施（公共医院、废物处理质量、公共管理等）的回答加入到我们的模型中。通过这种方式，我们试图明确地控制对市场解决方案的偏好的差异。公立学校质量系数仍然是负数，且与零有统计学意义上的差异。这并不排除我们的估计由于内生性或忽略变量而有偏差。例如，信仰宗教的父母仍然更有可能选择私立学校，而且因为偏爱宗教教育而对公立学校的评分相对较低。

12.4.3 与家庭背景的交互作用

低收入家庭可能无法进入私立学校,无论学校质量如何。因此,在表 12.4 中,我们介绍了家长自我报告的质量得分、父母受教育程度(父母中最高的一方)和收入分配中的位置(高于或低于中位数)之间的交互作用项。我们也区分小学和中学重复预估。

表 12.4 学校水平和家庭背景的交互项得出的学校质量系数

	小学与初中			小学			初中		
	(1)	(2)	(3)	(4)	(5)	(6)	(7)	(8)	(9)
质量得分(家长意见)	−0.004 (1.88)	−0.006 (2.59)**	−0.008 (2.26)*	−0.005 (1.77)	−0.008 (2.82)**	−0.009 (2.04)*	−0.002 (0.89)	−0.003 (0.93)	−0.005 (2.01)*
省内生师比	0.007 (1.61)	0.007 (1.68)	0.006 (1.52)	0.006 (1.73)	0.006 (1.83)	0.006 (1.66)	0.007 (1.39)	0.007 (1.37)	0.005 (1.12)
质量得分×父母接受的高等教育		0.003 (1.43)			0.004 (1.78)			0.001 (0.57)	
质量得分×第三或第四收入四分位数			0.007 (1.36)			0.006 (0.99)			0.007 (2.11)*
观察数量	1 948	1 948	1 948	1 172	1 172	1 172	776	776	776
伪决定系数	0.15	0.15	0.16	0.17	0.17	0.17	0.15	0.15	0.19

注:表格报告了质量指标对就读私立学校概率的边际效应。括号中的数字是与系数相关联的 z 统计量。每个回归分析包括与表 12.2 相同的控制(只是质量得分现在在个人层面上)加上交互项。在省一级对群集进行标准误差调整。*显著性水平为 5%,**显著性水平为 1%。

质量得分系数为负,统计学意义上不同于零,即使它们的绝对值小于表 12.2(该表中我们使用省平均值)和表 12.3(该表中我们使用省虚拟模型)。另一方面,生师比的系数不再是在统计意义上不同于零。交互作用项的系数是正的,但它们与零没有统计学意义上的差异,从而不能进行可靠的推断。交互系数迹象表明,在公立和私立学校之间进行选择时,受过高等教育和收入高于中位数的家长对学校质量的关注较少。考虑到样本量较小以及与估计相关的更大的标准误差,不同学校类型(小学和中学)的结果较不可靠。

12.5 结论

根据意大利宪法，私人管理的学校不能接受公共资金。因此，选择私立学校的父母也必须自付学费。我们发现，在意大利，就读私立学校的选择与家长的收入相关，而不是父母的受教育程度。我们还发现一些证据表明对学校质量的考虑与父母的学校选择相关。当学校质量在省级层面被测度时，客观和主观的质量指标与学校选择相关。当学校质量在个人层面上进行测度，并控制省级固定效应差异时，我们仍然发现正相关关系。然而，我们估计的经验相关性不一定能予以因果解释，因为我们不能解释残留的不可观察异质性，并且因为那些预估可能反映了主观质量指标的内生性。

从表面看，我们的结果表明，一些意大利父母倾向于选择私立学校来逃避质量较低的公立学校。我们研究结果的这种解释表明，私立学校可能有助于恢复机会平等，至少对收入分配梯度的上部群体。从政策的角度来看，关键问题就成为如何为不太富裕的孩子提供类似的机会。经过经济情况考核而发放的学校教育券可用于支付全部学费，可以提供解决方案，但在意大利，他们面临着违反宪法规定的法律挑战。

我们的分析蕴含的一个相关意思是，只要个人看法与实际行为相关，让父母更好地认识学校特点以及学生在中学、大学和劳动力市场中的表现非常重要。标准化全国统考，有关教师能力、经验和背景的信息，关于学校设施和资源的信息将有助于父母作出更加周全的学校选择。鉴于即使在相对较小的地区，学校质量的差异也很大，所以每个区域的所有学校都应该提供这些信息供家长参考和比较。

致谢

我们感谢在慕尼黑举行的 CESifo 会议（2004 年 9 月 2—3 日）的参与者，特别是我们的讨论人 Randall Filer，编辑 Ludger Woessmann 和 Paul Peterson 的详细意见和建议。我们还感谢 IZA，约克大学和波士顿学院的研讨会参与者。我们感谢意大利大学和研究部（MIUR）的财政支持和欧洲共同体的人力资源计划，此计划是根据合同 HPRN－CT－2002－00235[AGE]制定的。

注释

1. 我们不分析高中教育和私立/公立大学之间的选择情况,因为在这两种情况下,参与是自愿的,学生是自选的。此外,意大利的高等教育体系大多是公共的,而且全国只有三所私立大学。本章的工作论文版本(Checchi 和 Jappelli,2004)介绍了高中私立学校选择的决定因素。
2. Howell(2004)发现,通过将纽约的教育券使用者样本与符合条件的人群进行比较,宗教身份和实践是影响该计划持久性的最重要的变量。
3. Teske 和 Schneider(2001)对几项美国研究进行了调查,并报告称父母更多的选择带来了更多的满足感和父母参与度。
4. 经济合作与发展组织(OECD)将私立学校定义为"私人管理的机构,从公共资源获得的资金不足50%"。数据适用于1999年(OECD,2002,表 C1.4)。
5. 在1998年对20 153个意大利家庭的调查中,选择私立学校的人中有40%声称是为了私立学校更高的教育质量,另外40%是为了私立学校能提供的服务(Brunello 和 Checchi,2005)。然而,调查没有关于收入和公立学校质量的信息,因此无法允许重复本研究。
6. 本章的工作论文版本(Checchi 和 Jappelli,2004)的附录中列出了样本设计、采访程序、答复率,以及样本与人口平均值之间的比较。
7. 问题是:"基于你个人的经验或者家庭的经验,你能否对当地公立学校(小学和中学)给出一个从0(最差)到10(最好)的评分?"
8. 拥有1992年95个省每一个省的生师比,然后在20个地区取平均数。
9. 图12.1的回归系数为-0.40,一个t统计项为-3.25。省略坎帕尼亚区,该系数为-0.35,t统计项为-3.19。
10. 质量得分和轮班上课以及在不适合上课的建筑中上课的学生比例分别的相关性为-0.84和-0.83。与全日制教育学生比例的相关性为0.35。
11. 公立学校共有1 467个家庭,1 921名儿童,私立学校中有79个家庭94名儿童;一个家庭在两所学校至少有一个孩子。
12. 在解释结果时,必须记住,本样本的一个限制是:在意大利,相对较少的父母选择私立学校。
13. 标准误差按省份进行聚类分析。我们还检查了一些孩子是否属于同一家庭的情况,是否存在集群效应。结果相似,可应要求提供详情。使用连续收入变量的结果是相似的。我们更倾向于使用收入四分位数的虚拟变量来让家庭资源与学校选择之间产生非线性关系。
14. 我们还尝试替代设定(选取父母中最高的教育水平以及父母平均教育年限),该系数与零没有统计学意义的差异。只有当我们省略了收入四分位数的虚拟变量时,父母所受教育才会变得正向,且非常重要。
15. 使用因子分析,从可用的所有现有资源指标中提取第一个因子件(解释59%的方差)。然后,我们用第一个主要因素替换掉生师比。该系数为0.011(z统计量为2.54),主观质量得分系数为-0.016(z统计量为2.16)。

参考文献

Altonji, J.G., T.E. Elder, and C.R. Taber. (2000). "Selection on Observed and Unobserved Variables: Assessing the Effectiveness of Catholic Schools." Working Paper No. 7831, National Bureau for Economic Research.

Bertola, G., and D. Checchi. (2002). "Sorting and Private Education in Italy." Discussion Paper No. 3198, CEPR.

Brunello, G., and D. Checchi. (2005). "School Voucher Italian Style." *Giornale degli Economisti e Annali di Economia* 357–399.

Buddin, R. J., J. J. Cordes, and S. Nataraj Kirby. (1998). "School Choice in California: Who Chooses Private Schools?" *Journal of Urban Economics* 44: 110–134.

Checchi, D., and T. Jappelli. (2004). "School Choice and Quality." Discussion Paper No. 4748, CEPR.

De Fraja, G. (2002). "The Design of Optimal Educational Policies." *Review of Economic Studies* 69: 437–466.

Evans, W. N., and R. M. Schwab. (1995). "Finishing High School and Starting College: Do Catholic Schools Make a Difference?" *Quarterly Journal of Economics* 110: 941–974.

Fernandez, R., and J. Gali. (1999). "To Each According to...? Markets, Tournaments and the Matching Problem with Borrowing Constraints." *Review of Economic Studies* 66: 799–824.

Fershtman, C., K. Murphy, and Y. Weiss. (1996). "Social Status, Education, and Growth." *Journal of Political Economy* 104: 108–132.

Figlio, D. N., and J. A. Stone. (2001). "Can Public Policy Affect Private School Cream Skimming?" *Journal of Urban Economics* 49: 240–266.

Glomm, G., and B. Ravi-kumar. (1992). "Public versus Private Investment in Human Capital: Endogenous Growth and Income Inequality." *Journal of Political Economy* 100: 818–834.

Grad-stein, M., and M. Justman. (2001). "Public Education and the Melting Pot." Discussion Paper No. 2924, CEPR.

Hanushek, E. A. (2002). "Publicly Provided Education." Working Paper No. 8799, National Bureau for Economic Research.

Howell, W. G. (2004). "Dynamic Selection Effects in a Means-Tested, Urban School Voucher Program." *Journal of Policy Analysis and Management* 22: 225–250.

Lankford, H. R., E. S. Lee, and J. H. Wyckoff. (1995). "An Analysis of Elementary and Secondary School Choice." *Journal of Urban Economics* 38: 236–251.

Long, J. E., and E. F. Toma. (1988). "The Determinants of Private School Attendance." *Review of Economics and Statistics* 70: 351–357.

Neal, D. (1997). "The Effects of Catholic Secondary Schooling on Educational Achievement." *Journal of Labor Economics* 15: 98–123.

OECD. (2002). *Education at a Glance*. Paris: OECD.

Sander, W. (2001). "The Effect of Catholic Schools on Religiosity, Education and Competition." Occasional Paper No. 32, National Center for the Study of Privatization in Education, available at 〈http://www.tc.columbia.edu/ncspe〉.

Stiglitz, J. (1974). "The Demand for Education in Public and Private School System." *Journal of Public Economics* 3: 349–385.

Teske, P., and M. Schneider. (2001). "What Research Can Tell Policymakers about School Choice." *Journal of Policy Analysis and Management* 20: 609-631.

Woessmann, L. (2005). "Educational Production in Europe." *Economic Policy* 20: 445-504.